本书为国家社科基金青年项目"以核心价值观构建当代中国人的精神世界研究"（16CKS041）最终成果

本书获中国人民大学2023年度"中央高校建设世界一流大学（学科）和特色发展引导专项资金"支持。

以核心价值观构建
当代中国人的精神世界研究

张苗苗 著

中国社会科学出版社

图书在版编目（CIP）数据

以核心价值观构建当代中国人的精神世界研究 / 张
苗苗著. -- 北京 : 中国社会科学出版社，2024. 8.
ISBN 978-7-5227-3979-3

Ⅰ. D616

中国国家版本馆 CIP 数据核字第 2024AU9049 号

出 版 人	赵剑英
责任编辑	杨晓芳
责任校对	王佳玉
责任印制	张雪娇

出 版	中国社会科学出版社
社 址	北京鼓楼西大街甲 158 号
邮 编	100720
网 址	http://www.csspw.cn
发 行 部	010 – 84083685
门 市 部	010 – 84029450
经 销	新华书店及其他书店

印 刷	北京君升印刷有限公司
装 订	廊坊市广阳区广增装订厂
版 次	2024 年 8 月第 1 版
印 次	2024 年 8 月第 1 次印刷

开 本	710 × 1000 1/16
印 张	16
插 页	2
字 数	227 千字
定 价	98.00 元

凡购买中国社会科学出版社图书，如有质量问题请与本社营销中心联系调换
电话：010 – 84083683

摘　要

　　构建当代中国人的精神世界，是一个重大的理论问题和现实问题。从紧迫性的角度来说，它是精神卫生的核心内容，关乎人民健康与幸福；是精神文明建设的重要任务，关乎社会和谐与进步；是文化强国的应有之义，关乎国家安全和民族未来。从必要性的角度而言，它是纾解社会主要矛盾，回应时代诉求的基本需要；是推进精神生活共同富裕，彰显社会主义本质的根本要求；是促进人的全面发展，实现共产主义的必由之路。历史和现实也一再证明，人的精神世界的构建具有极端重要的意义。

　　究竟什么是人的精神世界？它的内在要素结构又是怎样的？在马克思主义哲学中，精神是与物质相对的一个概念，主要指相对于物质而存在的一切意识的活动和意识现象的总和。所谓精神世界，即人的意识、精神领域，指人在实践过程中形成的意识、思维活动和一般心理状态。进一步而言，精神世界是属人世界发展到一定阶段的结果，是人脑特有的机能，是思维化、观念化、意识化的现实世界，是社会实践发展到一定水平的产物，是物质世界在人脑中的反映。相对于现实世界和物质世界，精神世界主要有主观性和抽象性、系统性和结构性、超越性和建构性的特点。精神世界是一个由多要素构成的复杂系统。在人的精神内部系统中，遵循人脑思维和意识活动由浅入深、由低至高的逻辑顺序，精神系统的运行环节依次为知、情、意、信，这也构成了精神世界的四大要素，并使其内在系统呈现"四位一体"的"同心圆"结构。"一体"

即精神世界赖以生存发展的物质——人脑。"四位"即精神世界的四大要素——知、情、意、信。其中,知(知觉、记忆、思维、认识、想象等)与情(欲望、情绪与感情)位于浅层次,意(意向、意愿、意志)位于中间层次,信(理想信念、信仰)位于深层次,几大要素相互补充、相互作用、相互支撑,促进了精神活动由低到高、由浅入深、由简单到复杂的发展。"同心圆"指"信"作为精神世界的核心,一旦形成就有强大的吸引力、辐射力和凝聚力,能够统摄、支配、引领其他要素紧密围绕在其周围。"四位"在"一体"的统合下,依次展开、循序渐进、由浅入深,形成一个系统性、结构性、统一性的整体。

知、情、意、信作为人的精神世界构成的四大要素,每个要素中都蕴含着价值观。价值观不是精神世界的全部,却是精神世界的重要内容。中华民族崇礼尚仪、讲信修睦、抱诚守真、崇德向善、博施济众、笃行致远。这赋予中国价值观以独特的民族标识,也赋予中国人的精神世界以显著的民族特点。进一步而言,中国价值观呈现出利群重于利己、私德重于公德、责任先于自由、义务先于权利、集体高于个人、正义高于利益、和谐高于冲突等整体倾向,中国人的精神世界呈现出利群性、内敛性、圆融性、此岸性等典型特点。而今,以"狂奔"与"内卷"为代表的精神焦虑,以"躺平"与"摆烂"为代表的精神懈怠,以"消费至上"与"娱乐至死"为代表的精神物化,构成了当代中国人的精神世界的主要困境。这背后有着深刻而复杂的成因。比如,生存时空被严重挤压、社会资源的相对稀缺、社会变革中不确定因素的增加、社会阶层固化、社会贫富分化、社会价值迷失,以及市场经济的弊端与资本逻辑的演绎,等等。焦虑、懈怠、物化不仅是当代中国人的精神世界的三大困境,也是当代中国人的精神生活的整体境遇。而由此在精神世界内部所引发的混乱、无序、迷茫、失控等一系列问题,都可以归结为价值观的问题。进言之,当代中国人的精神世界问题的核心,在于价值观的冲突与错位,集中表现为传统价值观与现代价值观的冲突、中国价值观与西方价值观的冲突,以及主导价值观与个体价值观的冲突。

　　价值观是人的精神世界的根本，是当代中国人的精神世界问题的核心，也是解决当代人的精神世界问题的关键，构建当代中国人的精神世界的实质就在于价值观的重建。而重建价值观必须高度重视和充分发挥社会主义核心价值观的作用。从核心价值观的角度看，它直接来源于人的精神世界，同时又直接作用于人的精神世界，并有超越性、整合性和相对稳定性，这就决定着它对于当代中国人的精神世界的构建有重要作用；从精神世界的角度看，当代中国人的精神世界的重建是一项系统工程，有长期性、复杂性、持续性的特点，需要核心价值观充分发挥引领、凝聚和规范功能，为这一工程定位导向并提供源源不断的动力与活力。社会主义核心价值观作为当代中国核心价值观的集中体现，对于当代中国人的精神世界的构建具有至关重要的作用。社会主义核心价值观根植中华优秀传统文化，具有深厚的历史根基；依托社会主义制度，具有强大的道义力量；代表人类共同价值，具有坚定的人民立场；开创人类文明新形态，具有卓越的世界贡献。因而，社会主义核心价值观对于人的精神世界的构建，尤其是在引领人树立正确三观、筑牢理想信念、构建崇高信仰方面具有独特且不可替代的优势。

　　基于知、情、意、信而展开的意识活动及其结果，精神世界的基本版图可依次划分为四大领域——认知领域、情感领域、道德领域、信仰领域，人的意识活动途经不同领域遵循着不同的法则。认知领域遵循理性原则，情感领域遵循感性原则，道德领域遵循正义原则，信仰领域遵循超越原则。这四大领域恰好与社会主义核心价值观的四大形态具有高度一致性和内在契合性。进而言之，社会主义核心价值观主要有理论形态、实践形态、制度形态和目标形态。这四大形态分别对人的知、情、意、信具有突出作用，可以通过对人的精神世界各个层次循序渐进且持续不断的影响，有针对性地解决当代中国人的精神世界的内在冲突和疑难问题，有效帮助人们发展认知、丰富情感、提升道德和树立理想，最终实现精神世界的不断丰富与完善。社会主义核心价值观构建当代中国人的精神世界，恰恰可以遵循上述逻辑而展开，并通过目标、主体、信息和客体等要素的联结与互动，从而实现机制的建立与运行。其中，以目标的一致性为前提、以主体的可信性为基础、以信息的有效性为条件、以客体的能动性为动力，要素之间的良性互动和结构优化，贯穿于过程展开和机制运行的始终。

抛开外部宏观环境对机制运行的作用和影响，只着眼于核心价值观教育的过程，重点分析要素之间的作用方式与组合的结构，以教育者与教育对象为中心，本书尝试构建以社会主义核心价值观作用于人的精神世界的机制运行模型。模型进一步显示，社会主义核心价值观的不同形态，分别对人的精神世界的各个层次产生不同的作用和影响。在实施核心价值观教育之前，教育者的精神世界建构就已经完成了一个小循环，之后才始发、组织和实施核心价值观教育活动，并通过创设情境、传递内容、创新方式，合成教育信息，社会主义核心价值观才得以充分地作用于教育对象的精神世界，并通过循环往复、循序渐进的过程，以达到重建价值观乃至重建信仰的目的。在这一过程中，社会主义核心价值观本身、教育者、内容、方式、情境、教育对象等都很关键，每一个要素或环节出现问题都会影响到人的精神世界的构建效果。反过来讲，人的精神世界的很多问题也都能从中找到答案。

社会主义核心价值观构建人的精神世界是一个循序渐进的过程，按照其工作展开的顺序，可分为准备阶段、实施阶段和评价反馈阶段。在准备阶段，教育者对教育目标、教育内容及教育对象有充分准确的认知和把握，教育对象也可以发挥主动性与积极性，做好必要的心理建设与准备。在此基础上，由教育者始发、组织和实施的社会主义核心价值观的教育活动，通过创设情境、转化教育内容、创新教育方式合成教育信息，从而作用于教育对象，实现各要素的联结及机制的运行。最后，教育者通过整合教育对象通过自身言行而反馈出来的信息，对要素结构和机制运行的状态和结果进行评估，重新审视目标、内容和对象，及时正确地调整要素的联结方式，优化内在结构，进入下一次机制运行的准备阶段，循环往复，不断作用于教育对象的精神世界，以达到教育对象真学、真懂、真信、真用的结果。纵观整个过程，社会主义核心价值观构建人的精神世界的运行机制，是知识性和价值性的统一、建设性和批判性的统一、主导性和主体性的统一。

遵循社会主义核心价值观构建人的精神世界的基本逻辑，按照其过程展开的总体顺序与机制运行的具体要求，本书提出了"理论—实践—制度—目标"的系统化建构路径，"国家—社会—学校—家庭"的协同化建构路径，"内容—载体—方式—环境"的渗透化建构路径，"学—思—践—悟"的自觉化建构路径。在此基础上还提出了九大建构原则，即坚持理论教育与实践教育相结合，坚持道德教化与法律惩戒相结合，坚持信仰建构与制度建设相结合，坚持国家精神与个体发展相结合，坚持官方组织与民间力量相结合，坚持他人教育与自我教育相结合，坚持言教与身教相结合，坚持主流媒体与大众传播相结合，坚持显性教育与隐性教育相结合。以期深化路径研究，增强社会主义核心价值观构建当代中国人的精神世界的实效性，助力人们走出精神困境，开创精神生活的新境界。

Abstract

The construction of the spiritual world of contemporary Chinese is an important theoretical and practical problem. From an urgent point of view, it is the core content of mental health, related to people's health and happiness; it is an important task of the construction of spiritual civilization, related to social harmony and progress; it is the due meaning of a cultural power, related to national security and national future. From the point of view of necessity, it is the basic need to alleviate the social principal contradiction and respond to the demands of the times; it is the fundamental requirement to promote the common prosperity of spiritual life and highlight the essence of socialism; it is the only way to promote people's all-round development and realize communism. History and reality have repeatedly proved that the construction of human spiritual world is of great significance.

What on earth is the human spiritual world? What is the structure of its internal elements? In Marxist philosophy, spirit is a concept relative to matter, which mainly refers to the summation of all conscious activities and phenomena relative to matter. The so-called spiritual world, that is, people's consciousness and spiritual field, refers to the consciousness, thinking activities and general psychological state formed in the process of practice. Furthermore, the spiritual world is the result of the development of the human world to a certain stage, the unique function of the human brain, the real world of thinking, conceptualization and consciousness, and the product of the development of social practice to a certain level. It is the reflection of the material world in the human brain. Compared with the real world and the material world, the spiritual world mainly has the characteristics of subjectivity and abstraction, systematicness and structure, transcendence and constructiveness. The spiritual world is a complex system composed of many elements. In the internal system of human spirit, following the logical order of human brain thinking and consciousness activities from shallow to deep, from low to high, the operation links of the spiritual system are knowledge, emotion, will and faith in turn. Among them, perception and emotion are located at the shallow level, will at the middle level, belief at the deep level, and several major elements complement, interact and support each other, promoting the development of spiritual activities from low to high, from shallow to deep, and from simple to complex. "Concentric circle" means that "faith", as the core of the spiritual world, once formed, has strong attraction, radiation and cohesion, and can dominate, dominate and lead other elements closely around it. Under the integration of "unity", the "four" are carried out step by step, from shallow to deep, forming a systematic, structural and unified whole.

Knowledge, emotion, will and faith are the four elements of human spiritual world, each of which contains values. Values are not the whole of the spiritual world, but an important part of the spiritual world. Chinese excellent traditional culture emphasizes benevolence, people-oriented, honesty, justice and harmony, while the Chinese nation advocates etiquette, trustworthiness, sincerity, virtue and goodness. This not only gives Chinese values a unique national identity, but also gives remarkable national characteristics to the spiritual world of the Chinese people. Furthermore, Chinese values show the overall tendency that benefit group is more important than self-interest, private morality is more important than public morality, responsibility is prior to freedom, duty is prior to right, collective is higher than individual, justice is higher than interest, harmony is higher than conflict and so on. Chinese people's spiritual world shows the typical characteristics of interest, internal convergence, harmony, this shore and so on. Now, the spiritual anxiety represented by "running wild" and "inner volume", the spiritual slack represented by "lying flat" and "laying rotten", and the spiritual materialization represented by "consumption first" and "entertainment to death" constitute the main dilemma of the spiritual world of contemporary Chinese people. There are profound and complex causes behind this. For example, the serious squeeze of survival time and space, the relative scarcity of social resources, the increase of uncertain factors in social change, the solidification of social stratum, the differentiation between the rich and the poor, the loss of social value, and the malpractice of market economy and the deduction of capital logic, and so on. Anxiety, laziness and materialization are not only the three major dilemmas of the contemporary Chinese spiritual world, but also the overall situation of the contemporary Chinese spiritual life. A series of problems caused by chaos, disorder, confusion and out of control in the spiritual world can be attributed to the problem of values. In a word, the core of the problem of contemporary Chinese spiritual world lies in the conflict and dislocation of values, which focuses on the conflict between traditional values and modern values, the conflict between Chinese values and western values, and the conflict between dominant values and individual values.

Values are the foundation of human spiritual world, the core of the problem of contemporary Chinese spiritual world, and the key to solve the problem of contemporary Chinese spiritual world. The essence of constructing contemporary Chinese spiritual world lies in the reconstruction of values. The reconstruction of values must attach great importance to and give full play to the role of socialist core values. From the perspective of core values, it comes directly from the human spiritual world, at the same time, it directly acts on the human spiritual world, and has the characteristics of transcendence, integration and relative stability, which determines that it plays an important role in the construction of the spiritual world of contemporary Chinese people. From the point of view of the spiritual world, the reconstruction of the spiritual world of contemporary Chinese is a systematic project, which has the characteristics of long-term, complexity and persistence, which requires the core values to give full play to its functions of leading, cohesion and standardization. For the positioning of this project and provide a continuous supply of power and vitality. As the concentrated embodiment of contemporary Chinese core values, socialist core values play a vital and irreplaceable role in the construction of contemporary Chinese spiritual world. Socialist core values are rooted in Chinese excellent traditional culture and have a profound historical foundation; relying on the socialist system, they have strong moral strength; they represent the common values of mankind and have a firm stand of the people. Creating a new form of human civilization has outstanding contribution to the world, so it has unique and irreplaceable advantages in the construction of human spiritual world, especially in leading people to establish correct values, build solid ideals and beliefs, and build lofty beliefs.

Based on the conscious activities of knowledge, emotion, will and faith and their results, the basic territory of the spiritual world can be divided into four fields-cognitive field, emotional field, moral field and belief field. People's consciousness activities follow different rules through different fields. The cognitive field follows the rational principle, the emotional field follows the perceptual principle, the moral field follows the justice principle, and the belief field follows the transcendental principle. These four fields happen to be highly consistent and intrinsically consistent with the four forms of socialist core values. Furthermore, the socialist core values mainly include theoretical form, practical form, institutional form and target form. These four forms play a prominent role in people's knowledge, emotion, will and faith, and can solve the internal conflicts and difficult problems of contemporary Chinese people's spiritual world through gradual and continuous influence on all levels of people's spiritual world. Effectively help people to develop cognition, enrich emotion, promote morality and establish ideals, and finally realize the continuous enrichment and improvement of the spiritual world. The construction of the spiritual world of contemporary Chinese by socialist core values can be carried out in accordance with the above logic, and the establishment and operation of the mechanism can be realized through the connection and interaction of goal, subject, information and object. Among them, the consistency of the goal is the premise, the credibility of the subject is the basis, the validity of the information is the condition, the initiative of the object is the driving force, and the benign interaction and structural optimization between the elements run through the process and the operation of the mechanism.

Putting aside the function and influence of the external macro environment on the operation of the mechanism, we only focus on the process of core values education, focusing on the mode of action and the structure of combination among the elements, centering on educators and educational objects. This paper attempts to construct a mechanism operation model based on socialist core values acting on human spiritual world. The model further shows that different forms of socialist core values have different effects and influences on all levels of human spiritual world. Before the implementation of the core values education, the educators' spiritual world construction has completed a small cycle, and then the core values educational activities are initiated, organized and implemented, and through the creation of situations, transmission of content, innovative ways, synthesis of educational information, socialist core values can fully play a role in the spiritual world of the educational object, and through a cyclic and gradual process. In order to achieve the purpose of re-building values and even faith. In this process, the socialist core values themselves, educators, situations, contents, methods, educational objects and so on are very critical, and problems in every element or link will affect the effect of the construction of people's spiritual world. On the other hand, many questions in the human spiritual world can also be answered.

The construction of people's spiritual world based on socialist core values is a gradual process, which can be divided into preparation stage, implementation stage and evaluation and feedback stage according to the order of its work. In the preparatory stage, educators have a full and accurate understanding and grasp of educational goals, educational contents and educational objects, and educational objects can also give full play to their initiative and enthusiasm and make necessary psychological construction and preparation. On this basis, educators initiate, organize and implement socialist core values educational activities, synthesize educational information by creating situations, transforming educational contents and innovating educational methods, so as to act on educational objects and promote the connection of various elements and the operation of the mechanism. Finally, by integrating the information fed back by the educational object through its own words and deeds, educators evaluate the state and results of the operation of the factor structure and mechanism, re-examine the objectives, contents and objects, and adjust the connection mode of the elements in a timely and correct manner. Optimize the internal structure, enter the preparatory stage of the next mechanism operation, cycle, and constantly act on the spiritual world of the educational object. In order to achieve the result of making the educational object really learn, understand, believe and use. Throughout the whole process, the mechanism of constructing human spiritual world with socialist core values is the unity of knowledge and value, constructive and critical, dominance and subjectivity.

Following the basic logic of constructing human spiritual world with so-cialist core values, and according to the overall order of its process and the specific requirements of mechanism operation, this paper puts forward the systematic construction path of "theory-practice-system-goal", the cooperative construction path of "state-society-school-family", and the permeation construction path of "content-carrier-way-environment". The conscious construction path of "diligence-discernment-truthfulness-moral cultivation". On this basis, nine principles of construction are also put forward, that is, the combination of speech and example, moral education and legal punishment, belief construction and rule of law, national spirit and individual development. Adhere to the combination of official organizations and private forces, adhere to the combination of social education and individual cultivation, adhere to the combination of speech and example, adhere to the combination of mainstream media and mass communication Adhere to the combination of explicit education and recessive education in order to deepen the path research, enhance the effectiveness of socialist core values in building the spiritual world of contemporary Chinese people, help people out of the spiritual dilemma and create a new realm of spiritual life.

Key words: Core values; Socialist core values; Construction; spiritual world

目录

绪　论

一　问题的缘起及研究的意义

（一）问题的缘起

党的十九大报告指出："改革开放之初，我们党发出了走自己的路、建设中国特色社会主义的伟大号召。从那时以来，我们党团结带领全国各族人民不懈奋斗，推动我国经济实力、科技实力、国防实力、综合国力进入世界前列，推动我国国际地位实现前所未有的提升，党的面貌、国家的面貌、人民的面貌、军队的面貌、中华民族的面貌发生了前所未有的变化，中华民族正以崭新姿态屹立于世界的东方。"[①] 在中国共产党带领中国人民不断地奋勇拼搏、不懈奋斗下，中国特色社会主义进入了新时代，中华民族迎来了从站起来、富起来到强起来的伟大飞跃，踏上全面建设社会主义现代化国家的新征程，我们比历史上任何一段时期都更接近、更有信心和能力实现中华民族伟大复兴的目标。这无疑对人们坚定马克思主义信仰、中国特色社会主义信念和实现中国梦的信心，具有巨大的鼓舞和激励作用，为当代中国人的精神世界的构建提供了基础和动力。

[①] 《习近平谈治国理政》第三卷，外文出版社 2020 年版，第 8 页。

与此同时，从国内来说，我国社会主要矛盾已经转化为人民日益增长的美好生活需要和不平衡不充分的发展之间的矛盾。新形势下社会主要矛盾的变化，既反映出人们对于精神生活的需求在不断提高，也确认了人们内在需要和现实发展之间存在着一定矛盾。一方面，这种"不平衡不充分的发展"势必会反映到人们的精神世界中去；另一方面，内在需要和现实发展之间的矛盾也会造成人们精神世界的冲突，继而引发一系列问题。从国际来看，当今世界正处于百年未有之大变局，世界多极化、经济全球化、社会信息化、文化多样化纵深发展，国际局势风云变幻、外部风险暗流涌动、意识形态斗争深刻复杂。中国特色社会主义要在大变局中创新局，就要高度重视党和国家的意识形态工作，以及社会主义精神文明建设，迎接新要求与新挑战，高度重视以社会主义核心价值观构建当代中国人的精神世界。

（二）研究的意义

首先，有利于促进精神文明理论的系统化和科学化，并彰显理论研究的责任意识和问题意识。人的精神世界是社会生活的一个重要层面，是精神文明理论的重要范畴，无论是研究社会主义核心价值观，还是研究中国精神，都不能将其排除在外。当代中国人的精神世界的新成果，需要在理论层面予以总结和提升；当代中国人的精神世界的新问题，也需要在理论上予以回应和观照。及时地回应时代诉求，把现实中取得的进展与经验提炼到理论中去，把实际中出现的疑问和困惑反映到理论中来，打通社会主义核心价值观与精神世界，把实践中的困难和问题及时地纳入理论研究的范围，有利于彰显理论研究的责任与品格，也有助于促进理论内容的丰富与完善。

其次，有利于增强社会主义核心价值观及其教育的针对性与实效性，并提高当代人的精神生活质量与幸福感。培育与践行社会主义核心价值观，是社会主义精神文明建设中的"铸魂工程"，其根本就在于构建人的精神世界。本研究落脚于当代中国人的精神世界的现实，从问题出发，呼唤社会主义核心价值观的高端引领，以找准方向、抓住重点、澄清疑惑、打破困顿，实现对中国人的精神世界的构建。因为关注现实中的难题、观照人的精神世界，社会主义核心价值观及其教育就更有感染力和生命力；也因为社会主义核心价值观的先进性，人的精神世界的构建也就有了重要的支撑和正确的方向。而在这一过程中，社会主义核心价值观的培育和践行有了明确的目的地，得以"落地生根"；人的精神世界的构建有了正确的方向，得以"开花结果"；二者相互促进，共同进步，可指导和促进人在更高的层面获得健康与幸福。

二　学界研究基本概况

据不完全统计，目前国内已出版相关著作数十本，其中值得一提的成果有：孙正聿著、由吉林人民出版社 2007 年出版的《属人的世界》，以及由江苏人民出版社 2014 年出版的《人的精神家园》，陈赟著、2008 年由新星出版社出版的《现时代的精神生活》，张健著、2011 年由河南人民出版社出版的《论人的精神世界》，陈春莲著、2012 年由中央编译出版社出版的《健康精神生活研究》，童世骏著、2019 年由上海人民出版社出版的《我们时代的精神文化生活》，庞立生著、2020 年人民出版社出版的《历史唯物主义与精神生活研究》，廖小琴、廖小明合著的《重构人的精神生活》，崔志胜等著、2015 年由中国社会科学出版社出版的《社会主义核心价值观融入精神文明建设问题研究》，韩震著、2015 年由中国人民大学出版社出版的《社会主义核心价值观新论：引领社会文明前行的精神指南》，李金和著、人民出版社于 2021 年 2 月出版的《中国梦的精神实质与社会主义核心价值观培育》等。这些成果聚焦于人们的精神生活、精神家园、精神世界，在个别章节中对"价值观/核心价值观与精神世界"有所涉及，但对于"核心价值观与精神世界"的研究，目前国内尚未有专著出版。

以"精神世界"作为主题，在 CNKI 数字资源平台进行检索，截至 2022 年 8 月，据不完全统计，期刊论文有 4153 篇，博硕士毕业论文有 322 篇，会议收录论文有 140 篇，报纸文章有 311 篇，图书有 74 本。经过严格筛选，去除无效数据，最终结果为：哲学学科下期刊论文为 24 篇，思想政治教育学科下期刊论文 17 篇，教育学科下期刊论文 27 篇；硕士毕业论文 7 篇，博士毕业论文 3 篇；重要会议收录 2 篇，重要报纸收录论文 30 篇。以"核心价值观"和"精神世界"作为双重关键词，进行精确检索，去除无效数据，最终结果为：期刊论文 13 篇，重要会议收录 2 篇，这些成果在不同程度上探讨了"核心价值观与精神世界"这一问题，为后人的研究提供了有益启示。同时，也反映出国内对这一问题的研究不足，尤其是在马克思主义学科视野下，对"社会主义核心价值观与精神世界构建"这一问题的研究，还有待深入。

（一）研究现状

"人的精神世界及其构建"是学界研究的重点问题，其成果分布在文学、艺术、哲学、心理学、教育学等多个领域，这为本课题开拓了研究视域，提供了可借鉴的研究方法，也奠定了理论基础。

在国外学者那里，与"精神世界"相近的表述有"精神""心理""心灵""人格"等。弗洛伊德认为精神世界由于意识的管辖与指挥才有稳定性，一个社会的理想和价值观是通过"超我"传递给后代的，"超我"是道德化了的"自我"，它包括良心与自我理想，有监督"本我"的使命。荣格认为集体潜意识（原型）是个体人格结构的基础，它能帮助人确立"意义"，并影响其精神世界与性格养成。① 马克斯·韦伯提出了价值理性的概念，即"对一个特定的行为——伦理的、美学的、宗教的或作任何其他阐释的——无条件的固有价值的纯粹信仰，不管是否取

---

① ［瑞士］卡尔·古斯塔夫·荣格：《寻求灵魂的现代人》，黄奇铭译，上海译文出版社 2013 年版。

得成就"，相对于行为的最终结果，"行为的当事人有意识地强调行为的最终价值，并且有计划地、始终如一地以该价值为行为的指南"，关注的是"行为服务于他内在的某种'对义务、尊严、美、宗教、训示、孝顺'，或者某一'事'的重要性的信念"。价值理性坚持"人本质上是目的而不是手段"，强调关注人的尊严、价值和意义。① 马斯洛认为自我实现在人的需要中位于最高层次，每个人都渴望体验更高的价值，人应该努力实现自我价值，追求更高的精神境界。② 吉登斯主张通过现代性的自我认同重建人的精神世界。③ 哈贝马斯提出重建沟通理性以抵御工具理性对人们精神世界的侵蚀。④ 马尔库塞认为"无意识"是与生俱来的，比"意识"更能体现人的本质，要使人真正获得幸福，必须使人所有的活动"爱欲化"，最主要的是劳动的解放。因为，"人的器官的自由消遣"可以"大规模地发泄爱欲构成的冲动"，"人通过自己的劳动，既在劳动成果中满足了自己对客观的情欲对象的追求，又把劳动成果作为人的现实，在现实中实现了他自身"。而技术理性和异化劳动恰恰使人成为"单向度的人"，"在一个异化的世界上，爱欲的解放必将成为一种致命的破坏力量，作为对统治者压抑性现实的原则的彻底否定而起作用"。⑤ 弗洛姆提出人有五种需求：相属需求、超越需求、落实需求、统合需求、定向需求，明确指出人在精神上会表现出创造性的人格特质，有和谐关系、统合人格、追求意义的心理倾向，并把这种创造倾向性人格看作健康人格的目标。他揭露出资本主义社会违背人性和人的需求，认为道德价值应服从爱与理智而非权威，谴责权威主义的价值体系，并指出要想避免一场精神上和经济上的灾难的降临，就要抵制重占有的价

---

① ［德］马克斯·韦伯：《社会学的基本概念》，胡景北译，上海人民出版社 2000 年版。

② ［美］亚伯拉罕·马斯洛：《动机与人格（第三版）》，许金声等译，中国人民大学出版社 2007 年版。

③ ［英］安东尼·吉登斯：《现代性的后果》，田禾译，译林出版社 2000 年版。

④ ［德］尤尔根·哈贝马斯：《交往行为理论（第一卷）》，曹卫东译，上海人民出版社 2004 年版。

⑤ ［美］赫伯特·马尔库塞：《爱欲与文明》，黄勇、薛民译，上海译文出版社 2012 年版。

值取向和发扬重生存的价值取向。①

　　在国内相关研究中，有学者将目光聚焦到人的精神世界上，并对其概念及结构作出了具有独创性的阐释。孙正聿指出，人的精神世界由人类的超越意识所构成，具体包括超越"对象"的"表象"，超越"映像"的"想象"，超越"形象"的"思想"，超越"知识"的"智力"，超越"逻辑"的"智慧"和超越"现实"的"理想"。超越"现实"的"理想"是其中的重要内容，人类意识的超越性就在于人对意义世界的追寻。② 韩庆祥认为人的精神结构主要是价值取向、思维方式、道德情操、精神状态，当代人的精神世界的主要问题是精神懈怠。③ 杨国荣指出，以人性能力与规范系统为相关条件，成己与成物构成了人的基本存在方式与存在形态。在成己与成物的历史发展中，物之呈现与意之所向交互作用，世界则由此进入观念的领域并成为有意义的存在。意义之源内在于认识世界与认识自我、变革世界与变革自我的历史过程。以人的存在与世界之在为本源，意义一方面内在并展现于人化的实在，另一方面又呈现为观念的形式。前者意味着通过人的实践活动，使本然世界打上人的印记并体现人的价值理想的存在，后者既表现为被认知或被理解的存在，又通过评价而被赋予价值的内涵，并展开为不同形式的精神之境。④ 陈少明指出，"精神世界"特指意识中与日常需求拉开距离的心灵领域，精神世界构建的目的在于说明精神生活的实质及其意义，精神世界的"规模"由精神生活的深度与广度来界定。⑤ 张健认为，精神世界指意识活动及其活动结果的总和，其结构包括三大要素、四大层面和九大领域，分别为能力素质、道德品质及精神境界；心理层面、思维层面、伦理层面和精神层面；认知领域、情感领域、意志领域、思维领

---

① ［美］艾里希·弗洛姆：《占有还是存在》，程雪芳译，上海译文出版社 2021 年版。
② 孙正聿：《属人的世界》，吉林人民出版社 2007 年版。
③ 韩庆祥：《核心价值观与中国人精神世界重建》，《光明日报》2015 年 2 月 5 日。
④ 杨国荣：《成己与成物——意义世界的生成》，北京大学出版社 2020 年版。
⑤ 陈少明：《"精神世界"的逻辑》，《哲学动态》2020 年第 12 期。

域、道德领域、审美领域、信念领域、信仰领域、理想领域。① 王海滨从精神结构的整体性出发，构建了"一体六维"的内在精神结构图式，即欲求世界：满足逻辑与苦乐原理；情感世界：愉悦逻辑与爱憎原理；认知世界：科学逻辑与真假原理；评价世界：规范逻辑与应实原理；伦理世界：德性逻辑与善恶原理；超验世界：究极逻辑与有无原理，构成了内在精神世界。并在此基础上提出，以"结构归位"作为当代中国人的精神家园的重构图景，进而推动当代中国人的精神世界与精神生活和现代化的良性互动，实现当代中国人的精神现代化。②

也有学者坚持以问题为导向，聚焦社会现实，揭示了当代中国人的精神世界的问题与危机，以及中国精神生活的发展与规律，进而对精神世界和精神生活的构建路径作出了有益思考。例如，刘建军在《守望信仰》一书中指出，信仰是当代中国人的精神世界的重大问题。③ 郑永廷、罗姗在《中国精神生活发展与规律研究》一书中指出，当前精神生活发展现代性与传统性并存，超越性与滞后性兼有，层次性与起伏性交错，提出只有中国特色社会主义精神文化才能孕育人的精神生活。④ 廖小琴在《论人的精神生活发展的道路和一般规律》一文中指出，精神生活发展的道路演绎着人的发展的相似轨迹，即由前现代社会的自发发展向现代社会的自觉发展过渡，最后在未来的共产主义社会实现全面自由的发展，精神生活发展的一般规律主要有：物质生活与精神生活辩证发展律，精神生活系统多因素作用律，精神生活的继承与创造律，精神生活的渐进与连续发展律，需要驱动律，社会交往中介律与能力发展提升律。⑤ 童世骏在《当代中国人精神生活研究》一书中指出，应高度重视当代中国人的精神生活中的危机和隐患，并积极提升和满足人们在世俗

---

① 张健：《精神世界概念》，《肇庆学院学报》2004 年第 3 期。

② 王海滨：《人的精神结构及其现代批判：当代中国人的精神世界重构之思》，新华出版社 2015 年版。

③ 刘建军：《守望信仰》，人民出版社 2013 年版，第 179—190 页。

④ 郑永廷、罗姗：《中国精神生活发展与规律研究》，中山大学出版社 2012 年版。

⑤ 廖小琴：《论人的精神生活发展的道路和一般规律》，《求实》2010 年第 1 期。

化和大众消费时代的精神需求，尤其要发挥中国传统文化中"内在超越"观念的积极作用。① 周晓虹等在《中国体验：全球化、社会转型与中国人社会心态的嬗变》一书中指出，从中国体验的概念与意义、近代以来的嬗变背景、价值观、幸福感、消费心理、情感与人际关系、社会信任、媒介与受众心理、代际关系、婚姻与爱情、性观念与性行为、阶级与阶层意识、集体行为、公民意识与社会参与感等多方面，考察了自1978 年改革开放以来，在全球化和社会转型的双重背景下中国人的精神世界的巨大嬗变，在此基础上揭示出中国人社会心态变迁的现实性与独特性，并强调了重塑中国人的精神世界这一重要课题。②

以核心价值观构建人的精神世界十分关键，然而专门研究这一问题的成果并不多，仅有论文寥寥数十篇，且影响力总体偏低。值得一提的有：袁久红的《社会主义核心价值观与"中国精神"的新生》，文中指出社会主义核心价值观范导与引领着"中国精神"传统的新生，它必将在汲取和会通中西精神传统的自觉建构中，为"中国精神"的转化性再创造发挥定向作用。③ 李忠军的《中国梦·社会主义核心价值观·中国精神三位一体的铸魂逻辑》指出，铸魂是意识形态教育的本质要求，其主要内涵为铸牢信仰、铸塑价值和铸就精神，三者互为支撑，缺一不可。④ 韩庆祥在《核心价值观与中国人精神世界重建》一文中指出，培育和践行社会主义核心价值观的实质问题是重建中国人的精神世界，重点是解决人们的精神懈怠问题，应通过对社会主义核心价值观的总体把握与积极培育，实现中国人的精神世界的重建。⑤ 之后，他与王海滨在《当代中国发展的现实逻辑与人的精神世界重建》一文中进一步指出，

---

① 童世骏：《当代中国人精神生活研究》，经济科学出版社 2009 年版。

② 周晓虹等：《中国体验：全球化、社会转型与中国人社会心态的嬗变》，社会科学文献出版社 2017 年版。

③ 袁久红、甘文华：《社会主义核心价值观与"中国精神"的新生》，《东南大学学报》（哲学社会科学版）2013 年第 5 期。

④ 李忠军：《中国梦·社会主义核心价值观·中国精神三位一体的铸魂逻辑》，《社会科学战线》2015 年第 6 期。

⑤ 韩庆祥：《核心价值观与中国人精神世界重建》，《光明日报》2015 年 2 月 5 日第 11 版。

重建当代中国人的精神世界是中国现代性问题链中的一个重要环节。人的精神世界重建问题的实质就在于内在精神与现实逻辑的和解与互动，当代中国人的精神世界重建问题，主要指向内在精神与当代中国整体结构转型和社会力量博弈的现实逻辑之间的关系。① 杨振闻在《社会主义核心价值观与当代中国人精神世界重建》一文中指出，重建中国人的精神世界，是适应转型期价值多元化趋势，抵御西方价值渗透，促进人的全面发展的必然要求，必须发挥社会主义核心价值观"价值导向、精神铸魂、包容并蓄"的独到作用，通过"宣传教育、示范引领、综合创新、制度建设"，实现核心价值观"认知、认同、践行"的统一，并使其融入生存方式。② 柏路在《精神生活共同富裕的时代意涵与价值遵循》一文中指出，精神生活的共同富裕需要充分发挥社会主义核心价值观的引领作用，引领精神生产的"提质增效"与精神生活的"多维需要"相统一，调节精神产品的"公正分配"与精神生活的"权利享有"相统一，助益精神交往的"深层互动"与精神生活的"共识凝聚"相统一，推动精神消费"理性自觉"与精神生活"意义生成"相统一。③

上述文章均指明了核心价值观在构筑人的精神世界中的作用，并提出了相应的看法与思路，为深化人的精神世界的研究奠定了一定的理论基础，同时也提供了一个新的角度。但是，核心价值观何以能够，又是如何作用于人的精神世界？其内在的作用逻辑与机制是什么？社会主义核心价值观又应如何构建当代中国人的精神世界？对于这些关键性问题，文章则没有交代，这也需要通过后续的研究来进一步回答。

（二）简要评价

关于人的精神世界及其构建，国内外学者分别从不同的角度提出了

---

① 韩庆祥、王海滨：《当代中国发展的现实逻辑与人的精神世界重建》，《求索》2019 年第 1 期。

② 杨振闻：《社会主义核心价值观与当代中国人精神世界重建》，《中国浦东干部学院学报》2015 年第 3 期。

③ 柏路：《精神生活共同富裕的时代意涵与价值遵循》，《马克思主义研究》2022 年第 2 期。

自己的看法，尤其是对需求与自我价值的关注，对推进本研究提供了有益启示。近几年，国内也有学者从核心价值观的角度探究人的精神世界，成果多散见于期刊报纸上，目前尚无专著出版，这反映出本课题的研究相对薄弱，为后续的探讨与思考提供了空间与可能。但总体上来说也存在一定的局限性：

首先，国外更偏重于心理与人格层面，严格意义上来说，与我们所说的"精神世界"不能完全等同，加之历史背景、文化传统、生活习惯、话语体系等差异，使国外相关理论不能完全契合当代中国人独特的思想世界，无法针对性地认识和解决当前的实际难题。与此同时，国外相关成果在研究视域上，偏重于精神世界的构成要素及影响因素研究，相对忽视整体性研究；在研究重点上，偏重于个体需要和诉求，相对忽视社会需要和要求；在思维方法上，呈现出一定的先验主义或唯心主义色彩，以至于最终提出的精神重建方案的现实性和实践性大打折扣。加之中西方政治制度、文化背景、社会现实等诸多差异，这些研究成果无法直接移植到中华大地的土壤中，更无法直接"嫁接"到我国当代的研究上，而是需要我们批判性地借鉴，有选择性地吸收，同时必须结合中国实际，加以改造与转化，如此才能更好地促进理论发展与实践深化。

其次，国内研究精神世界的成果集中于文学和艺术领域，散见于哲学、教育学之中。马克思主义理论学科或者思想政治教育视域下，对这一问题的专门研究屈指可数。已有的研究，也多是聚焦于特殊群体——中国共产党、青少年、大学生、知识分子、农民，探讨其精神世界的现状及特点。抑或是聚焦于典型个体——孔子、老子、庄子等，以及中华民族历史上的代表性人物，研究其精神世界的丰富图景与深邃内涵。着眼于当代，从整体上去考察中国人的精神世界，在社会主义核心价值观的视域下思考现实进路，需要学界予以重视并深入思考研究。与此同时，国内相关研究在价值导向上，在一定程度上表现出以下特点：在目标导向上，过分关注社会价值，相对忽视个体价值；在研究重点上，偏重于精神世界中间层次因素（认知、道德等），相对忽视低层次因素

（需求、欲望等）或者高层次因素（理想、信仰等）；在构建思路上，高度重视政治宣传、伦理道德的要求，相对忽视人的精神生活中的实际需要，以及人的精神世界里的疑难问题。

三　基本思路与方法

（一）基本思路

首先，本课题以精神世界为起点，系统地分析其内在要素与结构，指出价值观是人的精神世界的核心，信仰是人的精神世界的灵魂。其次，以问题为导向，结合时代背景与社会现实，指出当前中国人的精神世界亟须构建，而其实质就是重建价值观，根本就在于重建信仰。再次，从核心价值观及其教育的角度，探讨了社会主义核心价值观对于人的精神世界的作用及其机制。最后，以具体实践为落脚点，对以核心价值观构建当代中国人的精神世界，提出了具体的看法与思路。

（二）主要方法

本研究拟采取的研究方法主要有：

文献分析法。文献主要包括以下四类：马克思主义经典文献、党和国家领导人著作、党和国家重要文献、期刊报纸重要学术文章以及相关著作，总结和梳理经典文献中的相关论述，党和国家重要文献中的相关重要讲话、精神、文件、政策，以及学界关于这一问题研究的现状和动态，从中获得思想资源、理论基础、重要依据和遵循，并在坚持正确指导思想、继承前人研究成果的基础上，积极寻找理论的生长点。

比较分析法。在与其他核心价值观的比较中，揭示社会主义核心价值观的先进性与优越性，在人的精神世界的古今中外的比较中，发现当代中国人的精神世界的现实性与独特性。以此探讨社会主义核心价值观对于构建当代中国人的精神世界的特殊意义和独特作用。

系统分析法。把人的精神世界作为一个复杂而动态的系统，对其内部要素及其结构进行综合分析，对其变化与发展进行总体把握，以揭示精神世界发展规律。把影响人的精神世界形成发展的外部环境，同时也作为一个复杂且不断变化的系统，对影响因素进行整体性研究，进而探讨当代中国人的精神世界的构建要求。

四　重难点与创新点

（一）研究的重难点

一是人的精神世界及其结构。这部分内容不仅是课题研究的前提与基础，也关系到其他内容的出场，蕴含着社会主义核心价值观发挥其引领价值的合法性。人的精神世界本身就有抽象性和复杂性，加之当代中国社会现实、文化环境、时代背景均具有特殊性，使研究这一问题的难度很大。

二是社会主义核心价值观对当代中国人的精神世界的作用机制。这一内容在整个课题研究中发挥着"承前启后"的作用，因而十分重要。但要把这一问题阐述清楚，需要对核心价值观、精神世界，以及二者之间的内在关系与作用规律，有深入的了解和思考，加之研究对象的复杂性，自然也就成为研究重难点之一。

三是社会主义核心价值观构建当代中国人的精神世界的路径。这一内容反映了课题研究的最终目标，就是把理论归还于实践。然而，着眼于人们精神世界的现实，并能够反映出当代中国人独有的精神面貌，真正提出有针对性和操作性的思路或者建议实属不易。

（二）研究的创新点

其一，人的精神世界是理论研究的重点问题，目前学界多从文学、艺术、哲学、教育学的视域对这一问题展开研究，本书从核心价值观及其教育的角度，探讨当代中国人的精神世界的现实困境与当代构建，在研究视角上具有一定新意。

其二，本书以信仰为核心构建了"四位一体""同心圆"式的精神世界结构简图。"四位"即精神世界的四大要素——知、情、意、信，几大要素之间层级分明，共同作用，促动了精神活动由低到高、由简单到复杂的发展；"一体"即精神世界赖以生存发展的物质——人脑；"同心圆"指以"信"作为精神世界的核心，一旦形成就有强大的吸引力、辐射力和凝聚力，能够统摄、支配、引领其他要素紧密围绕在其周围。"四位"在"一体"的统合下，依次展开、循序渐进、由浅入深，形成系统性、结构性、统一性的整体。知、情、意、信作为人的精神世界构成的四大要素，每个要素中都蕴含着价值观。价值观不是精神世界的全部，却是精神世界的重要内容。当代中国人的精神世界的核心问题，集中表现为价值观的冲突与错位。

其三，本书基于知、情、意、信而展开的意识活动及其结果，将精神世界的基本版图依次划分为四大领域——认知领域、情感领域、道德领域、信仰领域，并指出人的意识活动途经不同领域遵循着不同的法则。认知领域遵循理性原则，情感领域遵循感性原则，道德领域遵循正义原则，信仰领域遵循超越原则。其中，认知领域和情感领域属于人类和动物的共同领地，因为"知"和"情"作为生物本能的部分，是人和动物所共有的。而道德领域和信仰领域则是人类的专属领地，因为"意"和"信"为人类所独有，本质上是具有高度自觉性的精神性活动。社会主义核心价值观主要有理论形态、实践形态、制度形态和目标形态。这四大形态分别对人的知、情、意、信具有突出作用，可以通过对人的精神世界各个层次循序渐进、持续不断的影响，有针对性地解决当代中国人的精神世界的内在冲突和疑难问题，有效地帮助人们发展认知、丰富情感、提升道德和树立理想，循环往复以达到重建价值观乃至重建信仰的目的，最终实现精神世界的不断丰富与完善。

其四，本书从核心价值观及其教育的角度，探讨了社会主义核心价值观作用于人的精神世界的机制，并尝试构建了机制运行的模型。在此基础上指出，重建信仰作为机制良性运行的应然结果，被教育者的可信性、教育对象的能动性、情境的有益性、方式的适宜性所影响，被内容的真理性所决定，也就是说社会主义核心价值观由以各种形态合成信息的"真"所决定。要想达到构建人的精神世界的最终目标，社会主义核心价值观就要保持科学性和先进性，也要保证其目标形态、制度形态、实践形态、理论形态之间的契合性与一致性，还要保证教育主体的协同与过程要素结构的优化。遵循社会主义核心价值观构建人的精神世界的基本逻辑，按照其过程展开的总体顺序与机制运行的具体要求，提出了"理论—实践—制度—目标"的系统化建构路径，"国家—社会—学校—家庭"的协同化建构路径，"内容—载体—方式—环境"的渗透化建构路径，以及"学—思—践—悟"的自觉化建构路径。

第 ❶ 章

构建当代中国人的精神世界的重大意义

　　构建当代中国人的精神世界，是一个重大的理论问题和现实问题。在党的十九大报告中，习近平总书记明确指出："经过长期努力，中国特色社会主义进入了新时代，这是我国发展新的历史方位。"[①] 这是一个重大的政治判断，也是一个清晰的时代定位。中国特色社会主义进入新时代，中华民族开启新征程，这是对"何为当代"的集中表达，也是对当代中国人所处时空坐标的有力注解。在过去的语境中，"当代"通常指 1949 年新中国成立以来，而今，"当代"则特指新时代。马克思指出："我们判断这样一个变革时代也不能以它的意识为根据；相反，这个意识必须从物质生活的矛盾中，从社会生产力和生产关系之间的现存冲突中去解释。"[②] 相对于 20 世纪 50 年代人民对于经济文化迅速发展的需要同当前经济文化不能满足人民需要的状况之间的矛盾，或是 20 世纪 80 年代人民日益增长的物质文化需要同落后的社会生产之间的矛盾，如今我国社会主要矛盾已经转化为人民日益增长的美好生活需要和不平衡不充分的发展之间的矛盾，这也成为新时代的显著标识，更是当代中国人的精神世界建构必须面对的特殊现实。构建当代中国人的精神世

[①] 《习近平谈治国理政》第三卷，外文出版社 2020 年版，第 8 页。
[②] 《马克思恩格斯文集》第 2 卷，人民出版社 2009 年版，第 592 页。

界，不仅是历史性课题，也是时代性课题。我们不能只停留在个体健康发展的角度，也不能仅局限于中国或是当代，去认识它的意义，而应上升到民族延续和复兴、世界文明创建和发展，甚至是人类未来与命运的高度，把握和确认它的重大意义。

一　人的精神世界及其构成

人的精神世界一直是哲学、心理学所关注的核心问题，究竟什么是人的精神世界？它的内在要素结构又是怎样的？学界对此虽然存在争议，但是却展开了较为深入的研究和探讨，这对我们深化思考有重要的启示作用。构建人的精神世界和精神生活，本是思想政治教育的应有之义。然而，纵览目前有代表性的成果及观点，大多出自其他领域。真正在思想政治教育的视域下，去深入探究这一问题的成果，仍然屈指可数。既然思想政治教育离不开对精神世界的观照和引领，也离不开对精神世界建构规律的认识和把握，那么，人的精神世界自然就应成为思想政治教育的重点研究对象。精神世界是抽象的，人的精神世界是复杂的。只有在认识上厘清精神世界及其构成，在理论上讲明其内在要素之间的关系与结构，在话语上体现思想政治教育的专业性和特殊性，在实践上才能更有针对性和操作性。

（一）精神世界的内涵

"精神"一词对应的英文是 spirits，源于拉丁语 spiritus，原义指轻微的风动和轻薄的气流，或是气息和呼吸，后引申为人的意识、心灵、情绪、心境和灵魂，以及一定群体所特有的思想、信念、意志和目标。中文的"精神"由"精"与"神"复合而来，原义指人的精气、元神、意识或精力、神情、意态。《吕氏春秋·尽数》中有言："圣人察阴阳之宜，辨万物之利，以便生，故精神安乎形，而年寿得长焉。""精气之集也，必有入也。""形不动则精不流，精不流则气郁。"① "形"即形体，与"精""神"相对。"窈兮冥兮，其中有精；其精甚真，其中有信"②，"阴阳不测之谓神"③。郑玄注："精神，亦谓精气也。"④ 中国古代朴素的唯物者认为，精神是指形成万物的阴阳元气，精气是一种原始物质，也是万物形成与变化的内在动力。可见，精神的内涵主要包括以下两个层面：一是人的精神结构和精神面貌，具体包括人的情绪、情感、精力、神情、意识、心灵、意志等。二是生命产生发展的动力和体征。

在马克思主义哲学中，精神是与物质相对的一个概念，主要指相对于物质而存在的一切意识的活动和意识现象的总和。所谓精神世界，即人的意识、精神领域，指人在实践过程中形成的意识、思维活动和一般心理状态。

要正确理解精神世界的概念，就需要把握以下几点：

其一，精神世界是属人世界产生发展到一定阶段的结果，是人脑特有的机能。它所涵括的思想、感情、兴趣、思维、认识、观念、理想、信念、意志，抑或是思想、理论、知识等，都是主体对于客体的对象性把握，而在人头脑中的反映。这说明，精神世界离不开具有人脑正常运行机能的主体，也离不开主体的认识对象和活动对象。精神世界并非"神"的世界，一些宗教信仰者把精神世界加以神化，认为精神可以不依赖于人脑或人类世界而独立存在，甚至是先于自然界和人类社会而存在。例如中世纪的神学家托马斯·阿奎那就认为"神即精神"，并把神看作物质世界的创造者。精神世界也并非其他生命可以创造和建构的世界，因为它以人脑特有的高级功能为前提，比如语言、思维和意识，等等。马克思就曾指出，自我意识是人区别于动物的根本所在，"一个种的整体特性、种的类特性就在于生命活动的性质，而自由的有意识的活

① 《吕氏春秋·尽数》，陆玖译注，中华书局2011年版，第73页。
② 《道德经·二十一章》，张景、张松辉译注，中华书局2021年版，第84页。
③ 《周易·系辞》（上），杨天才、张善文译注，中华书局2018年版，第573页。
④ 《礼记注》（上册），郑玄注，中华书局2021年版，第825页。

动恰恰就是人的类特性",人处在现实的条件之下从事着实际活动,而并非"处在某种虚幻的离群索居和固定不变状态中"①,人通过实践活动建构客观世界的同时也在构建主观世界。"动物和自己的生命活动是直接同一的。动物不把自己同自己的生命活动区别开来。它就是自己的生命活动。人则使自己的生命活动本身变成自己意志的和自己意识的对象。他具有有意识的生命活动。这不是人与之直接融为一体的那种规定性。有意识的生命活动把人同动物的生命活动直接区别开来。"② 而有意识的活动及其结果生成人的精神领域。精神世界为人类与人类社会所特有,同时无法完全脱离人和人类而独立存在。

其二,精神世界是思维化、观念化、意识化的现实世界,是社会实践发展到一定水平的产物。从其产生发展来看,精神世界以现实世界为土壤,本身就是人类社会实践不断发展的结果;从其内涵特点来看,精神世界以具体的、现实的社会实践活动为基础,与现实世界相互渗透、相互融合、相互转化;从其功能作用来看,精神世界通过各种形式和类型的社会实践活动不断外化,转化为现实力量,进而发挥其激励、指导、引领、提升,稳定、协调、平衡、建构等多样作用。"人的思维是否具有客观的〔gegenständliche〕真理性,这不是一个理论的问题,而是一个实践的问题。人应该在实践中证明自己思维的真理性,即自己思维的现实性和力量,自己思维的此岸性。关于思维——离开实践的思维——的现实性或非现实性的争论,是一个纯粹经院哲学的问题。"③ 精神世界虽然是主观世界,但并非与客观世界相脱离,与现实生活相隔绝。即便是精神世界中所存在的那些光怪陆离、荒诞玄幻、虚无缥缈的部分,也都与现实世界存在着这样或那样的联系,那些完全在现实世界之外而孤立存在的、完全封闭的、绝对的精神世界,是不存在的。马克思早就指出,"全部社会生活在本质上是实践的。凡是把理论引向神秘

---

① 《马克思恩格斯文集》第 1 卷,人民出版社 2009 年版,第 525 页。
② 《马克思恩格斯文集》第 1 卷,人民出版社 2009 年版,第 162 页。
③ 《马克思恩格斯文集》第 1 卷,人民出版社 2009 年版,第 500 页。

主义的神秘东西，都能在人的实践中以及对这种实践的理解中得到合理的解决。"①

其三，精神世界受物质世界所决定、影响和制约，是物质世界在人脑中的反映。精神和物质是哲学的一对基本范畴，也是认识论的基本矛盾。恩格斯曾经指出："全部哲学，特别是近代哲学的重大的基本问题，是思维和存在的关系问题。"② 唯心主义主张精神第一性，唯物主义坚持物质第一性。唯心论否认物质对精神的决定作用，机械唯物论否认精神对物质的反作用。辩证唯物主义在确认物质第一性，精神第二性的基础上，正确揭示了精神和物质的同一性，以及二者之间的辩证统一关系——一方面，"物质不是精神的产物，而精神本身只是物质的最高产物"③，物质决定精神，精神是物质高度发展的产物，是物质世界在人脑中的反映；另一方面，精神对物质具有能动的反作用。列宁指出："人的意识不仅反映客观世界，并且创造客观世界。"④ 毛泽东指出："我们承认总的历史发展中是物质的东西决定精神的东西，是社会的存在决定社会的意识；但是同时又承认而且必须承认精神的东西的反作用，社会意识对于社会存在的反作用，上层建筑对于经济基础的反作用。"⑤

相对于现实世界和物质世界，精神世界主要具有如下特点：

一是主观性和抽象性。主观性是指精神世界指向人的思维世界、意识世界和观念世界，均属于人的主观领域，受主观因素影响较大，并呈现出主体差异性。正因如此，也直接决定了精神世界的抽象性。抽象性是指精神世界无相无形，为人们所看不到听不见摸不着，形而上而不具实体性的特点。对此，中国古代先贤们早有论述。《庄子》中有载："精神四达并流，无所不极，上际于天，下蟠于地，化育万物，不可为象，

---

① 《马克思恩格斯文集》第 1 卷，人民出版社 2009 年版，第 501 页。
② 《马克思恩格斯文集》第 4 卷，人民出版社 2009 年版，第 277 页。
③ 《马克思恩格斯文集》第 4 卷，人民出版社 2009 年版，第 281 页。
④ 《列宁全集》第 55 卷，人民出版社 1990 年版，第 182 页。
⑤ 《毛泽东选集》第一卷，人民出版社 1991 年版，第 326 页。

其名为同帝。"① "夫昭昭生于冥冥，有伦生于无形，精神生于道，形本生于精，而万物以形相生。"②《列子》有云："精神者，天之分，骨骸者，地之分。"③《淮南子》有言："夫精神者，所受于天也；而形体者，所禀于地也"。"精神何能久驰骋而不既乎？是故血气者，人之华也，而五藏者，人之精也。""五脏能属于心而无乖，则勃志胜而行不僻。勃志胜而行之不僻，则精神盛而气不散矣。"④ 虽然，上述语境中"精神"的内涵，与当代语境中的"精神"一词有所不同，但是，这些思想家都不约而同地注意到精神与形骸之间的差异、分别和联系，并关注到精神世界不具形象的特点。需要注意的是，精神世界虽抽象，但绝不是虚幻的、神秘的。恩格斯曾明确指出：我们的意识和思维"不论它看起来是多么超感觉的，总是物质的、肉体的器官即人脑的产物"⑤。而在中国人的传统观念中，"所认为的那个虚无缥缈的、非物质的精神世界其实并不存在，真正的精神世界是由大脑产生的物质构筑而成，脑中的精神世界与物质世界是同一的"⑥。

　　二是系统性和结构性。从精神世界的形成机制来看，它通过复杂的人体系统和人脑机能的运行而得以展开，在精神世界的构建过程中，人体内部各个系统之间，以及人脑运行的各个环节之间，既相互独立、各司其职，又相互协作、紧密联系，具有整体性、协调性、动态性。从精神世界的内在构成来看，它是多要素形成的结构，不同维度的要素处于不同层级，同一层级的要素之间，以及不同层级的要素之间，都按照特定的秩序，形成明确的逻辑关系。从精神世界的运行规律来说，它作为人类的意识活动及其结果的总和，无论是人类头脑中的心理活动过程，还是意识活动过程，都经由一系列的反应而由浅入深，并呈现出系统性

① 《庄子·刻意》，方勇译注，中华书局 2015 年版，第 247 页。
② 《庄子·知北游》，方勇译注，中华书局 2015 年版，第 365 页。
③ 《列子·天瑞》，叶蓓卿译注，中华书局 2011 年版，第 11 页。
④ 《淮南子·精神训》，陈广忠译注，中华书局 2012 年版，第 336 页。
⑤ 《马克思恩格斯文集》第 4 卷，人民出版社 2009 年版，第 281 页。
⑥ 陈定学、陈虹：《精神世界在哪里》，《中州学刊》2004 年第 1 期。

和结构化的特征。《黄帝内经》将这一活动过程依次划分为：精、神、魂、魄、心、意、志、智、思、虑，并指出："故生之来谓之精，两精相搏谓之神，随神往来者谓之魂，并精而出入者谓之魄，所以任物者谓之心，心有所忆谓之意，意之所存谓之志，因志而存变谓之思，因思而远慕谓之虑，因虑而处物谓之智。"[①] 实际上，精神世界是心理与意识、思维与逻辑、形式与内容的高度统一，因而具有系统的"程序化"特点和结构的稳定性特征。杨国荣在《成己与成物——意义世界的生成》一书中指出："精神本体既有形式的结构，又以真善美的实质内容为具体形态；心理与逻辑、形式与实质在精神本体中展示了内在的统一性。作为有内容的形式和有形式的内容，精神本体既区别于纯粹的先验范畴，也不同于单纯的经验意识。"[②]

三是超越性和建构性。精神世界的超越性主要表现为：其一是对现实世界的超越。人是有意识的存在物，人可以能动地认识现实世界，并在此基础上实现精神世界的主体性建构，使精神世界超脱于世俗生活的羁绊与束缚，因而具有相对独立性。庄子在《逍遥游》中就表达了"无所待而游无穷"的人生理想和精神境界，表明了精神世界相对于世俗世界的自由性和超越性。与此同时，精神世界可以认识、协调、整合、调整，人与自然、人与自我、人与他人、人与社会之间的现实关系，进而有目的、有计划地进行对现实世界的改造和重建。此外，精神世界产生、发展和构建的过程，本质上是"思想、观念、意识的生产"过程，是精神生产过程。精神生产与物质生产一同构成了社会生产的重要方面，而通过这一过程生产出来的精神产品，可以极大地丰富、提升现实世界和社会生产生活。其二是对个体生命的超越。一方面，人们通过对于意义世界的建构寻找无限性，追寻生命意义、延展生命长度、拓展生命价值，进而超越个体生命的有限性；另一方面，精神世界可以安顿和

---

① 《黄帝内经·灵枢》，姚春鹏译注，中华书局 2010 年版，第 934 页。
② 杨国荣：《成己与成物——意义世界的生成》，北京大学出版社 2020 年版，第 28 页。

抚慰人心，并激励和引领生命个体摆脱低级趣味，完成对生物本能冲动和个人利欲营求的超越。其三是对类生命的超越。蔡元培指出："人类之义务，为群伦不为小己，为将来不为现在，为精神之愉快而非为体魄之享受，固已彰明较著也。"[①] 人在"自由的有意识的活动"中通过创造性的认识活动和实践活动，构建起广袤丰富而又深邃的精神世界，提升了人类生命的层次与高度，并实现了人类文明的传承和延续。精神世界的建构性集中表现为：其一，创造性。精神世界本身就是人类精神生产和精神文明创建的结果。随着精神世界的产生与发展，人类创造了历史、文学、艺术、哲学、理论、知识等丰富的精神财富。人作为超越自然的社会存在物，能借助于精神世界创造出一个属人的对象世界，并在这一过程中创造了自身。其二，革命性。精神世界对内有自我革命的规定性，有反躬自省、克己内省、反求诸己、见贤思齐、改过迁善等要求，也有自我净化、自我完善、自我革新、自我提升的取向。精神世界对外有社会革命的指向性。精神世界超越于现实世界又最终指向现实世界，具有强大的现实性力量。其三，建设性。精神世界的核心是意义世界和价值世界，坚持真、善、美的构建原则和价值诉求，对于现实世界具有积极的性质和促进的功能，进而发挥其强大的精神动力，指引、激励、引领人们彰显更为本质的力量，助推人类社会从低级到高级的发展。

（二）**精神世界的要素**

精神世界是一个由多要素构成的复杂系统。在思想政治教育视域下，考察精神世界的生发过程及构建规律，遵循人脑思维和意识活动由浅入深、由低至高的逻辑顺序，精神系统的运行环节依次为知、情、意、信，这也构成了精神世界的四大要素。

第一大要素是"知"。它属于认识层面，包括知觉、记忆、思维、

---

① 高平叔编《蔡元培全集》第二卷，中华书局1984年版，第290页。

认识、想象等一系列心理活动和认识活动，是"感觉输入受到转换、简约、加工、存储、提取和使用的全部过程"①，是客观事物在人脑中的一种能动的反应过程和反映形式。

知觉是人们在感觉的基础上产生的，对客观事物的表面现象和外部联系的综合的整体的反映。"人在实践中获得了反映事物一些片面属性的感觉，这些感觉在大脑中集中综合或组合起来，就形成了关于该事物的整体的感性形象，这就是知觉。"② 依据不同的标准，知觉可以分为不同的类型。以知觉中起主导作用的不同器官为划分依据，知觉可分为视知觉、听知觉、嗅知觉、味知觉和运动知觉等；以知觉对象的不同性质为划分依据，知觉又可分为空间知觉、时间知觉和运动知觉。前者属于简单知觉，后者属于复杂知觉。知觉是人们对感性材料进行加工的初步结果，是对客观事物的一种感性认识，是感觉和思维之间的一个重要环节，是人类认识活动的低级阶段。

记忆是人们对于过去经历过的事物在头脑中的反映，其过程包括识记、保持、遗忘、再认和再现。现代认知心理学认为，记忆是人脑对信息进行接收、编码、储存和提取的认知加工过程。依据不同的标准，记忆可以分为不同的类型。根据记忆是否具有目的性，可分为内隐记忆和外显记忆；以记忆系统信息存储时长为依据，可分为瞬时记忆、短时记忆和长时记忆；以记忆的对象与内容为依据，可分为形象记忆、情绪记忆、逻辑记忆、动作记忆；以记忆的方式与方法为依据，可分为意义识记和机械识记。记忆是脑的基本心理机能之一，是知识经验能够得以积累的前提，是心理活动保持统一性和连续性的基础。

思维是人们在社会实践的基础上，通过对感性材料的分析和综合，对客观事物能动的、概括的、间接的反映，其基本过程包括分析、综合、比较、抽象、概括和归纳等，其结果指向为由此及彼、由表及里、

---

① Neisser U（1967），*Cognitive Psychology*，New York，Appleton-Century-Crofts.

② 卢之超：《马克思主义大辞典》，中国和平出版社1993年版。

去粗取精和去伪存真。思维是一种抽象的活动能力，能够对感性材料进行从外部到内部、从个别到一般、从现象到本质、从感性到理性的认识。毛泽东明确指出："认识的真正任务在于经过感觉而到达于思维，到达于逐步了解客观事物的内部矛盾，了解它的规律性，了解这一过程和那一过程间的内部联系，即到达于论理的认识。"① 依据不同的标准，思维可以分为不同的类型。依据思维的内容，可分为动作思维、形象思维、抽象思维；依据思维的指向性，可分为聚合思维和发散思维；依据思维的逻辑性，可分为直觉思维和分析思维；依据思维的创新度，可分为常规思维和创造性思维。恩格斯指出："我们的意识和思维，不论它看起来是多么超感觉的，总是物质的、肉体的器官即人脑的产物。"② 思维是大脑的物质特性，是对客观事物的理性认识，是人类认识活动的高级形式。

认识是人们以实践为基础，以观念的形式对客观事物能动的反映或再现，包括感性认识和理性认识两个阶段。在感性认识阶段，人们头脑中所反映的是事物的表面或片面的现象，是不完全的认识；在理性认识阶段，人们头脑中所把握的是事物的本质和规律，揭示的是事物的内部联系。正如毛泽东所指出的那样，理性认识之所以和感性认识不同，是因为感性认识是属于事物之片面的、现象的、外部联系的东西，理性认识则推进了一大步，到达了事物的全体的、本质的、内部联系的东西，到达了暴露周围世界的内在的矛盾，因而能在周围世界的总体上，在周围世界一切方面的内部联系上去把握周围世界的发展。"感觉到了的东西，我们不能立刻理解它，只有理解了的东西才更深刻地感觉它。"③ 认识的目的和任务在于正确地反映客体，经由感性上升到理性，并获得真理性知识，以服务于实践。认识是一个由浅入深、由低级到高级、由感性到理性的无限发展过程。列宁指出："认识是思维对客体的永远的、

---

① 《毛泽东选集》第一卷，人民出版社 1991 年版，第 286 页。
② 《马克思恩格斯文集》第 4 卷，人民出版社 2009 年版，第 281 页。
③ 《毛泽东选集》第一卷，人民出版社 1991 年版，第 286 页。

无止境的接近。自然界在人的思想中的反映，要理解为不是'僵死的'，不是'抽象的'，不是没有运动的，不是没有矛盾的，而是处在运动的永恒过程中，处在矛盾的发生和解决的永恒过程中。"①认识是客观性和能动性的统一，是有限性与无限性的统一，是相对性与绝对性的统一。

想象是人们在已感知事物的基础上，对表象进行分解、加工、改造、重组，产生新形象的心理过程。想象不是表象的简单再现，而是能动性的、积极性的、创造性的、超越性的再现。正如康德所指出的那样，想象（Einbilaungskraft）是在对象不存在的情况下直观对象现实存在的能力，想象以内发的直观性为第一特征，同时未必具有逻辑和经验的一贯性。②想象按其形式，可分为再造性想象和创造性想象；按其是否具有自觉性，可分为有意想象和无意想象。想象是科学研究、文学艺术、发明发现等创造性活动的必要因素，也是调动欲望、调节情绪、激发情感的重要力量。

第二大要素是"情"。它属于情感层面，包括欲望、情绪与情感等一系列心理活动和情感活动，由独特的主观体验、外部表现、生理唤醒等三种成分组成。"情"与"知"，都是社会历史的产物和社会生活的反映。但作为客观事物的反映，"情"又有别于"知"。进一步而言，"知"侧重于对事物现象、规律、本质的理性把握，进而反映客观事物本身；"情"则侧重于对事物的主观体验或感受，进而反映客观事物与主体需要之间的关系。

欲望是人们基于一定需要而产生的，对一定的物质或精神事物的渴求。美国心理学家亚伯拉罕·马斯洛（Maslow. A. H.）提出了著名的需求层次理论，将人的需求按照由低到高的顺序，分为生理需求、安全需求、社交需求、尊重和自我实现需求五个层级，并将前四个级别称为缺陷需求，将最高级别称为增长需求。同时指出需求对个体行为具有激

---

① 《列宁全集》第55卷，人民出版社2017年版，第165页。
② ［德］康德：《判断力批判（上）》，宗白华译，商务印书馆2009年版，第160页。

励、指引的力量。① 在 1957 年召开的关于人类价值观新知识的第一届科学会议上，马斯洛提出一旦人们生存的基本需求得不到满足，人的感情就会受到严重伤害，就会形成不健康的价值观，这是由人的本性决定的。众所周知，人类的欲望是多样的。它源自人类的生物本性，表达了复杂的需要结构。它是在人们的社会实践中产生的，并随着人们的生产生活、社会环境和历史条件的变化而变化。人们在不同历史时期、不同时代背景、不同社会条件、不同发展阶段下，有不同的欲望及其表现。欲望是人类需求的一种表达形式，是人类行为的内在驱动。

情绪是人们对客观事物是否符合其需要的态度的暂时性体验，是具有情境性的感情反应和情感过程的外部表现。俄国生理学家巴甫洛夫认为，情绪活动是一种无条件反射的活动，区别于动物的地方在于，人的情绪不是单纯建立在本能的基础上，而是受人的社会生活、传统习俗、文化教育、价值观念等因素的影响和制约。② 情绪通常具有社会性特点，体现一定的社会关系和社会利益，并表现为一定的社会心理。情绪按照其主体形式可分为个人情绪和社会情绪；按照其反应方式可分为原发（表层）情绪和核心（深层）情绪；按照其内容构成又可分为基本情绪（喜怒哀惧）和复合情绪与情感。情绪是人们内在需求的表达窗口，是社会态度的"晴雨表"，是思想动向的"追踪器"。

情感是人们与社会性需要相联系的态度的稳定性体验，包括道德感（义务感、荣誉感、集体主义感等）、美感（对美的事物的情感）、理智感（同满足认识的兴趣与思维任务相联系的情感）。③ 情感区别于情绪的地方在于：情绪为人类和动物所共有，而情感则为人类所特有；情绪具有短暂性、易变性、冲动性和外显型，情感则具有持久性、稳定性、深沉性和含蓄性。情感在情绪的基础上产生，又对情绪有重大影响。情感

---

① Maslow, A. H., A theory of human motivation, *Psychological Review*, 50 (4), 1943.

② ［俄］巴甫洛夫：《条件反射：动物高级神经活动》，周先庚等译，北京大学出版社 2010 年版。

③ 车文博：《心理咨询大百科全书》，浙江科学技术出版社 2001 年版。

的性质有积极和消极之分，情感的内容有简单和复杂之别，情感的形式主要有爱、恶、欲。情感是人适应生存的心理工具，是人际交流的重要载体，是社会关系建构的重要媒介。

第三大要素是"意"。它属于道德/伦理层面，包括意向、意愿、意志等复杂的心理活动，是人们对待客观事物的心理倾向与行动倾向。我国心理学家潘菽认为，人的心理活动是由构成实践活动的认识（知）和行的主观部分（意）这两个方面组成。① "意"在"知"的基础上产生，并受"情"的催化促动，对"知"与"情"具有调节、推动和控制作用。

意向是人们对其需要及需要满足的一种模糊的心理倾向，包括肯定性意向（正向意向）与否定性意向（负向意向）。它通常产生于需要的萌芽状态且需要尚未达到一定强度，因而无法在意识中得以明确反映。在这一阶段，人们只是对需要有一种模糊意识，而对需要的内容与方法、目的与手段均未有清晰或明确的意识。因而，意向不直接导向行为活动，而只是活动愿望发生的一种准备。意向是需要向动机转化时的必经阶段，也是行为发生必不可少的重要因素。

意愿是人们对其需要及需要满足的一种明确的心理倾向，是一种趋于一定目的或行动的意向。它是需要发展到一定阶段的产物。随着需要信息不断强化，人们不仅清楚地意识到需要的状态与满足需要的要求，并对究竟需要什么、为何需要，以及如何满足需要等，有清楚的把握和认识。即当需要明确而全面地反映到意识之中时，意向就转化为意愿。意愿直接导向行为活动，是人们需要及诉求的集中表达，是行为活动的重要动机。

意志是人们在实践活动中形成的，自觉地确定目的并支配和调节行动，克服困难以实现既定目的的心理过程与精神现象。意志为人类所特有，体现了人的自觉目的性与行为选择性，是人的意识能动性的表现。

---

① 潘菽：《潘菽心理学文选》，江苏教育出版社 1987 年版。

马克思恩格斯指出："一切动物的一切有计划的行动，都不能在地球上打下自己的意志的印记。这一点只有人才能做到。"① 人类意志的特点是人能根据预定的计划调节行动，使行动服从于外界客观规律，服从于道德伦理准则，从而抑制同这些计划相抵触的诱因，以克服各种障碍。意志凝结着人的价值判断，并表现为克服困难达成目标的勇气、决心和毅力。意志是促动人们知行转化的核心要素，是"信"生发与强化的关键力量，是道德品质形成的重要环节。

第四大要素是"信"。它属于信仰层面，包括信心、信念、信仰等一系列心理—精神活动及其现象，是人们在一定的认识基础上确立的，对某种思想或事物坚信不疑并身体力行的精神状态。"信"是"知""情""意"的有机统一体，是将"知""情""意"统一于实践，并转化为"行"的强大精神动力。

信心是人们建立在认知基础上，相信自己的愿望或目的能够达成的心理—精神状态。这种"相信"是能够将知、情、意组合起来成为一个统一的心态的内在机制，正是它构成信仰心态的核心和本质特征。"人首先内心里要确信，这是一个心态问题。有没有这种确信，标志着他有没有信仰。"② 信心具体表现为外在感知、情绪反应和外在意识。它既包含对行为及事实的确认，也包含着对自身愿望及其预料的信任，是事实判断和价值意向的结合。信心是健康心理的基础，是行动得以持续展开的动力，是行为能够达到预期目标的保证。

信念是人们对所认准的思想或事物始终保持坚信并全力追求的心理—精神状态。它是人们在社会实践的基础上，在意识的支配下，经反复提炼而形成的高度集约化认识。其中，既包含对"知"的真理性的确认，也蕴含对"行"的正确性的确信，并表现为笃信和笃行。"念念不忘，必有回响。"信念总是与理想形影不离、紧密联系。理想即信念所

---

① 《马克思恩格斯文集》第 9 卷，人民出版社 2009 年版，第 559 页。
② 刘建军：《守望信仰》，人民出版社 2013 年版，第 6 页。

指的对象，也是促使信念发展到科学信仰的必要条件。离开理想，信念无从产生；离开信念，理想寸步难行。理想信念是人类特有的精神现象，是人们行动前进的精神向导，是提升精神和塑造品格的题中要义，是信仰形成发展的关键所在。

信仰是人们对所认准的思想或事物极度相信、崇尚和敬畏并由衷践行的心理—精神状态。"凡是信仰当然都是相信，都是对某种或某些东西的相信，但不能说凡相信都是信仰。事实上，只有一部分相信才能成为信仰。只有对那些涉及人的最根本利益的、层次最高、最为重要的观念的相信才是信仰。"[1] 信仰当然也是信念，但不是所有的信念都可以成为信仰。"只有关于极高或最高价值的信念才能够成为信仰。"[2] 信仰也不只是某一种单个的、特定的信念，"而往往是一个以该信念为统领或核心的包括许多信念在内的体系。"[3] 它源于人类的本质活动（有意识有目的的实践活动），是知、情、意的高度统一，是人类特有的精神现象。信仰既含有真假判断的成分，也有价值践行（真善美）的成分，还有精神敬畏的成分。西班牙哲学家乌纳穆诺认为信仰是一种复合心态，"本身包含认识的、逻辑的、理性的成分，以及情感的、生命的、感伤的、非理性的成分"[4]。依据不同的原则与标准，信仰可分为不同的类型。依据信仰的根本性质，可分为科学信仰和非科学信仰；依据信仰的具体形态，可分为道德信仰、政治信仰、哲学信仰；依据信仰的历史发展顺序，可分为原始信仰、宗教信仰和马克思主义信仰。

综上所述，知、情、意、信作为人类精神世界的主要构成要素，紧密联系、缺一不可。四大要素之间相互补充、相互支撑、相互统一，遵循着由低到高、由浅入深的发展规律和原则，保证精神系统健康运行、有序展开和良性互动，共同构成了人类复杂而丰富的精神世界。

---

① 刘建军：《守望信仰》，人民出版社 2013 年版，第 21 页。
② 李德顺：《价值论——一种主体性的研究》，中国人民大学出版社 2013 年版，第 140 页。
③ 刘建军：《守望信仰》，人民出版社 2013 年版，第 22 页。
④ ［西班牙］乌纳穆诺：《生命的悲剧意识》，北方文艺出版社 1987 年版，第 98 页。

（三）精神世界的结构

在波普尔看来，存在三个世界。第一世界是包括物理实体和物理状态的物理世界，简称世界1。第二世界是精神的或心理的世界，包括意识状态、心理素质、主观经验等，简称世界2。第三世界是思想内容的世界、客观知识世界，简称世界3。第一世界与第三世界之间以第二世界为中介。① 在我们的语境中，精神世界是人的意识活动及其活动结果的总和。这一概念有广义和狭义之分。广义上，精神世界是与物质世界相对的，即波普尔所说的第二世界（精神世界）和第三世界（知识世界）的总和。它既包括精神活动的过程，也包括精神活动的结果（精神成果和精神产品）。狭义上，精神世界是与客观世界相对的，专指人的意识、观念世界。即在波普尔那里相对世界1（物理世界）而言的，包含意识状态、心理素质、主观经验等在内的世界2。当我们讨论精神世界的结构时，通常是以狭义的精神世界作为研究对象，实际上探讨的是知、情、意、信各个要素之间的逻辑与互动，进而揭示精神系统运行及精神活动生发的基本过程。

在人的精神内部系统中，知（知觉、记忆、思维、认识、想象等）与情（欲望、情绪与感情）位于浅层次，意（意向、意愿、意志）位于中间层次，信（理想信念、信仰）位于深层次，彼此相互作用相互支撑，共同构成人的精神世界（参见图1）。精神世界内在系统呈现"四位一体"的"同心圆"结构。"一体"即精神世界赖以生存发展的物质——人脑。② "四位"即精神世界的四大要素——知、情、意、信，几大要素之间层级分明、依次展开、循序渐进、由浅入深，促动了精神活动由低到高，由简单到复杂的发展。"同心圆"指"信"作为精神世界

---

① ［英］卡尔·波普尔：《客观知识：一个进化论的研究》，舒炜光等译，上海译文出版社2015年版。

② 注：陈定学、陈虹在《精神世界在哪里》一文中，从神经生理学与细胞生物学的角度明确指出，大脑神经元的胞体是存储精神的微型仓库，大脑皮层中140亿个神经元胞体构筑成一个博大的精神存储库，这个巨大的存储库就是精神世界的所在地，就是精神王国的国土。

的核心，一旦形成就有强大的吸引力、辐射力和凝聚力，能够统摄、支配、引领其他要素紧密围绕在其周围。"四位"在"一体"的统合下，依次展开、循序渐进、由浅入深，形成系统性、结构性、统一性的整体。

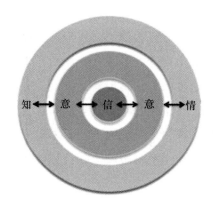

图1 精神世界内在结构简图

*精神世界内在系统呈现"四位一体"的"同心圆"结构。"一体"即精神世界赖以生存发展的物质——人脑，"四位"即精神世界的四大要素——知（知觉、记忆、思维、认识、想象等）、情（欲望、情绪与情感）、意（意向、意愿、意志）、信（理想信念、信仰）。其中，"信"是精神世界的核心，一旦形成就有强大的吸引力、辐射力和凝聚力。

首先，知、情、意、信作为人的精神世界的四大构成要素，相互联系、相互促进、相互统一。"知"与"情"在精神世界中位于浅表/初级层次，是"意"与"信"等精神活动产生的基础。"知"与"情"体现了思维活动理性和感性相互补充、相互渗透、相互统一的特点。人的意识活动以感觉为基础，历经知（知觉—记忆—思维—想象），到基于人的需要而生发的情（欲望—情绪—情感），为更高层次的精神活动的出现，提供了必要的认知准备和心理准备。"意"位于精神世界的中间层次，是连接初级层次和高级层次的桥梁。"意"在"知"的基础上产生，并受"情"的催化促动，对"知"与"情"具有调节、推动和控制作用，是"知"和"情"发展转化到"信"的关键因素和中介环节。

"信"处于精神世界的核心/高级层次，是"知""情""意"的高度统一，一旦形成就具有稳定性和持久性的特点，对其他层级的要素及所对应的活动具有支配、统摄和引领的作用。而处于这一层级中的"信仰"，是人意识活动的最高形式，也是精神世界的灵魂。信仰越坚定，对其他要素的吸引力、凝聚力和辐射力就越强。不同性质的信仰会将精神世界的发展导向不同的方向。非科学信仰会在一定程度上吞噬其他要素，通过压迫其生存空间而获得自身的不断强大。而科学信仰则不会吞噬其他要素，而会与之保持适度张力，实现良性互动，并在这一过程中引领其他要素不断发展提升。对于人的精神世界而言，知、情、意、信这四大要素密切配合、互相依存，不可偏废，缺一不可。如果其中关键性要素缺失、错位，或者要素间关系不协调，就会导致人的精神世界产生相应的问题。

其次，知、情、意、信这四大要素在人的精神世界中并非静态的，而是动态的。基于知、情、意、信而展开的意识活动及其结果，生成和建构了精神世界的四大领域：认知领域、情感领域、道德领域、信仰领域，形成了精神世界的基本版图（参见图2）。随着人类自我意识的不断发展，意识活动的结果就越以精神生产而体现出来。精神世界的各个领域中都蕴藏着巨大的精神财富，存储着丰富的精神产品，包括思想、理论、知识；科学、文化、技术；历史、文学、艺术；传统、风尚、习俗；道德、伦理、宗教，等等。人的意识活动途经不同领域遵循的是不同的法则。认知领域遵循理性原则，情感领域遵循感性原则，道德领域遵循正义原则，信仰领域遵循超越原则。严格意义上来说，认知领域和情感领域属于人类和动物的共同领地，因为"知"和"情"作为生物本能的部分，是为人和动物所共有的。而道德领域和信仰领域则是人类的专属领地，因为"意"和"信"为人类所独有，本质上是具有高度自觉性的精神性活动。

最后，认知领域、情感领域、道德领域和信仰领域在人的精神世界中的呈现方式不是平面化、封闭化的，而是立体式、交互式的。按照人

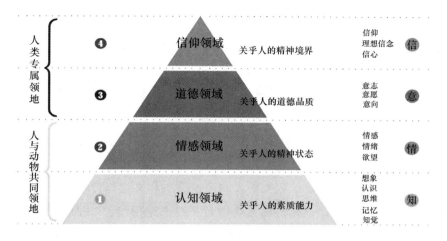

图 2　精神世界的基本版图

类自我意识程度的从低到高，以及人类精神活动水平的从低到高，总体上呈现出"金字塔"层级跃迁模式。每个领域都有促动和推进意识发展的决定性要素，以支持和保障人的自我意识向高一级领域的跃迁。其一，在认知领域中思维是决定性因素。"人类的一切精神现象，包括思维、意志、情感等有意识的方面，也包括人的一般心理活动等无意识的方面。"① 思维是无意识和自我意识的重要分界，也是将人从本能的心理活动引入到自觉的意识活动的关键力量。在认知领域，人们的意识活动由知觉到思维再到想象的过程，就是人们掌握感性材料到输出理性认识再到创新转化认识的过程。它关乎人的素质能力，包括感知能力、记忆能力、思维能力、想象能力等。其二，在情感领域中道德感是决定性因素。康德在《实践理性批判》中曾指出：对于道德法则的敬重是无可置疑的道德动力，这种对于遵守法则的一种关切是一种道德的关切，而对于道德法则本身的敬重其实就是道德情感。"它产生于理智的根据，并且这种情感是我们完全先天地认识的唯一情感，而其必然性我们也能够洞见到。"②

---

① 冯契：《哲学大辞典》，上海辞书出版社 1992 年版，第 674 页。
② ［德］康德：《实践理性批判》，韩水法译，商务印书馆 1999 年版，第 80 页。

道德感是人们评判美与丑、是与非、善与恶的内在遵循，也是将人类情感由自发引入自觉、将"情"推向"意"的关键力量。在情感领域，由欲望到情绪再到情感的过程，就是人们的情感由自发到自觉的过程。它关乎人的精神状态和精神面貌。其三，在道德领域中意志是决定性因素。黑格尔指出，意志作为主观的或道德的意志表现于外时，就是行为。① 道德意志在道德认识和道德情感的基础上形成，具有坚定性、强韧性、果敢性和约束性特点，是履行道德义务的内在精神力量，也是道德行为发展的重要阶段。它关乎人的道德品质和文化修养。其四，在信仰领域中理想信念是决定性因素。习近平总书记指出："理想指引人生方向，信念决定事业成败。没有理想信念，就会导致精神上'缺钙'。"② 理想信念是精神之钙，支撑着精神世界的大厦。树立和坚定理想信念的过程，也是知、情、意不断转化于行的过程，是精神世界的本质力量不断彰显和确证的过程。它关乎着人的精神品格和精神境界。

需要指出的是，精神世界的结构具有整体性和组织性，精神世界的活动也具有规律性和秩序性，无论是认知、思维过程还是情绪、情感过程等，都是多要素相互作用下的整体反应，而绝非单个的、孤立的、封闭的要素的局部反应。正如格式塔心理学说揭示的那样：人的意识具有整体组织性，"学习过程、复视过程、努力过程、情绪过程、思维过程及动作等等都是整体反应"，"机体不是凭借局部的和各自独立的事件来对局部的刺激发生反应的，而是凭借一种整体性的过程来对一个现实的刺激丛进行反应"③。

二 构建当代中国人的精神世界的重要性

"人无精神则不立，国无精神则不强。精神是一个民族赖以长久生

---

① ［德］黑格尔：《法哲学原理》，范扬、张企泰译，商务印书馆 2017 年版。
② 《习近平谈治国理政》第一卷，外文出版社 2018 年版，第 50 页。
③ ［美］库尔特·考三卡：《格式塔心理学原理》，李维译，北京大学出版社 2010 年版。

存的灵魂，唯有精神上达到一定的高度，这个民族才能在历史的洪流中屹立不倒、奋勇向前。"① 重精神是中华民族的优秀传统，是民族薪火相传、生生不息的一个重要原因。中国自古就有"一箪食，一瓢饮，在陋巷，人不堪其忧，回也不改其乐"的精神追求，有"朴素，而天下莫能与之争美"的生活旨趣，有"非淡泊无以明志，非宁静无以致远"的价值操守，并以此浇灌了中华民族的精神气概，孕育了伟大的中国精神。重精神也是中国共产党的优良传统，是中国共产党建党治党、建功立业的一条宝贵经验。中国共产党人以"宜将剩勇追穷寇，不可沽名学霸王"的革命精神，"为有牺牲多壮志，敢教日月换新天"的英雄气概，"未惜头颅新故国，甘将热血沃中华"的坚定意志，前赴后继、向死而生，历经苦难、铸就辉煌。重精神这一传统，融入了中华民族 5000 多年的历史长河中，推动着中华民族奔流不息，一路向前；也贯穿着中国共产党筚路蓝缕的奋斗历程，支撑着中国共产党披荆斩棘、发展壮大。历史和现实一再证明，建构当代中国人的精神世界具有重要性。它的意义绝非拘囿于一时一刻或一地一隅，而是谋之深远，计之长久，功在当代，利在千秋。

（一）是精神卫生的核心内容，关乎人们健康与幸福

世界卫生组织将健康定义为身体、精神以及社会活动中的完美状态。这打破了传统观念中将疾病或羸弱之消除视为健康的片面认识，明确了现代社会的健康观。这即是说，除了身体状况良好以外，心理平稳、精神健全和社会适应良好也是人们健康不可或缺的条件和因素；除了身体健康之外，心理健康也是衡量人们是否处于健康状态的重要指标。根据第三届国际心理卫生大会给出的定义，心理健康是指在身体、智能以及情感上与他人的精神健康不相矛盾的范围内，将个人的心境发展成为最佳的状态。中国心理学家潘菽曾指出，我们因注重身体的健

---

① 《习近平谈治国理政》第二卷，外文出版社 2017 年版，第 47—48 页。

康，故研究生理卫生；我们若要使得心理得到健全的发展，则必须注重心理卫生。① 精神卫生一般指心理卫生，与心理健康密切相关。它旨在通过树立正确的人生观，保持健康情绪和稳定心理，积极构建和优化社会精神环境等，以防止与克服心理冲突，协调和疏解思想矛盾，修复和疗愈精神创伤，进而保持和促进精神健康和身心和谐。美国人本主义心理学家马斯洛（Abraham Harold Maslow）和米特尔曼（Mittelman）在1951年合著出版的《变态心理学》中，总结出精神卫生的十项标准，包括有充分的安全感；充分了解自己，并能对自己的能力做恰当的估计；生活目标、理想切合实际；与现实环境保持接触；能保持个性的完整和谐；具有从经验中学习的能力；能保持良好的人际关系；适度的情绪发泄与控制；在不违背集体意志的前提下有限度地发挥个性；在不违背社会道德规范的情况下能适当满足个人基本需要。② 在法国哲学家福柯（Michel Foucault）那里，"疯癫不是一种自然现象，而是一种文明产物。没有把这种现象说成疯癫并加以迫害的各种文化的历史，就不会有疯癫的历史"，而"健康"是被建构的。③ 究其实质，精神卫生的核心指向精神世界的构建。

精神世界的问题其实是物质世界的矛盾在人们头脑中的反映。当代社会生活节奏快，竞争压力大，社会精神环境也日趋复杂，人们的精神、心理问题日趋突出，已严重影响到人们的健康与幸福。当代中国人的精神世界的问题之所以如此凸显，一方面是由于物质生产领域的一些问题反映到上层建筑之中，在人们的精神生活乃至精神世界中会有所体现；另一方面是由于人们生存发展环境的复杂性所致。具体来说，改革开放极大地解放了生产力，使我国经济发展水平显著提高，但与此同时，也出现了一些严峻的问题。比如社会资源分配不公现象突出，城乡

---

① 参见潘菽《潘菽心理学文选》，江苏教育出版社1987年版。

② 转引自周莉、赵妍主编《大学生心理健康教育》，中国人民大学出版社2010年版，第14页。

③ ［法］米歇尔·福柯：《疯癫与文明：理性时代的疯癫史》，刘北城、杨远婴译，生活·读书·新知三联书店2007年版。

区域经济发展不平衡，贫富差距逐渐拉大，传统产业所受冲击严重，生态环境日趋恶劣，就业压力与竞争压力过大，等等。经济与生产方式的转型，会导致人们的思维、观念、习惯以及价值观的深刻变革，市场经济与物质生活的问题反映到意识形态领域里，会造成人们精神世界中的一些问题。此外，在全球化、信息化、网络化的背景下，西方文化和多元思潮涌入，其中充斥着大量的消极因素。尤其是中国特色社会主义进入新时代，面临着百年未有之大变局，世界局部动荡，国内国际环境复杂多变。在充满不稳定性和不确定性的精神环境中，人们就容易出现不同程度的思想困惑、心理冲突、精神懈怠、价值迷茫、价值错位、价值缺位等问题，进而侵蚀与瓦解精神世界引发严峻的精神卫生问题。这不仅会大大消减人们对待学习、生活、工作的热情与积极性，也会极大地剥夺人们的意义感与幸福感，使人们的健康水平与生活质量大打折扣。

精神卫生问题已然成为全球性问题，而后疫情时代人们的精神健康问题尤其凸显。世界卫生组织近期发布的《世界精神卫生报告》显示，新冠疫情发生以来，全球新增超 7000 万抑郁症患者，9000 万焦虑症患者，数亿人出现失眠障碍问题。在新冠大流行的第一年，全球焦虑和抑郁的发病率较前一年增加了 25%。新冠肺炎在心理方面的影响持续时间至少是十年甚至二十年以上，全球很多人都面临着应激后的焦虑、应激后的抑郁、应激后的社会交往问题。[1] 2022 年 2 月，Ziyad Al-Aly 领衔的研究团队在《英国医学杂志》上发表了一项新冠对精神健康长期影响的研究结果。研究显示，与对照组相比，新冠组发生焦虑症的风险增加 35%，抑郁症的风险增加 39%，压力和适应障碍风险增加 38%，认知障碍的风险增加 80%，睡眠障碍的风险增加 41%。[2] 中国疾病预防控制中心精神卫生中心公布的数据显示，近年来我国比较严重的精神心理障碍

---

[1]　https://www.who.int/zh/news/item/02 - 03 - 2022-covid-19-pandemic-triggers-25-increase-in-prevalence-of-anxiety-and-depression-worldwide.

[2]　Xie Y, Xu E, Al-Aly Z. *Risks of mental health outcomes in people with covid-19: cohort study.* BMJ. 2022; 376: e068993. Doi: 10. 1136/bmj-2021 - 068993.

患者人数超过 1600 万人，而各类精神心理障碍人群数量在 1 亿人以上。在已知的 400 余种心理疾病中，最常见的是抑郁障碍、焦虑障碍和各类睡眠障碍。其中，抑郁障碍在我国的发病率在 7% 左右，焦虑障碍的发病率在 7% 左右，成人中有 20% 到 30% 的人有各种各样的睡眠问题。[①] 根据中国精神卫生调查（CMHS）报告中的数据进行估算，中国约 1.73 亿人有精神疾病，包括焦虑、抑郁和强迫症等，其中 1.58 亿人从未接受过专业治疗，其中仅抑郁症患者就达到 9500 万人以上。中国的流行病学调查还显示，儿童、青少年中有五分之一会遭遇精神问题，其中包括各类学习、情绪和行为障碍，突出表现为人际关系、情绪稳定性和学习适应方面的问题。大学生中也有很多人正在遭受严重焦虑、神经衰弱、强迫症状、躁狂—抑郁双向情感障碍等折磨。[②] 如果这些问题得不到有效解决，有可能会引发不同程度的身体疾病，甚至威胁到人们的生命安全。构建当代中国人的精神世界，是我国精神卫生的核心议题。它通过塑造和树立正确的世界观、人生观和价值观，培养和建立理性思维，养成稳定的情绪和心理，积极调整心态，及时疏导感情，磨炼意志、坚定理想，进而增强对精神疾病的防御力和抵抗力，对人们的健康和幸福意义重大。

（二）是精神文明建设的重要任务，关乎社会和谐与进步

精神文明是现代化建设的重要内容，也是社会主义建设的必要条件。邓小平早就指出：“我们要在建设高度物质文明的同时，提高全民族的科学文化水平，发展高尚的丰富多彩的文化生活，建设高度的社会主义精神文明。”[③] “没有这种精神文明，没有共产主义思想，没有共产主义道德，怎么能建设社会主义？”[④] 习近平总书记强调：“实现中华民

---

① https://www.chinacdc.cn/.
② Yueqin Huang, Yu Wang, et al., *Prevalence of mental disorders in China: a cross-sectional epidemiological study*. Volume 6, Issue 3, pp. 211–224, March 01, 2019.
③ 《邓小平文选》第二卷，人民出版社 1994 年版，第 208 页。
④ 《邓小平文选》第二卷，人民出版社 1994 年版，第 367 页。

族伟大复兴的中国梦，物质财富要极大丰富，精神财富也要极大丰富。我们要继续锲而不舍、一以贯之抓好社会主义精神文明建设，为全国各族人民不断前进提供坚强的思想保证、强大的精神力量、丰润的道德滋养。"① 党的十八大以来，以习近平同志为核心的党中央高度重视社会主义精神文明建设，把培育时代新人、提升社会文明程度作为一项重要工作常抓不懈。无论是培育有理想、有道德、有文化、有纪律的社会主义公民，还是提高整个社会的思想道德素质和科学文化素质，都离不开人的精神世界的构建。精神世界的稳定和谐，是人们正常从事和开展生产生活的必要前提，也是社会有序运行和顺利前进的基本保障。精神文明建设归根到底是要着眼于改造人的主观世界，并落脚于提升人的思想道德素质和精神文化层次。人的精神世界的整体气象影响着人们的身心健康，也决定着社会的精神风貌。从精神文明建设的角度来看，构建人的精神世界是一项关乎命运、关乎未来的重要任务，也是一项凝魂聚气、强基固本的战略工程。

构建当代中国人的精神世界具有艰巨性，这也决定了新时代精神文明建设任重道远。首先，人的精神世界本身是一个复杂的、动态的系统，时刻处于运动变化之中，要正确认识、把握和运用精神世界的发展规律，使人们的思想和行为向着预期目标和方向发展，实属不易。其次，影响人的精神世界的因素和变量很多，在构建精神世界的过程中，任何一个环节出现纰漏或者错误，都会严重影响到工作的进程与结果。再次，构建人的精神世界是一项长期的、持续的工作，其效果显现的周期长，其成果也多以隐性的形式存在，人们不容易全面把握工作的总体情况，也很难及时发现问题、准确对工作进行评估和反馈。最后，当代中国人的精神世界的问题尖锐，加之时代的开放性与环境的复杂性，都加大了精神世界的构建，以及精神文明建设的难度。如果当代中国人的精神世界的问题无法得到有效解决，那么当前精神文明建设工作就难以

---

① 《习近平谈治国理政》第二卷，外文出版社 2017 年版，第 323 页。

收到成效，社会的和谐与进步也就无法真正实现。如果人们无法净化与守护共同的精神家园，那么社会的永续发展也就无从谈起。

（三）是文化强国的应有之义，关乎国家安全和民族未来

在党的十九届五中全会通过的《中共中央关于制定国民经济和社会发展第十四个五年规划和二〇三五年远景目标的建议》中，明确提出了到 2035 年基本实现建成文化强国、教育强国、体育强国、人才强国、健康中国，国民素质和社会文明程度达到新高度，国家文化软实力显著增强的远景目标。文化兴国运兴，文化强民族强。以文化、价值观和意识形态吸引力体现出来的"软实力"，对于综合国力和国际关系具有深刻的影响和意义。美国哈佛大学教授约瑟夫·奈指出，硬实力和软实力依然重要，但是在信息时代，软实力正变得比以往更为突出。[①] 英国著名学者吉登斯在《社会学》一书中提到，社会学家们提到文化时所关心的是人类社会那些通过学习而非遗传获得的方面。……一个社会的文化既包括无形的方面——信仰、观念和价值，这是文化的内容，也包括有形的方面——实物、符号或技术，它们表现着文化的内容。[②] 一方面，人的精神世界包括思想、观念、意识、价值观、理想信念、信仰，构成了文化"无形的方面"；另一方面，人的精神世界生产着理论、知识、经验、技术、历史、文学、哲学、艺术，等等，构成了文化"有形的方面"。人无精神则不立，国无精神则不强，构建人的精神世界是建成文化强国的应有之义。习近平总书记指出："提高国家文化软实力，关系'两个一百年'奋斗目标和中华民族伟大复兴中国梦的实现。要弘扬社会主义先进文化，深化文化体制改革，推动社会主义文化大发展大繁荣，增强全民族文化创造活力，推动文化事业全面繁荣、文化产业快速

---

① ［美］约瑟夫·奈：《美国定能领导世界吗》，何小东等译，军事译文出版社 1992 年版。

② ［英］安东尼·吉登斯、［英］菲利普·萨顿：《社会学（第七版）》，赵旭东等译，北京大学出版社 2009 年版。

发展，不断丰富人民精神世界、增强人民精神力量，不断增强文化整体实力和竞争力，朝着建设社会主义文化强国的目标不断前进。"① 从文化强国的角度来看，构建当代中国人的精神世界，关乎国家的安全，也关乎民族的未来。

意识形态安全是国家安全的重要方面。随着经济全球化的发展和网络信息化的深入，西方资本主义国家借助强大的经济、军事、科技等优势，倾销资本主义核心价值，大搞颜色革命，意图通过文化渗透、价值入侵、社会思潮传播等方式，挑战我国主流意识形态的权威，消解社会主义理想信念与共产主义信仰，动摇马克思主义思想在我国的指导地位，把中国特色社会主义引向邪路，最终达到改旗易帜，西化中国，颠覆国家政权，和平演变中国的目的。意识形态领域这场"不见硝烟的战争"深刻而复杂，严峻而持久，正在一点点侵蚀和瓦解人们的精神世界，直接威胁到国家的安全与稳定。从国际看，世界百年未有之大变局加速演进，逆全球化思潮抬头，单边主义、保护主义明显上升，世界进入新的动荡变革期。从国内看，我国改革发展稳定面临不少躲不开、绕不过的深层次矛盾，进入战略机遇和风险挑战并存、不确定难预料因素增多的时期，各种"黑天鹅""灰犀牛"事件随时可能发生。尤其是西方敌对势力，借助于网络平台以及现代技术手段，以政治宣传、影视产品、教育与艺术等多种载体，大肆输出和传播西方价值观，并散布"中国失败论""中国崩溃论""中国威胁论""历史终结论"等言论，甚至不惜借俄乌冲突、新冠疫情不断对中国"污名化"，意图迷惑人心，瓦解社会主义的根基。在开放的现代社会，中西方文化的交流与碰撞不可避免，但随着多种文化与多样思潮的涌入，人们很可能会被一些伪装性很强的西方思潮所蒙蔽，继而出现思想困惑与精神冲突、价值迷茫与价值错位，其辨别力、防御力与抵抗力也会随之减弱，人的精神世界也会受到侵蚀。甚至会因此激化人民与国家之间的矛盾与对抗，引发人们精

――――――――――
① 《习近平谈治国理政》第一卷，外文出版社 2018 年版，第 160 页。

神世界更加严重的问题。从这一角度来看，构建当代中国人的精神世界，守护中华民族共有的精神家园，对于捍卫中国特色社会主义建设事业的胜利果实、维护国家意识形态领域的安全和稳定，具有极端重要性。

人民有信心，国家有力量，民族才有未来。习近平总书记明确指出："为什么中华民族能够在几千年的历史长河中顽强生存和不断发展呢？很重要的一个原因，是我们民族有一脉相承的精神追求、精神特质、精神脉络。"一代又一代的中华儿女以"先天下之忧而忧，后天下之乐而乐"的伟大胸襟，"苟利国家生死以，岂因祸福避趋之"的爱国情怀，"夜来卧听风吹，铁马冰河入梦来"的壮志豪情，"富贵不能淫，贫贱不能移，威武不能屈"的浩然正气，"愿得此身长报国，何须生入玉门关"的宏伟气魄，"人生自古谁无死，留取丹心照汗青"的民族气节，"为天地立心，为生民立命，为往圣继绝学，为万世开太平"的使命担当，书写磅礴历史和峥嵘岁月。烟波浩渺的岁月长河，卷帙浩繁的文化典籍，跌宕起伏的奋斗历程，无不闪耀着伟大的中国精神。人的精神世界挺立，民族的精神脊梁才能挺直。"唯有精神上站得住、站得稳，一个民族才能在历史洪流中屹立不倒、挺立潮头。"① 中国精神是兴国之魂、强国之魄，镌刻着民族基因和民族标识，反映和凝聚着中国人独特的精神世界，成为中华民族永续发展的丰厚滋养，也成为推进实现中华民族复兴的强大动力。建设中国特色社会主义，实现中华民族伟大复兴，是一项充满艰辛、充满挑战、充满创造的伟大事业。"伟大的事业需要并将产生崇高的精神，崇高的精神支撑和推动着伟大的事业。"② 崇高的精神是伟大事业的灵魂，伟大的事业是崇高精神的结晶。构筑当代中国人永久的精神家园，不仅关系到"中华民族来自何方"，更关系到"中华民族去向何处"。

---

① 习近平：《在全国抗击新冠肺炎疫情表彰大会上的讲话》，人民出版社 2020 年版，第 16 页。

② 中共中央文献研究室编：《十五大以来重要文献选编》（中），人民出版社 2001 年版，第 1583 页。

三　构建当代中国人的精神世界的必要性

早在改革开放之初，面对经济建设突飞猛进但精神文明建设举步维艰的局面，以及在社会转型下的价值失落、道德失范、理想动摇、信仰缺失等问题，邓小平在同中央负责人的谈话时说："十年来我们的最大失误是在教育方面，对青年政治思想教育抓得不够，教育发展不够。"① 邓小平在视察南方的重要谈话中强调性地指出，"只有把物质文明建设和精神文明建设都搞好了，才是有中国特色的社会主义。就是说，建设有中国特色社会主义，既包括高度的物质文明，又包括高度的精神文明，缺了哪一个，都不成其为有中国特色的社会主义"。② 这不仅从意识形态的高度，更从社会主义本质的高度，确认了精神文明建设的重大意义，以及对人们进行思想教育、道德建设、精神引领的紧迫性。党的十八大以来，以习近平同志为核心的党中央始终高度重视精神文明建设，积极提升人们精神文化生活。习近平总书记站在实现中华民族伟大复兴中国梦的历史高度，一再强调构筑人的精神世界、构建中华民族的精神家园、发展精神文明的必要性。习近平主席在联合国教科文组织总部的演讲中指出："实现中国梦，是物质文明和精神文明均衡发展、相互促进的结果。没有文明的继承和发展，没有文化的弘扬和繁荣，就没有中国梦的实现。中华民族的先人们早就向往人们的物质生活充实无忧、道德境界充分升华的大同世界。中华文明历来把人的精神生活纳入人生和社会理想之中。所以，实现中国梦，是物质文明和精神文明比翼双飞的发展过程。"③ 构建当代中国人的精神世界何以必要？在中国特色社会主

---

① 《邓小平文选》第三卷，人民出版社1993年版，第287页。

② 中共中央文献研究室编：《社会主义精神文明建设文献选编》，中央文献出版社1996年版，第510页。

③ 习近平：《出席第三届核安全峰会并访问欧洲四国和联合国教科文组织总部、欧盟总部时的演讲》，人民出版社2014年版，第16—17页。

义的伟大实践中，以及一代又一代中国共产党人带领中国人民的不懈奋斗中，早已经注明了答案。

（一）是纾解社会主要矛盾、回应时代诉求的基本需要

马克思曾指出："问题就是时代的口号，是它表现自己精神状态的最实际的呼声。"[①] 当前我国社会主要矛盾已经转化为人民日益增长的美好生活需要和不平衡不充分的发展之间的矛盾，这也成为新时代的显著特征之一。"改革开放之初，我们党发出了走自己的路、建设中国特色社会主义的伟大号召。从那时以来，我们党团结带领全国各族人民不懈奋斗，推动我国经济实力、科技实力、国防实力、综合国力进入世界前列，推动我国国际地位实现前所未有的提升，党的面貌、国家的面貌、人民的面貌、军队的面貌、中华民族的面貌发生了前所未有的变化，中华民族正以崭新姿态屹立于世界的东方。"[②] 中国经过改革开放 40 多年的发展，物质世界日渐充盈，人民物质生活条件显著改善，与此同时，人们的自我意识不断觉醒，对于精神世界的诉求和美好生活的向往更加强烈。尤其是当人的生存需要不断得到满足和发展时，其精神层面的需要就会趋于立体化、多元化。"人民美好生活需要日益广泛，不仅对物质文化生活提出了更高要求，而且在民主、法治、公平、正义、安全、环境等方面的要求日益增长。"[③] 积极构建当代中国人的精神世界，更好地满足人民对精神文化生活的新期待，就成为一个不容忽视的时代课题。

毛泽东同志指出："世界上没有绝对地平衡发展的东西，我们必须反对平衡论，或均衡论。同时，这种具体的矛盾状况，以及矛盾的主要方面和非主要方面在发展过程中的变化，正是表现出新事物代替旧事物

---

① 《马克思恩格斯全集》第 40 卷，人民出版社 1982 年版，第 289—290 页。
② 《习近平谈治国理政》第三卷，外文出版社 2020 年版，第 8 页。
③ 习近平：《决胜全面建成小康社会 夺取新时代中国特色社会主义伟大胜利——在中国共产党第十九次全国代表大会上的报告》，人民出版社 2017 年版，第 11 页。

的力量。对于矛盾的各种不平衡情况的研究，对于主要的矛盾和非主要的矛盾、主要的矛盾方面和非主要的矛盾方面的研究，成为革命政党正确地决定其政治上和军事上的战略战术方针的重要方法之一，是一切共产党人都应当注意的。"① 新时代社会主要矛盾的变化，既反映出人们对于精神生活的需求在不断地提高，也确认了人们内在需要和现实发展之间存在着一定矛盾。一方面，"意识在任何时候都只能是被意识到了的存在，而人们的存在就是他们的现实生活过程。"② 现实生活"不平衡不充分的发展"势必会反映到人们的意识中去。另一方面，内在需要和现实发展之间的矛盾也会造成人们精神世界的冲突，继而引发一系列问题。积极回应人的精神需求，更好地解决人们精神世界的问题，就成为一项刻不容缓的战略任务。

民心是最大的政治。回应人民关切，满足人民需要，纾解社会矛盾，关乎党的执政之基。习近平总书记强调，"人民立场是中国共产党的根本政治立场，是马克思主义政党区别于其他政党的显著标志。党与人民风雨同舟、生死与共，始终保持血肉联系，是党战胜一切困难和风险的根本保证"，党的根基在人民、血脉在人民、力量在人民，"要把人民放在心中最高位置，坚持全心全意为人民服务的根本宗旨，实现好、维护好、发展好最广大人民根本利益，把人民拥护不拥护、赞成不赞成、高兴不高兴、答应不答应作为衡量一切工作得失的根本标准，使我们党始终拥有不竭的力量源泉。带领人民创造幸福生活，是我们党始终不渝的奋斗目标"。③ 人民是党执政兴国的最大底气。中国共产党自成立以来，始终把为中国人民谋幸福、为中华民族谋复兴作为自己的初心使命。构建和引领人的精神世界，丰富和提升精神生活，促进人们的健康幸福，是民生所在，也是民心所向。也只有如此，才能真正顺应人民对美好生活的向往，满足人民对于美好生活的需要和期待，才能不断增强

---

① 《毛泽东选集》第一卷，人民出版社 1991 年版，第 326—327 页。
② 《马克思恩格斯选集》第 1 卷，人民出版社 2012 年版，第 152 页。
③ 《习近平谈治国理政》第二卷，外文出版社 2017 年版，第 40 页。

人民的获得感、幸福感和安全感。新时代社会主要矛盾的变化，对当代中国人的精神世界的构建提出了新要求、新问题。如何在"物质的满足"下告别"精神的空虚"，如何在物欲横流的境遇中解蔽精神生活，如何在快速发展中实现精神世界的跃迁，成为实现人民美好生活而不得不解开的时代症结。

（二）是推进精神生活共同富裕、彰显社会主义本质的根本要求

　　共同富裕是社会主义的本质规定。邓小平早在 1992 年初的南方谈话中就已明确指出，"社会主义的本质，是解放生产力，发展生产力，消灭剥削，消除两极分化，最终达到共同富裕"。[①] 之后又多次强调："物质贫乏不是社会主义，精神空虚也不是社会主义，"[②] "没有贫穷的社会主义。社会主义的特点不是穷，而是富，但这种富是人民共同富裕"。[③] 关于社会主义的本质要求和共同富裕的深刻内涵，习近平总书记作出了明确阐释："在全面建设社会主义现代化国家新征程中，我们必须把促进全体人民共同富裕摆在更加重要的位置，脚踏实地、久久为功，向着这个目标更加积极有为地进行努力，促进人的全面发展和社会全面进步，让广大人民群众获得感、幸福感、安全感更加充实、更有保障、更可持续。"[④] "我们说的共同富裕是全体人民共同富裕，是人民群众物质生活和精神生活都富裕，不是少数人的富裕，也不是整齐划一的平均主义。"[⑤] 此外，精神富有也是社会主义现代化的根本要求。党的二十大报告明确指出："中国式现代化是物质文明和精神文明相协调的现

---

　　① 《邓小平文选》第三卷，人民出版社 1993 年版，第 373 页。

　　② 中共中央文献研究室编：《十四大以来重要文献选编》（下），人民出版社 1999 年版，第 2277—2278 页。

　　③ 《邓小平文选》第三卷，人民出版社 1993 年版，第 265 页。

　　④ 习近平：《在全国脱贫攻坚总结表彰大会上的讲话》，人民出版社 2021 年版，第 21—22 页。

　　⑤ 习近平：《扎实推动共同富裕》，《求是》2021 年第 20 期。

代化。物质富足、精神富有是社会主义现代化的根本要求。物质贫困不是社会主义，精神贫乏也不是社会主义。"① 中国式现代化的本质是人的现代化。而人的现代化，离不开物质世界的丰富，更离不开精神世界的充盈。

精神生活共同富裕既是中国共产党以人民为中心、为人民谋幸福的时代命题，也是推进现代化、促进高质量发展的必然选择。恩格斯指出："在历史上出现的一切社会关系和国家关系，一切宗教制度和法律制度，一切理论观点，只有理解了每一个与之相应的时代的物质生活条件，并且从这些物质条件中被引申出来的时候，才能理解。"② 习近平总书记指出："时代是出卷人，我们是答卷人，人民是阅卷人。"③ "我们追求的发展是造福人民的发展，我们追求的富裕是全体人民共同富裕。"④ 一代又一代中国共产党人不忘初心，心系人民，接续前行，始终把追求共同富裕作为奋斗目标，始终把人民利益摆在至高无上的地位，坚定地朝着实现全体人民共同富裕不断迈进。"让人民群众过上更加幸福的好日子是我们党始终不渝的奋斗目标，实现共同富裕是中国共产党领导和我国社会主义制度的本质要求。"⑤ 精神生活共同富裕既是构建美好生活的基本向度，也是衡量社会文明的重要尺度。只有物质生活和精神生活都得到长足的发展，共同富裕才能有完整的内涵，美好生活才能有实质的意义。只有物质世界的充盈和精神世界的丰富相得益彰，人们才能充分地享有现代化建设的成果，以及"高品质生活"。只有坚持并贯彻"两手抓，两手都要硬"的战略方针，实现物质生活和精神生活的共同富裕和平衡发展，引领人的精神世界，构筑社会精神家园，让全体

---

① 习近平：《高举中国特色社会主义伟大旗帜　为全面建设社会主义现代化国家而团结奋斗——在中国共产党第二十次全国代表大会上的报告》，人民出版社 2022 年版，第 22 页。

② 《马克思恩格斯文集》第 2 卷，人民出版社 2009 年版，第 597 页。

③ 《习近平谈治国理政》第三卷，外文出版社 2020 年版，第 70 页。

④ 习近平：《在中共中央召开的党外人士座谈会上的讲话》，《人民日报》2015 年 10 月31 日。

⑤ 习近平：《在全国劳动模范和先进工作者表彰大会上的讲话》，人民出版社 2020 年版，第 8 页。

人民拥有更加和谐、充实而美好的人生，中国共产党的先进性和社会主义制度的优越性才能进一步彰显。"只有物质文明建设和精神文明建设都搞好，国家物质力量和精神力量都增强，全国各族人民物质生活和精神生活都改善，中国特色社会主义事业才能顺利向前推进。"①

精神生活的共同富裕离不开人们精神需要的高度发展与高度满足，而这恰恰是人的精神世界得以构建的重要动因。随着生产力水平的不断提高，以及物质世界的不断充盈，人们的精神需要也随之呈现出广泛性、多样性、丰富性、深刻性。对科学的崇尚、对知识的渴求、对情感的期盼、对道德的信奉、对理想的向往、对信仰的追求，无一不丰富着人们的精神生活，无一不充实着人们的精神世界。精神生活的共同富裕离不开精神生产与精神交往、精神供给与精神消费，而这些活动本质上都是人的精神世界的构建。通过提升文化素养，培养稳定心理和积极情绪，丰富情感、充盈内心，引领精神追求、提升精神旨趣，使人们在认知领域、情感领域、道德领域、信仰领域全面发展，在心理生活、文化生活、道德生活、信仰生活中安然自得，以良好的精神状态和高度的精神自觉，积极投身于民族复兴的伟业和时代发展的洪流，展现社会主义的精神风貌，抒写人类文明新形态的精神图景。

（三）是促进人的全面发展、实现共产主义的必由之路

马克思指出："历史是认真的，经过许多阶段才把陈旧的形态送进坟墓。世界历史形态的最后一个阶段是它的喜剧。"② 他以宏大的历史观、科学的方法论，揭示了历史发展的必然性，将精神的解放看作人类解放的伟大事业，将精神世界的自由视为人类自由的关键一环。由此，构建人的精神世界被引入到人类解放的视域中，被提升到理想社会的构想里。他还以人获得解放和自由的程度为依据，将人类社会划分为三个

---

① 《习近平谈治国理政》第一卷，外文出版社 2018 年版，第 153 页。
② 《马克思恩格斯文集》第 1 卷，人民出版社 2009 年版，第 7 页。

历史阶段："人的依赖关系（起初完全是自然发生的），是最初的社会形式，在这种形式下，人的生产能力只是在狭小的范围内和孤立的地点上发展着。以物的依赖性为基础的人的独立性，是第二大形式，在这种形式下，才形成普遍的社会物质变换、全面的关系、多方面的需要以及全面的能力的体系。建立在个人全面发展和他们共同的、社会的生产能力成为从属于他们的社会财富这一基础上的自由个性，是第三个阶段。"①

在"以物的依赖性为基础的人的独立性"的时代，"人的依赖性"和所属共同体的狭隘性被打破，人们获得个体独立性。然而这种"独立性"过分依附于"物"，衍生出单向度、片面化、原子化的个人，而与自由的、全面的、独立的个人背道而驰，造成了人的异化，以及精神世界的物化。马克思在对资本主义社会的批判中，揭示了现代人的生存困境——人与人、人与社会、人与自然，甚至自身都发生了异化。"使人和人之间除了赤裸裸的利害关系，除了冷酷无情的'现金交易'，就再也没有任何别的联系了。它把宗教虔诚、骑士热忱、小市民伤感这些情感的神圣发作，淹没在利己主义打算的冰水之中。它把人的尊严变成了交换价值，用一种没有良心的贸易自由代替了无数特许的和自力挣得的自由……资产阶级抹去了一切向来受人尊崇和令人敬畏的职业的神圣光环。它把医生、律师、教士、诗人和学者变成了它出钱招雇的雇佣劳动者。资产阶级撕下了罩在家庭关系上的温情脉脉的面纱，把这种关系变成了纯粹的金钱关系。"② 甚至"把自我活动、自由活动贬低为手段，也就把人的类生活变成维持人的肉体生存的手段"③。在现代性社会，经济全球化不断扩张，社会工业化不断发展，在一定程度上冲击、消解、侵蚀着人类的精神世界。"文化的工业化和市场化的大众文化，则直接塑造和构建了人们日常的精神世界，导致人们的精神领域趋于平面化和同一性。精神生活蜕变为直接的感性刺激与片面的精神享受，表现为'一

---

① 《马克思恩格斯文集》第8卷，人民出版社2009年版，第52页。
② 《马克思恩格斯文集》第2卷，人民出版社2009年版，第34页。
③ 《马克思恩格斯全集》第42卷，人民出版社1979年版，第97页。

切感觉的单纯异化'。这种物化的精神生活屈从于浅薄的兴趣，表现为对精神生活内涵的吞噬和对精神生活意义的曲解，从而使精神生活丧失了其应有的内在性、丰富性、超越性和历史感，精神生活由此陷入'熟悉的陌生'、'喧嚣的孤独'、'存在的空虚'等悖论性的状态，人的精神生活的家园感由此面临失落的危机。"[1]

马克思不仅揭示出这场声势浩大的精神危机的社会根源，也照亮了现代精神生活的解困之路。他在《1844年经济学哲学手稿》中指出："共产主义是私有财产即人的自我异化的积极的扬弃，因而是通过人并且为了人而对人的本质的真正占有；因此，它是人向自身、向社会的即合乎人性的人的复归，这种复归是完全的，自觉的和在以往发展的全部财富的范围内生成的。这种共产主义，作为完成了的自然主义＝人道主义，而作为完成了的人道主义＝自然主义，它是人和自然界之间、人和人之间的矛盾的真正解决，是存在和本质、对象化和自我确证、自由和必然、个体和类之间的斗争的真正解决。它是历史之谜的解答，而且知道自己就是这种解答。"[2] 也就是说，推动人类从"必然王国"走向"自由王国"，就必须扬弃资本主义私有制和建立共产主义社会，就必须消除现实世界人的异化，破除精神世界的物化，帮助人们彻底挣脱现实枷锁和精神牢笼，使得"人以一种全面的方式，就是说，作为一个总体的人，占有自己的全面的本质。"[3] 而这种"个人的全面性"恰恰是"他的现实关系和观念关系的全面性"。只有如此，才能找到通往人自由而全面发展的道路，完成"历史之谜"的解答。

---

[1] 庞立生：《历史唯物主义与精神生活的现代性处境》，《哲学研究》2012年第2期。
[2] 《马克思恩格斯全集》第3卷，人民出版社2002年版，第297页。
[3] 《马克思恩格斯全集》第3卷，人民出版社2002年版，第303页。

第 二 章

构建当代中国人的精神世界的实质是重建价值观

2014 年 5 月 5 日，习近平总书记在北京大学师生座谈会上指出："我们生而为中国人，最根本的是我们有中国人的独特精神世界，有百姓日用而不觉的价值观。"① 价值观是人的精神世界的根本，是当代中国人的精神世界问题的核心，也是解决当代人的精神世界问题的关键，构建当代中国人的精神世界的实质就在于价值观的重建。价值观隶属于意识形态范畴，受生产关系与经济基础所决定，受历史背景与社会环境所制约。价值观在不同的人、不同的群体和不同社会那里，会呈现出差异性的特点。价值观有先进与落后之分，更有正确与错误之别。重建价值观并非将一切"推倒重来"，而是将目光聚焦于当代中国人的精神世界存在的问题，在多元的价值世界中拨乱反正、固本培元，治理"价值喧嚣"后的乱象，平息"资本逻辑"下的混乱，消除"快餐文化"下的浮躁，摒弃与纠正错误价值观、革新与破除落后价值观，化解价值观的内在冲突，以树立和稳固正确的、先进的价值观，澄清精神世界，守护精神家园。

一 价值观是人的精神世界的根本

何为价值观？价值观是"人们对周围世界的意义和价值的反映和判

---

① 《习近平谈治国理政》第一卷，外文出版社 2018 年版，第 171 页。

断,是对世界、社会、他人以及与自己的关系的一种具有系统性、综合性和稳定性的观点。'① 实践中的人作为主体,会把周围的客观事物纳入客体的范围,加以认识和改造,并对这些事物有无价值及其价值的大小产生一定的观点和看法,形成一系列的价值观念。这些价值观念会随着主体的物质生产和交往、精神生产和交往活动的发展而发展,经过主体的整合和加工,达到稳定的、系统的存在状态,上升为价值观的层次,并指导和规范着主体的思想和行为。价值观是人们在实践中形成的对其周围客观事物的意义和重要的总体评价和看法。它一方面表现为价值取向和价值追求,凝结为一定的价值目标;另一方面又表现为价值尺度和价值准则,凝结为一定的价值判断和价值规范。价值观指引和规约着人们的精神生活,决定着精神世界的整体面貌,是人的精神世界的根本所在。

(一)价值观是精神世界的重要基础

从精神世界的形成发展来看,决定其源起的每一个关键因素都带有价值观的印记。首先,精神世界离不开物质世界,"'精神'从一开始就很倒霉,受到'物质'的纠缠。"② 而整个物质世界都是人类实践的结果,是到处都留下了人的意志印记的自然,即人化了的自然。其次,精神生活关联和植根于物质生活,"物质生活的生产方式制约着整个社会生活、政治生活和精神生活的过程。"③ 精神世界产生发展的过程,离不开"现实的人"的对象化活动。人作为有生命的、现实的、感性的、能动的自然存在物,其本质的力量"作为天赋和才能、作为欲望存在于人身上",而人的欲望的对象恰恰是"表现和确证他的本质力量所不可缺少的、重要的对象"。④ 人以对象化活动确证和彰显自身的本质,并在此

---

① 罗国杰:《马克思主义价值观研究》,人民出版社 2013 年版,第 31 页。
② 《马克思恩格斯文集》第 1 卷,人民出版社 2009 年版,第 533 页。
③ 《马克思恩格斯文集》第 2 卷,人民出版社 2009 年版,第 597 页。
④ 《马克思恩格斯文集》第 1 卷,人民出版社 2009 年版,第 209—210 页。

基础上构建生活世界和意义世界，在物质世界和精神世界中映射自己的主观意志。再次，精神世界离不开人们认识世界和改造世界的活动，而价值尺度正是这一过程中所遵循的重要尺度。马克思指出，对于人而言，"凡是有某种关系存在的地方，这种关系都是为我而存在的；动物不对什么东西发生'关系'，而且根本没有'关系'；对于动物来说，它对他物的关系不是作为关系存在的"。① 人们在处理人与自然、人与社会、人与他人、人与自我之间的关系中铺展精神世界，会遇到一系列问题：人应该如何认识和改造世界？应该如何平衡人与社会之间的关系？应该如何协调与他人之间的关系？应该如何认识自身？应该有什么样的信仰和追求？等等。人的精神世界也总是围绕上述问题的展开而不断得以丰富的，而这些问题无一不凝结和体现着一定的价值观。

从精神世界的内在构成来看，知、情、意、信每个要素以及围绕要素所展开的活动中都承载着价值关系，都蕴含着一定的价值观，都要受到个体或社会的价值观的影响。其一，人类的认识活动基于人的求知需要而展开，无论是认识的过程还是认识的结果，都有价值指涉。它受人类思维、意志、情感等主观因素所影响，并受制于特定的观念指导和价值秩序规约，其生成不可避免地掺杂着价值性。正如苏格拉底在关于"什么是知识"的讨论中所提到的那样，虽然"正确的信念加上解释还不能被称作知识"，但"没有解释和正确的信仰怎么会有知识呢？"② 其二，人类的情感活动基于人的情感需要而展开，人的情绪情感直接反映人的需要以及需要被满足的程度，尤其是深层的、稳定的情绪情感，更是带有深刻的社会烙印和标记。人类情感中的三大构成内容——道德感、理智感、美感，关涉的是人们对于善与恶、是与非、美与丑的观点和看法。一言以蔽之，这其实就是价值观的集中反映。其三，人类的道德/伦理活动基于人的归属需要而展开。"人的本质不是单个人所固有的

---

① 《马克思恩格斯全集》第 3 卷，人民出版社 1960 年版，第 34 页。
② ［古希腊］柏拉图：《柏拉图全集》第二卷，王晓朝译，人民出版社 2003 年版，第738—748 页。

抽象物，在其现实性上，它是一切社会关系的总和。"① 人不仅是自然存在物，更是社会存在物。每一个人都有物质上和精神上的需求，这些需要是客观存在、无法被剥夺的。在物质上，人需要获得实现自身生存和发展的资源和条件；在精神上，人需要获得情感支持、展开人际交往、建立情感连接、获得社会认可等。"人是最名副其实的政治动物，不仅是一种合群的动物，而且是只有在社会中才能独立的动物。"② 人要获得生存和发展，就需要遵从社会规范和准则，建立社会关系，融入社会生活，获得社会身份，履行社会责任，而这一切与个体价值观、社会价值观，以及二者之间的互动息息相关、密切相连。其四，人类的信仰活动基于人的超越需要而展开，表达的是人们对于价值理想的追求，以及生命意义的构建。信仰是价值观的灵魂，也是对个人/社会最为核心的、最高层次的价值观的集中表达。

从精神世界的运行规律来看，从认知层次与情感层次到道德层次，再到信仰层次，价值观及其教育是促使层次跃迁的关键。通俗意义上来讲，价值观教育就是培养人们知、情、意、信、行的过程。它以知识传授、情感激励、道德规约、行为示范等促使人们将知与情转化为意与信，并最后落实于行动之中。其实质是一定的社会或者社会群体、一定的阶级或者阶级利益集团将该社会或本阶级的核心价值观转化为个体价值观，旨在通过一系列价值标准、价值规范、价值理念、价值目标、价值追求的内化，最后外化为人们主动、自觉的价值实践。这一过程是人们精神活动深化和精神世界构建的过程，也是社会核心价值观的生产与再生产的过程。价值观教育不仅在于促进人们知、情、意、信、行一系列活动的依次展开，也在于提升人们知、情、意、信、行的水平与层次。它不仅是维系人们精神世界正常运行、健康发展的必要手段，也是提高人们素质能力、思想觉悟、道德水平、精神境界的重要途径。

---

① 《马克思恩格斯文集》第 1 卷，人民出版社 2009 年版，第 501 页。
② 《马克思恩格斯文集》第 8 卷，人民出版社 2009 年版，第 6 页。

（二）价值观是精神世界的显著标识

首先，价值观将人的精神世界与动物的精神世界相区别。在精神世界的四大领域中，认知领域、情感领域为人和动物所共有，道德领域、信仰领域为人所独有。达尔文认为，人类引以为豪的感觉、直觉、各种情感和能力，在进化条件良好的低等动物中也能找到。① 动物也有知觉、记忆、欲望、情绪等，只不过这些活动在人类那里，不是下意识的反应，也不是单纯的生物的本能，而是带有强烈的社会属性，并受到价值观的影响和规约。思维本身就是发展到高度完善的物质的产物，即人脑的产物。复杂深刻的思维活动和心理活动，以及道德意志、理想信念、信仰等高级精神活动，都是人类特有的活动。"对于人类来说，只有追求生命的价值与生活的意义才是人的存在；求索生命的价值和人生的意义，这是人的精神家园的'灵魂'。"② 美国埃默里大学灵长类行为学家弗朗斯·德瓦尔认为，动物没有人类一样的道德，不能像人类一样进化，并通过思考分辨对错。更何况人类道德还融合了一系列心理倾向和同情、互惠、合作、和谐等能力。③ 而这些精神活动的内核正是带有阶级性、历史性、社会性、时代性的价值观。我国著名哲学家冯友兰指出："人与其他动物的不同，在于人在做某事时，他了解他在做什么，并且自觉他在做。正是这种觉解，使他正在做的对于他有了意义。他做各种事情，有各种意义，各种意义合成一个整体，就构成了他的人生境界。"④

其次，价值观使人与人的精神世界相互区别。价值观反映着人们一定的喜恶、倾向、态度、立场、观点甚至是信念，并通过人们的认知、情感、意志、理想和信仰表现出来。在人的意识系统中，价值观更为根

---

① ［英］达尔文：《人类的由来及性选择》，叶笃庄、杨习之译，北京大学出版社 2009 年版。

② 孙正聿：《人的精神家园》，江苏人民出版社 2014 年版。

③ ［美］弗朗斯·德瓦尔：《猿形毕露：从猩猩看人类的权力、暴力、爱与性》，陈信宏译，生活·读书·新知三联书店 2015 年版。

④ 冯友兰：《新原人》，生活·读书·新知三联书店 2007 年版。

本，层次更高。受历史背景、文化传统、社会条件、成长经历、家庭环境、教育程度等影响，价值观因人而异。不同时代、不同民族、不同主体的价值观，会呈现不同的特点。价值观不同，人们的行为选择、目标追求、人生境界也不同，精神世界会随之呈现出不同的样态与走向，其知、情、意、信、行也会随之有这样或那样的差异。"不同的人可能做相同的事情，但是个人的觉解程度不同，所做的事对于他也就各有不同的意义。"① 人们精神世界的内容与性质、水平与高度，一定是与其价值观相适应、相匹配的。价值观是每个人的精神世界的专属标记，对人们的精神世界赋予了不同的特点和色彩，也将人们的精神生活引向了不同的道路。

最后，价值观将精神世界中自觉的、有意识的活动与自发的、无意识的活动相区别。通常情况下，人们将思维、意志、情感、信念等有意识的精神活动，以及知觉、记忆、情绪等一般心理活动，统称为人类的精神现象。一般心理活动中无意识的方面不会涉及价值观层面，虽然与人们的生理发展、智力水平、反应能力等直接相关，但无关是非、善恶、美丑等深层意义上的价值判断与价值选择，仍然停留于人们本能反应或是下意识反应的阶段。如前所述，思维是无意识和自我意识的重要分界。它将本能的心理活动引入自觉的意识活动。马克思早已指出："蜜蜂建筑蜂房的本领使人间的许多建筑师感到惭愧。但是，最蹩脚的建筑师从一开始就比最灵巧的蜜蜂高明的地方，是他在用蜂蜡建筑蜂房以前，已经在自己的头脑中把它建成了。劳动过程结束时得到的结果，在这个过程开始时就已经在劳动者的表象中存在着，即已经观念地存在着。"② 但意识活动的核心要义却不是思维，而是价值省思。人在认识和改造客观世界的过程中，"不仅使自然物发生形式变化，同时他还在自然物中实现自己的目的，这个目的是他所知道的，是作为规律决定着他的活动的方式和方法

① 冯友兰：《新原人》，生活·读书·新知三联书店 2007 年版。
② 《马克思恩格斯文集》第 5 卷，人民出版社 2009 年版，第 208 页。

的，他必须使他的意志服从这个目的"①。在人们改造主观世界，不断构建精神世界的过程中，会不断进行价值省思：客观世界对人有什么样的意义？客观事物对"我"有什么样的价值和作用？反过来"我"对世界有何价值？又该如何实现这一价值？等等。这些问题承载人们追求意义世界的诉求，也蕴含着人们构建精神世界的内生动力。可以说，价值观是衡量精神世界中意识活动是否自觉，以及达到何种自觉程度的重要指标。

（三）价值观是精神世界的深层力量

世界观、人生观和价值观是精神世界的基石。世界观决定人生观，有什么样的世界观就有什么样的人生观；人生观又反过来影响着世界观，对世界观的巩固、发展和变化发挥着重要作用。但无论是世界观还是人生观，价值观都是其核心内容。价值观不仅影响人们如何看待世界，也影响人们的人生态度、人生目的和人生价值。"价值观不仅渗透于世界观、人生观之中，而且渗透于人类社会生活的方方面面，渗透于人的活动及成果之中，影响和制约着人们'做什么'和'怎么做'。价值观是人的主心骨，价值观是组织的黏合剂，价值观是人的活动的指示器，价值观是人类精神世界的灵魂。"② 价值观不仅是人的精神世界的核心，也是社会伦理文化的核心。孙正聿指出："人的精神家园，在人类自己的社会生活中，最为重要的就是体现在超越'小我'的道德意识和伦理观念。人们以伦理的方式把握世界，就形成了以某种价值观为核心，以相应的伦理原则和伦理规范为基本内容的伦理文化。"③ 价值观是意识形态的重要组成部分，既能够作用于个体，也能够作用于社会。它对人的思维方式、情感模式、思想认识、道德意志、行为活动，以及社会心态、民族情感、民俗风貌、伦理规范、文化传统有导向、纠偏、调控、统摄等功能。

---

① 《马克思恩格斯文集》第 5 卷，人民出版社 2009 年版，第 208 页。
② 杨业华：《当代中国大学生核心价值观研究》，人民出版社 2011 年版，第 30 页。
③ 孙正聿：《人的精神家园》，江苏人民出版社 2014 年版。

人们精神世界的整体面貌、水平和层次离不开客观物质世界的影响，也离不开主体自身的学识、能力和素质，更离不开其基本的世界观、人生观和价值观。如果主体本身三观不正，其精神世界就得不到健康的发展。价值观不是与生俱来的，而是在人们社会实践的基础上，在个体社会化的过程中逐渐形成并确立的。价值观一旦形成，就具有相对的稳定性和持久性，不容易发生改变。"完整的社会人是生命的生理性、存在方式的社会性、存在意义的精神性的统合。人所具有的理性、意识和思想，构成了意义与价值的精神世界，并决定了人行为选择的价值属性。据此而论，凡是正常生活的社会人，其心灵与行为都要受一定价值观念的支配，否则，他将无法更好地生活或有意义地活着。一言以蔽之，人有价值观念，既是人之为人的一种确证，又是人的一种内在的本性要求。价值观是个人社会化进程中所构建的精神世界，它统摄人的心灵，使人心神安宁。"① 价值观以价值原则、价值理想、价值追求、价值践行构建人类意义世界，体现人之为人所独有的超越性，是人的精神世界的深层次表达。其中既包括指导、约束、规范人们进行正常生产生活的价值准则，也包括激励、引领、支撑人们逆流而上、绝境求生，乘风破浪、披荆斩棘，攻坚克难、勇攀高峰的价值目标。价值观虽然不是精神世界的全部，却是精神世界的根本。价值观是正确还是错误，是积极还是消极，是先进还是落后，关乎人们精神品格是美好还是丑恶，精神生活是高雅还是低俗，精神境界是崇高还是渺小。价值观直接决定人们有意识的活动及其结果的性质与方向，关系着精神世界的根基，是精神世界的深层力量。

二　价值观是当代中国人的精神世界问题的核心

对精神世界的探求与追寻，贯穿中华民族 5000 多年的文明史，铸

---

① 王淑芹：《伦理与德性：王淑芹学术论文集》，人民出版社 2019 年版，第 416—417 页。

就了华夏民族的精神品性，浇筑了中国人民的精神家园。对精神文明的建设与提升，伴随中国特色社会主义的发展史，增强了中国现代化的精神动力，丰富了中国人民的精神生活。对理想信念的追求与捍卫，融入中国共产党100余年的奋斗史，映照出共产党人的精神境界，诠释着伟大建党精神。这是当代中国人的精神世界的坚实基础，也是构建新时代美好精神生活的丰厚资源。进入新时代、迈进新征程，中国精神持续拓展，社会主义精神文明建设长足进步，人们的精神生活不断丰富。但与此同时，当代中国人的精神世界也存在很多问题，如心理焦虑、精神懈怠、道德困惑、理想淡漠、信仰缺失等。究其实质，这些问题的症结恰恰在于价值观。从价值观的角度和视域来审视这些问题，能够帮助我们更深刻地理解和把握当代中国人的精神世界的特点，其内在的冲突与矛盾，以及解决这些问题的关键。

（一）中国人的精神世界的整体特点

习近平总书记指出："中华文明绵延数千年，有其独特的价值体系。中华优秀传统文化已经成为中华民族的基因，植根在中国人内心，潜移默化影响着中国人的思想方式和行为方式……我们生而为中国人，最根本的是我们有中国人的独特精神世界，有百姓日用而不觉的价值观。"[1] 中华文化源远流长，中华文明绵延不绝，积淀着中华民族最深层的精神追求，塑造了中国价值和中国精神。中华优秀传统文化讲仁爱、重民本、守诚信、崇正义、尚和合、求大同，中华民族崇礼尚仪、讲信修睦、抱诚守真、崇德向善、博施济众、笃行致远。这赋予中国价值观以独特的民族标识，也赋予中国人的精神世界以显著的民族特点。进一步而言，中国价值观呈现出利群重于利己、私德重于公德、责任先于自由、义务先于权利、集体高于个人、正义高于利益、和谐高于冲突等整体倾向，中国人的精神世界呈现出利群性、内敛性、圆融性、此岸性等

---

① 《习近平谈治国理政》第一卷，外文出版社 2018 年版，第 170—171 页。

典型特点。

其一，利群性。仁爱精神是中国传统道德的核心。仁的基本含义是"爱人"，"泛爱众，而亲仁"。① 它从来不是单向度的，不仅是对内的自我要求，还对外体现为"爱人"，是内得于己与外施于人的统一。曾子曰："夫子之道，忠恕而已矣。"② 何谓忠恕？"忠"是忠人之心，对他人尽心竭力，对自己严格要求；"恕"是如人之心，推己及人，对他人宽宏大量。所谓忠恕，是"己欲立而立人，己欲达而达人"③，是"博施于民而能济众"，是"己所不欲，勿施于人"，是内忠于己与外恕于人的统一。中国人向来崇尚仁爱精神，强调仁者爱人、与人为善，将心比心、换位思考，乐善好施、博施济众，扶贫济困、兼济天下，因而表现出明显的利群性特点。需要进一步指出的是，中国人所推崇的"仁爱"并非小爱，而是大爱——是真诚而用心地关怀他人，是平等而广泛地关爱大众，是公正而无私地匡时济世。中国人倡导的"立己"并非"利己"，而是为了"立人达人"和兼善天下。孟子认为："亲亲而仁民，仁民而爱物。"④ 老子指出，圣人常善救人，故无弃人；常善救物，故无弃物。⑤ 中国人的精神世界的利群性，超越了人与人缔结的小团体主义，或是狭隘的民族主义。而是指向"民胞物与""天下一家"的天下观。中国人认为"君子矜而不争，群而不党"⑥，提倡"君子之交淡如水"，主张"四海之内皆兄弟"，坚持"以天下为己任"。责任先于自由、义务先于权利、集体高于个人、正义高于利益，是中国人古代价值观的特色，也是当代中国人的精神世界的整体倾向。自古以来，中国人就倡导"国家兴亡，匹夫有责"，"先天下之忧而忧，后天下之乐而乐"，"修身齐家治国平天下"，重视个人对于家庭、社会、国家乃至于天下的

---

① 《论语·学而》，陈晓芬、徐儒宗译注，中华书局 2015 年版，第 9 页。
② 《论语·里仁》，陈晓芬、徐儒宗译注，中华书局 2015 年版，第 44 页。
③ 《论语·雍也》，陈晓芬、徐儒宗译注，中华书局 2015 年版，第 72 页。
④ 《孟子·尽心》，方勇译注，中华书局 2018 年版，第 281 页。
⑤ 《道德经·二十七章》，张景、张松辉译注，中华书局 2021 年版，第 327 页。
⑥ 《论语·卫灵公》，陈晓芬、徐儒宗译注，中华书局 2015 年版，第 190 页。

责任和义务，把"内圣外王"视为理想的境界，将"天下治平"作为追求的目标，致力于通过不断提升自我心性定力、精神品格、伦理道德等，以达到造福人民、服务社会、兼济天下的目的。

其二，内敛性。中国人的思想和情感向来含蓄、低调、谦和、深沉、稳重、不外露，具有内敛性。一方面强调谨言慎行，克己内省。孔子明确提出："德之不修，学之不讲，闻义不能徙，不善不能改，是吾忧也"①，君子"讷于言而敏于行"，"敏于事而慎于言"，勤敏好学也要修德修心，少说空话，多做实事。"群居终日，言不及义，好行小慧，难矣哉！"② 要见贤思齐、改过迁善，见利思义、反求诸己。孟子曰："万物皆备于我矣。反身而诚，乐莫大焉。强恕而行，求仁莫近焉。"③ "爱人不亲，反其仁；治人不治，反其智；礼人不答，反其敬。行有不得者皆反求诸己"。④ 另一方面强调居安思危，未雨绸缪。这不仅体现了远古先哲尊天道、重人谋、求内省的性格品性，也体现了中国人沉稳持重、谦虚谨慎的处事态度，更体现了中华民族"思则有备，有备无患"的生存智慧。安不忘危、存不忘亡、治不忘乱，"备豫不虞，为国常道"。正是凭借着居安思危的忧患意识，戒骄戒躁的端正态度，临危不乱的气魄胆识，清醒自觉的性格品性，朝乾夕惕的进取精神，中华民族才能在多灾多难中巍然屹立，中国人民才能在大风大浪中勇立潮头，创造了举世瞩目的中华文明，创造了举世无双的人间奇迹。

其三，圆融性。一是强调尊时守位，知常达变。因时而变，适时而动，与时偕行，因地制宜，因势利导，顺势而为，是中国人基本的时空观和处世观。《周易》中就有"时止则止，时行则行，动静不失其时"⑤，"几者动之微，吉之先见者也"的说法。⑥ 中国人相信"事之难

---

① 《论语·述而》，陈晓芬、徐儒宗译注，中华书局 2015 年版，第 75 页。
② 《论语·卫灵公》，陈晓芬、徐儒宗译注，中华书局 2015 年版，第 189 页。
③ 《孟子·尽心》，方勇译注，中华书局 2018 年版，第 258 页。
④ 《孟子·离娄》，方勇译注，中华书局 2018 年版，第 132 页。
⑤ 《周易·艮》，杨天才、张善文译注，中华书局 2018 年版，第 453 页。
⑥ 《周易·乾》，杨天才、张善文译注，中华书局 2018 年版，第 14 页。

易，不在小大，务在知时"①，"圣人能辅时，不能违时"②，"得时者昌，失时者亡"③，"男子时诎则诎，时伸则伸也"④，讲求天时地利人和，讲究因时制宜，审势而行。但这绝不是指一味地安于本分、消极作为，而是强调人要清楚地认识自身的角色和使命，知道自己应该做什么不应该做什么，能够做什么不能够做什么。对此，孔子说得非常明白而具体："吾十有五而志于学，三十而立，四十而不惑，五十而知天命，六十而耳顺，七十而从心所欲，不逾矩。"⑤ 这也绝不是指完全被动地接受命运、随波逐流，而是强调人要能动地认识世界，积极地适应环境，灵活地应对现实，坚持权衡轻重、随机应变，顺应历史形势和时代潮流，借助于客观规律和外界条件谋求发展。二是强调藏往知来，开物成务。"神以知来，知以藏往"，"夫《易》开物成务，冒天下之道，如斯而已者也。"⑥《战国策》中就有明训："前事之不忘，后事之师。"⑦ 中国人不仅善于审时度势、通权达变，还善于格物致知、以史为鉴，在把握规律、运用知识的基础上，改造世界、开发万物，使自身活动实现合规律性与合目的性的统一。三是强调兼容并济，博采众长。中国人追求和洽、自在、豁达、广大、开阔的精神世界，认为海纳百川、有容乃大，壁立千仞、无欲则刚。《淮南子》中有言："非澹漠无以明德，非宁静无以致远，非宽大无以兼覆，非慈厚无以怀众，非平正无以制断。"⑧ 表达了克制欲望，淡泊名利，修身养性，坚定理想，心胸宽广，宽厚仁慈，包容通达的要求。五是强调和而不同，美美与共。中华民族自古就推崇"九族既睦""协和万邦""亲仁善邻"，中国人民历来就爱好和平、讲

---

① 《吕氏春秋·孝行览》，陆玖译注，中华书局 2011 年版，第 423 页。
② 《管子·霸言》，李山、轩新丽译注，中华书局 2019 年版，第 429 页。
③ 《列子·说符》，叶蓓卿译注，中华书局 2011 年版，第 213 页。
④ 《荀子·仲尼》，方勇、李波译注，中华书局 2015 年版，第 89 页。
⑤ 《论语·为政》，陈晓芬、徐儒宗译注，中华书局 2015 年版，第 17 页。
⑥ 《周易·系辞上》，杨天才、张善文译注，中华书局 2018 年版，第 592 页。
⑦ 《战国策·赵策一》，缪文远、缪伟、罗承莲译注，中华书局 2012 年版，第 498 页。
⑧ 《淮南子·主术训》，陈广忠译注，中华书局 2012 年版，第 459 页。

信修睦，秉承"万物并育而不相害，道并行而不相悖"①，"和也者，天下之达道也"②，讲中和、泰和、求同存异、和而不同、和谐相处。费孝通写下"各美其美，美人之美，美美与共，天下大同"，用以阐明中华民族对待不同文明的基本态度，也映射出中国人追求和谐的整体思维观。

其四，此岸性。对于精神世界的修炼而言，相较于"出世"，中国人更注重"入世"。中国传统文化中反复申说"修己以敬""修己以安人""修己以安百姓"，其指向非常明确，那就是"修己"不是目的，目的是安人——造福人民、安定社会。对于精神世界的终极目标而言，相较于"天国"，中国人更关注"人间"。孔子的"未知生，焉知死"③，"天何言哉？四时行焉，百物生焉"④，荀子的"唯圣人为不求知天"⑤，庄子的"天地有大美而不言，四时有明法而不议，万物有成理而不说"⑥，都阐明了事物发展变化的规律性，以及人类认识世界的此岸性。《桃花源记》勾勒了世外桃源的景象："土地平旷，屋舍俨然，有良田、美池、桑竹之属。阡陌交通，鸡犬相闻……黄发垂髫，并怡然自乐。"《礼记·礼运》描绘了理想社会的情形：大道之行，天下为公。选贤与能，讲信修睦。老有所终，壮有所用，幼有所长，矜、寡、孤、独、废疾者皆有所养……无论是"不足与外人道也"的"桃花源"，还是为历代儒客所推崇的"大同社会"，都无一例外地被安放在了人类社会，而不是在虚无缥缈的天国。对于信仰的具体对象来说，相较于崇拜"神"，中国人更崇拜"人"。中华文化强调以民为本，认为"民惟邦本""民贵君轻"，强调人民的历史地位。"得民心者得天下"，"水能载舟亦能覆舟"，当政者要"为政以德"，做好表率，严于律己，以身作则，以德感

①《中庸·第三十章》，陈晓芬、徐儒宗译注，中华书局2015年版，第352页。
②《中庸·第一章》，陈晓芬、徐儒宗译注，中华书局2015年版，第289页。
③《论语·先进》，陈晓芬、徐儒宗译注，中华书局2015年版，第128页。
④《论语·阳货》，陈晓芬、徐儒宗译注，中华书局2015年版，第214页。
⑤《荀子·天论》，方勇、李波译注，中华书局2015年版，第266页。
⑥《庄子·知北游》，方勇译注，中华书局2015年版，第362页。

人、以德教人、以德正人，"化民成俗"，应安民富民乐民。同时，在中国人的精神世界中，也相信人的主体作用，强调以人为本，认为谋事在人、人定胜天，追求天人合一。"天行健，君子以自强不息；地势坤，君子以厚德载物"，集中表达了中国人不懈拼搏的奋斗精神，以及追求德才兼备的人格理想。西方语境中的"神"，在中国语境中为"圣"。"圣人无常心，以百姓心为心。"① 在中国人的精神世界中，"圣"从来不是"造物主"，而是特指地位尊贵、品德高尚、才智超凡的人，是为人们所认同、称颂、追随、效仿的对象和目标。庄子就曾对个体道德修养提出了真人、至人、神人、圣人的目标和要求。中国人所追求的理想人格，具体目标是君子，最终目标就是圣贤。"慕圣贤之道"，学君子之行，也成为中国人为学、为事、为人的重要指引和遵循。

（二）当代中国人的精神世界的主要困境

马克思早就明确指出："不是意识决定生活，而是生活决定意识。"② 精神生活总是与物质生活密切相关的，思想、观念、意识总是与人们的物质活动相联系。当代中国正处于社会转型期，随着结构转换、机制转轨、利益调整，各种社会矛盾凸显，人们的生活方式、行为习惯、价值观念都会发生明显的变化。可以说，改革开放极大地解放了生产力、发展了生产力，显著提高了人们的物质生活水平。但是，与此同时，随着经济全球化的深入，以及西方文化的涌入，其中的消极因素正一点点地侵蚀着人们的精神世界，市场经济中存在的一些问题，也越来越集中地反映到意识形态领域，正一点点地瓦解着人们的理想信念。人们的精神领域产生了心理焦虑、精神懈怠、道德困惑、价值迷茫、理想淡漠、信仰缺失等一系列问题，造成了时代"空心病"。这已经影响到人们正常的精神生活，并引发了不同程度的社会问题。

---

① 《道德经·四十九章》，张景、张松辉译注，中华书局2021年版，第203页。
② 《马克思恩格斯选集》第1卷，人民出版社1995年版，第73页。

　　概括来讲，当代中国人的精神世界的主要困境可归纳为以下几个方面：

　　首先，是以"狂奔"与"内卷"为代表的焦虑困境。"狂奔"意指人们在经济高速发展、社会快速更迭的情况下，精神世界也呈现出"快""赶""急""躁"的特征，陷入心浮气躁、情绪失控、疲惫不堪等一系列不良状态之中。在这种状态下，人们无法仔细品味、尽情享受人生，来不及消化与处理情绪，顾不得梳理与沉淀情感，更无暇关注自身精神世界中更高层次的问题。"内卷"则意指人们在受到外部条件严重制约，或遭遇社会残酷竞争的情况下，不堪焦虑的生存状态。在这种状态下，人们往往陷入"不想卷""卷不动""不得不卷"的处境中无法自拔。无论是"狂奔"还是"内卷"，反映到人的精神世界的层面都是一种不受控的被动状态，是人无法充分占有自身本质的异己状态，都指向人自身大量而无意义的内部消耗甚至透支，实则都反映了精神世界与现实世界巨大矛盾与冲突之下，人们压力负荷过重、过度紧张焦虑的精神症候。

　　就现代社会而言，精神焦虑早已不只是个体现象，在很大程度上反映着人们整体的生存境遇和生活状态，揭示出大众精神生活的不安、焦躁、矛盾、分裂的"社会群像"。焦虑通常是人们遇到无法把控的事情或情形，如困难挑战、危急情况、突发事件、潜在威胁等，而出现的一种紧张忧愁、惶恐不安、烦躁不满、非理性冲动等不良的心理体验与负面的情绪状态。焦虑本身是人类一种正常的情感反应，但是焦虑一旦过度或过弱，抑或是长期得不到改善与解决，就很可能演化成为精神焦虑症（焦虑障碍）。这是一种常见的精神疾病，这一疾病在临床上包括很多类型，包括惊恐障碍、广场恐惧症、社交恐惧症、特定恐惧症、广泛性焦虑障碍、分离焦虑障碍等，伴有明显的自主神经功能紊乱及运动性不安，并伴随主观痛苦感或社会功能受损。据全球疾病负担研究（Global Burden of Disease Study）的数据显示，2017 年全球焦虑症的患病率为 3721.764 例/10 万人，在精神障碍类问题里患病率居首位。根据 2016 年的数据估算，全球焦虑症患者大致为 2.76 亿人，而中国焦虑症患者约高于 4000 万人，是世界上焦虑症患者人数最多的国家之一。2019 年 2 月 18 日，国际权威医学期刊《柳叶刀·精神病学》在线发表了黄悦勤教授团队的文章《中国精神障碍患病率：流行病学现状研究》，文中公布了中国首次全国性精神障碍流行病学调查第一批主要结果，指出中国焦虑症负担较重的事实。研究结果显示，我国成人任何一种精神障碍（不含老年期痴呆）终生患病率为 16.57%，12 月患病率为 9.32%。在各类精神障碍中，焦虑障碍患病率最高，终生患病率为 7.57%，12 月患病率为 4.98%。心境障碍其次，终生患病率为 7.37%，12 月患病率为 4.06%。酒精药物使用障碍第三，终生患病率为 4.67%，12 月患病率为 1.94%。间歇爆发性障碍第四，终生患病率为 1.54%，12 月患病率为 1.23%（参见图 3）。2020 年 12 月 23 日，国务院新闻办公室就《中国居民营养与慢性病状况报告（2020 年）》有关情况举行新闻发布会，国家卫生健康委疾病预防控制局局长常继乐指出，随着我国经济和社会的快速发展，人们的生活节奏加快、工作压力加大，我国居民心理行为问题和精神障碍的人群逐渐增加，民众心理健康问题日益凸显。其中的相关数据显示，2019 年我国抑郁症患病率达到 2.1%，焦虑障碍的患病率是 4.98%，抑郁症和焦虑症患病率接近 7%，90% 以上的人存在焦虑情绪。① 由此可见，精神焦虑是社会大众在现代日常生活中的常态，而焦虑症已经成为当代中国人的精神世界的头号问题。

精神世界的焦虑困境有复杂的现实成因：

一是生存时空的严重挤压。现代技术迅猛发展、日新月异，为人们日常的学习、工作、生活和娱乐带来了巨大便捷，同时也一定程度上扭曲了人们现实的生活世界，翻转了人们原有的生活方式，将人们拉进了数字化生存的境遇之中。一方面，数字科技推动了现实世界的飞速变化，缩短了社会发展变革的进程，也加快了人们的生活节奏。为了跟上

---

① 《中国居民营养与慢性病状况报告（2020 年）》，人民卫生出版社 2021 年版。

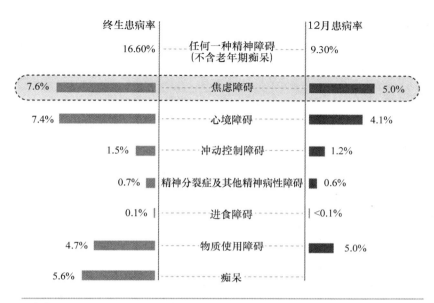

心境障碍包括抑郁症、双相情感障碍、由身体状况引起的心境障碍等
终生患病率，指一生中患有某种疾病的患者在全部调查对象中所占的比例
12月患病率是指在调查时过去的12个月中患病的比例

数据来源：Yueqin Huang，Yu Wang，et al. Prevalence of mental disorders in China: a cross-sectional epidemiological study. VOLUME 6，ISSUE 3，PP.211-224，MARCH 01，2019。

图3　中国精神卫生调查（CMHS）：各类精神障碍患病率简图①

这种"快节奏"，人们只能是顶着压力、加紧步伐，以至于许多情绪来不及消化，许多情感来不及安顿，精神世界不得已开始"狂奔"，对于精神生活中深层次的问题顾及不暇。另一方面，人们的生存空间被现代信息技术所填充、压缩、挤占，甚至在越来越多的情况下，现实世界直接让位于线上世界、虚拟世界、智能世界。尼古拉·尼葛洛庞帝指出："每一种技术或科学的馈赠都有其黑暗面，数字化生存也不例外。当我们日益向数字化世界迈进时，会有一群人的权利被剥夺，或者说，他们感到自己的权利被剥夺了。"② 人们当下的、多样的、立体

① https://www.bjnews.com.cn/graphic/2019/02/28/551325.html.
② ［美］尼古拉·尼葛洛庞帝：《数字化生存》，胡泳、范海燕译，海南出版社1997年版。

的、完整的、深刻的情绪与情感被面前冰冷的手机、电脑等技术性工具扁平化和格式化，人与人之间真实的、具体的、全面的、多维的联系也被数字交流所阻隔和解构，精神世界的深层内容和终极意义被忽略甚至被消解。

二是社会资源的相对稀缺。现代社会竞争激烈且残酷，映射出学习、教育、就业、住房、医疗等资源在协调与分配过程中的问题。德鲁克在《后资本主义社会》一书中提到知识淘汰的是工具与流程。① 而今，知识淘汰的不再是工具，而是跟不上时代脚步的人。从"房奴"到"蚁族"再到"社畜"，从"蜂鸟"到"工蜂"再到"码农"，无一不在反映与揭示当代中国人的生存困境和生活窘境。廉思在《时间的暴政——移动互联时代青年劳动审视》一文中指出："在移动互联时代，人们可以体会到周遭的世界在不断地加速，对于青年个体而言，他们只能主动跟上或被动裹挟着卷入加速的时间之中。这种加速的时间观念外化为工作制度，使得青年的工作状态呈现出'节奏快''并行多''协同杂''全天候'的特征。"② 《中国青年网民社会心态调查报告（2009—2021）》显示，2017 年以后青年网民的焦虑感普遍化现象进一步增强——焦虑感人数占比已由原来的35.5%上升到63.3%，焦虑感来源除了学习与工作，加入了外貌与健康等因素且占比上升明显。③ 与此同时，越来越多的人对升学、求职、育儿、住房、医疗等问题感到焦虑，这种焦虑感随着教育水平的升高而递增，这可能会导致人们身份认同的剥离、职业发展的瓶颈、生活幸福感的破碎、社会归属感的丢失等，继而引发人们整体性的、多层次的、群体性的生存焦虑。

三是社会变革中不确定因素的增加。当代人置身于变动不居、充满风险的社会中，随着社会变革的不断深入，现代科技的高速发展，特别

---

① ［美］彼得·F. 德鲁克：《后资本主义社会》，傅振焜译，东方出版社 2009 年版。

② 廉思：《时间的暴政——移动互联时代青年劳动审视》，《中国青年研究》2021 年第 7 期，第 30 页。

③ 复旦大学传播与国家治理研究中心，https://fddi. fudan. cn/c0/06/c18985a442374/page. htm。

是经济全球化的纵深影响，当代人的生活世界呈现出前所未有、不断扩散的不确定性。这意味着人们现实世界中的未知性与不可控性越来越多，精神世界中的刺激性因素也在日益增加且不断强化。"在人生不确定性和对未来不可预期的背景下，不同年龄段的社会成员形成焦虑情绪。同时，生活风险、社会风险、经济风险、安全风险的增加与累积，会给不同阶层群体的基本生存状况带来空前的变数，并出现'乘数效应'，进一步推高了社会焦虑积聚的危险性。"① 从历史发展的规律来看，社会的变革往往是"不可逆"的潮流和大势，不以个人意志为转移。社会的变革必然会引发人们现实生活和精神生活的一系列变革，人在历史的洪流中被"推着走"，又看不清其中的"暗流""礁石"与"漩涡"，难免会无所适从、紧张焦虑、惶恐不安，甚至产生巨大的心理压力和持续的痛苦体验，从而引发精神危机。

其次，是以"躺平"与"摆烂"为代表的懈怠困境。"躺平"意指以降低欲望、无所作为、退出竞争、自我妥协的方式消解社会压力，换取内心平和。"摆烂"则意指懒散消极、不思进取、得过且过、自暴自弃，甚至在明知事态即将恶化的情况下，仍然听之任之、放任自流，由其向着更坏的结果或方向继续发展下去。相对于"摆烂"这种"全面崩盘式"的消沉态度，"躺平"尚有些许"回避式反抗"和"消极式抵抗"的意味。然而实际上，"躺平"与"摆烂"都暗含"奋斗无用"的潜台词、不敢担当的内心独白，以及目标迷失、缺乏斗志、丧失热情的空虚状态，隐含着人们对自我价值和自身意义的否定，指向对困难、压力、挑战、责任的逃避，并催生"想躺平而不得""想摆烂而不敢"的现代性焦虑，本质上都是精神懈怠的反映与表现。

习近平总书记指出："历史的车轮滚滚向前，跟不上的人必将成为

---

① 俞国良：《当前公众心理健康状况与社会焦虑的纾解》，《人民论坛》2021 年第 25 期，第 79 页。

落伍者，必将被历史所淘汰。历史只会眷顾坚定者、奋进者、搏击者，而不会等待犹豫者、懈怠者、畏难者。"① "民族复兴的使命要靠奋斗来实现，人生理想的风帆要靠奋斗来扬起。"② 精神懈怠是人生成长路上的"绊脚石"，也是民族复兴途中"拦路虎"。它不仅危害民众的身心健康，也会瓦解中国共产党的执政之基。胡锦涛同志在《在庆祝中国共产党成立 90 周年大会上的讲话》中向全党发出警示，明确指出我党执政的"四大危险"，其中位列首位的就是精神懈怠。党的十八大报告再次强调：精神懈怠危险、能力不足危险、脱离群众危险、消极腐败危险更加尖锐地摆在全党面前。对于精神懈怠危险的警示与惩戒，还被写进了中国共产党章程之中。③ 习近平总书记总结性地指出："社会是在矛盾运动中前进的，有矛盾就会有斗争。我们党要团结带领人民有效应对重大挑战、抵御重大风险、克服重大阻力、解决重大矛盾，必须进行具有许多新的历史特点的伟大斗争，任何贪图享受、消极懈怠、回避矛盾的思想和行为都是错误的。"④

造成精神世界的懈怠困境有深层的社会原因：

一是社会阶层固化。当代中国社会在一定程度上存在着各阶层之间资源分配不均衡，且阶层之间流动受阻的情况。目前中国的社会阶层流动，已呈现出同代交流性减弱，代际遗传性加强的趋势。中国劳动学会副会长兼薪酬委员会会长苏海南指出："对于整个社会和国家来说，一个阶层固化的社会，由于缺乏公平的竞争、选拔和退出机制，来自弱势群体的精英无法跻身社会的中高层，领导发展和变革，同时获得相应的政治和经济待遇；另一方面，大量把持这些优势社会地位

① 习近平：《在纪念孙中山先生诞辰 150 周年大会上的讲话》，人民出版社 2016 年版，第 7—8 页。

② 习近平：《在纪念五四运动 100 周年大会上的讲话》，人民出版社 2019 年版，第 9 页。

③ 《中国共产党章程 中国共产党纪律处分条例（修订对照版）》，人民出版社 2018 年版，第 36 页。

④ 习近平：《决胜全面建成小康社会 夺取新时代中国特色社会主义伟大胜利——在中国共产党第十九次全国代表大会上的报告》，人民出版社 2017 年版，第 15 页。

的强势集团子弟，他们唯一动力和目标就是不惜牺牲国家利益来维护自己的既得利益，缺乏进取和创新精神。"这其实指明了"躺平"心理及现象生成的原因。更进一步来说，就是社会固化使得社会底层的人的向上发展通道加速收紧窄化，制造或加速了"农之子恒为农、商之子恒为商"的现象。在这样的情况之下，"富二代"无须再奋力拼搏以获取资源，奋斗动力减弱；而"贫二代"则不再相信奋斗可以改变人生，在"寒门难出贵子"的现实下不愿再作无谓的挣扎，最终主动或被动选择"躺平"，甚至走向自我毁灭式的"摆烂"人生。

　　二是社会贫富分化。改革开放以来中国人均收入不断提高，人民生活水平显著提升，但城乡之间、地区之间、阶层之间、行业之间的收入差距也在快速拉大。根据国家统计局公布的数据，我国居民人均可支配收入基尼系数（％）近年来分别为：2020 年为 0.468，2019 年为 0.465，2018 年为 0.468，2017 年为 0.467，2016 年为 0.465，2015 年为 0.462。基尼系数是测量一个社会财富分布差距的指标，其经济含义是在全部居民收入中用于不平均分配的百分比。基尼系数在 0—1 区间，越接近 0 表明收入分配越趋向平均。一般认为，基尼系数小于 0.2 为收入高度平均，0.2—0.3 为收入比较平均，0.3—0.4 为收入相对合理，0.4—0.5 为收入差距较大，达到 0.5 以上时则表示收入悬殊，大于 0.6 为高度不平均。国际上通常将 0.4 作为收入分配差距的"警戒线"。据统计，我国全国居民基尼系数已到达 0.4 的国际警戒线，而且近几年呈现整体上升趋势，在一定程度上反映了我国社会贫富分化的现实问题。以 2021 年为例，全国居民人均可支配收入为 35128 元。其中城镇居民人均可支配收入为 47412 元，农村居民人均可支配收入为 18931 元，而且城乡之间收入差距逐年扩大。① 社会贫富分化会加深城乡之间的鸿沟，

---

　　① 数据来源：国家统计局，https：//data. stats. gov. cn/easyquery. htm？ cn = C01&zb = A0A0 G&sj = 2020。

也会拉大社会群体之间的分殊，造成底层人士、弱势群体和边缘人群的身份割裂，加筑阶层之间的边界，甚至造成社会结构的断裂。这种身份、文化、地位、资源的社会壁垒一旦形成就很难打破，正如法国社会学家迪迪埃·埃里蓬所指出的那样，平民阶级只是通过"结构的位移"实现了表面的进步，他们和上层阶级的差距并没有真的缩小。① 这也直接降低或打消了人们向上流动的欲望、勇气和信念。

三是社会价值迷失。一方面，社会转型期导致人的现实生活和精神生活发生了深刻变化，面对社会改革的不断深入，社会矛盾的日趋凸显，精神世界受到来自现实变革的冲击与压力，人们无法清晰地把握其中的风险与变化，无法很好地适应新的发展与要求，在精神上感到矛盾、迷茫与困惑；另一方面，在经济全球化、文化多样化、价值多元化的现代社会，中西文化持续渗透，各种思潮相互激荡，意识形态领域的斗争复杂而深刻。人们身处于一个"诸神冲突"的价值世界之中。尤其是西方的"和平演变"与"攻心战"，不时对我国主流意识形态发起攻击，妄图动摇马克思主义思想在我国的指导地位，冲击社会主义核心价值观，瓦解人们的理想信念，若缺少一定的判断力、辨别力和警惕心，就容易被迷惑、蒙蔽、裹挟或利用，进而精神世界出现冲突、混乱与偏差。简言之，社会价值迷失的乱象是精神懈怠得以滋生的文化土壤，精神懈怠实则是社会主义核心价值观在人们精神世界之中的缺失，表明人们精神生活中存在着不同程度的"价值空场"问题。

最后，是以"消费至上"与"娱乐至死"为代表的物化困境。"消费至上"是一种将消费视为人生支点和最高目标的价值观，主张消费高于一切，人生就是要毫无节制、无所顾忌地消费以满足自己的各种欲求。陀思妥耶夫斯基在《死屋手记》中对此有生动的描绘："把所有经济上的满足都给予他，让他除了睡觉、吃蛋糕和为延长世界历史而忧虑之外，无所事事；把地球上的所有财富都用来满足他，让他沐浴在幸福

---

① ［法］迪迪埃·埃里蓬：《回归故里》，王献译，上海文化出版社2020年版。

之中，直至头发根：这个幸福表面的小水泡会像水面上的一样破裂掉。"① 而"娱乐至死"则片面与过度地追求娱乐，毫无边界、不加克制地宣扬"娱乐自由"，并将社会议题和文化生产"泛娱乐化"，甚至不惜违背道德原则、牺牲生命意义、放弃社会责任，最终导致严肃话语的隐退、反思意识的失落、批判思维的萎缩、理性人格的消弭。尼尔·波兹曼在《娱乐至死》中向当代人发出警示："有两种方法可以让文化精神枯萎，一种是奥威尔式的——文化成为一个监狱，另一种是赫胥黎式的——文化成为一场滑稽戏。""娱乐至死"的可怕之处不在于娱乐本身，而在于人们日渐失去对社会事务进行严肃思考和理智判断的能力，在于被轻佻的文化环境培养成了既无知且无畏的理性文盲而不自知。② 就其实质而言，"消费至上"和"娱乐至死"是消费主义、拜金主义、享乐主义、利己主义、极端个人主义等不良思潮和错误人生观的集中体现和真实写照，都反映了当代中国人的精神世界的物化困境。

所谓物化，是指人的需要、能力、感情、精神、价值等，甚至人与人之间的关系，都要通过"物"来体现、实现和确证。鲍德里亚在《消费社会》中明确指出："今天，在我们的周围，存在着一种由不断增长的物、服务和物质财富所构成的惊人的消费和丰盛现象。它构成了人类自然环境中的一种根本变化。恰当地说，富裕的人们不再像过去那样受到人的包围，而是受到物的包围。"③ 在"消费社会"中，人的精神世界被堆砌的金钱、物质、欲望所填满，陷入"物化生存"的泥沼中难以自拔，人对"物"高度依赖，被"物"所统治、支配和主宰。人之所以为人，其中很重要的一点在于对于人来说，"对象如何对他来说成为他的对象，这取决于对象的性质以及与之相适应的本质力量的性质……因

① ［俄］陀思妥耶夫斯基：《死屋手记》，耿济之译，生活·读书·新知三联书店 2020 年版。

② ［美］尼尔·波兹曼：《娱乐至死》，章艳译，广西师范大学出版社 2011 年版。

③ ［法］让·鲍德里亚：《消费社会》，刘成富、全志钢译，南京大学出版社 2014 年版，第 1 页。

为我的对象只能是我的一种本质力量的确证"①。而不幸的是，这种"本质力量"在物化困境中逐渐丧失了，独立精神、价值理性和生命意义最终也被"物"所遮蔽与解构。雅斯贝尔斯曾十分精辟地指出了现时代的精神状况："本质的人性降格为通常的人性，降格为作为功能化的肉体存在的生命力，降格为凡庸琐屑的享乐。劳动与快乐的分离使生活丧失了其可能的严肃性；公共生活变成了单纯的娱乐；私人生活则成为刺激与厌倦之间的交替，以及对新奇事物不断的渴求，而新奇事物是层出不穷的，但又迅速被遗忘。没有前后连续的持久性，有的只是消遣。"②

当代中国人的精神世界的物化困境与市场经济的弊端与资本逻辑的演绎密切相连。马克思指出："人的自我异化的神圣形象被揭穿以后，揭露具有非神圣形象的自我异化，就成了为历史服务的哲学的迫切任务。"③ 马克思在《1844 年经济学哲学手稿》中对此作出了精准而深刻的揭示与批判："私有制使我们变得如此愚蠢而片面，以致一个对象，只有当它为我们拥有的时候，就是说，当它对我们来说作为资本而存在，或者它被我们直接占有，被我们吃、喝、穿、住等等的时候，简言之，在它被我们使用的时候，才是我们的。尽管私有制本身又把占有的这一切直接实现仅仅看作生活手段，而它们作为手段为之服务的那种生活，是私有制的生活——劳动和资本化。因此，一切肉体的和精神的感觉都被这一切感觉的单纯异化即拥有的感觉所代替。人这个存在物必须被归结为这种绝对的贫困，这样他才能够从自身产生出他的内在丰富性。"④ 市场经济极大地发展了生产力，但与此同时，也给中国社会带来了消极因素和负面影响。比如，滋生了拜金主义、享乐主义、极端个人主义等错误观念，也引发"脑体倒挂"、道德失范、价值错位、精神失落等一系列不良现象。如詹明信所指出的那样："金钱是一种新的历史

① 《马克思恩格斯文集》第 1 卷，人民出版社 2009 年版，第 4 页。
② ［德］卡尔·雅斯贝斯：《时代的精神状况》，王德峰译，上海译文出版社 2008 年版，第 40—41 页。
③ 《马克思恩格斯选集》第 1 卷，人民出版社 2012 年版，第 2 页。
④ 《马克思恩格斯文集》第 1 卷，人民出版社 2009 年版，第 189—190 页。

经验，一种新的社会形式，它产生了一种独特的压力和焦虑"。①

　　资本的逻辑是扩张与膨胀的逻辑。不断扩张和持续膨胀是资本运行的基本逻辑，物化困境是资本主义文明的负面效应。马克思早就揭露了资本主义私有制的虚伪性质和垄断特征，他曾尖锐地批判道："你们消灭了小的垄断，以便使一个巨大的根本的垄断，即私有制，更自由地、更不受限制地起作用；你们把文明带到世界的各个角落，以便赢得新的地域来扩张你们卑鄙的贪欲"②，他揭示了资本主义价值观的核心在于维护资本主义私有制，本质是一种占有式的个人主义价值观，"一切都为利己主义的享乐而牺牲"，并集中表现为商品拜物教、资本拜物教与货币拜物教。"人们在自己的社会生产过程中的单纯原子般的关系，从而，人们自己的生产关系的不受他们控制和不以他们有意识的个人活动为转移的物的形式，首先就是通过他们的劳动产品普遍采取商品形式这一点而表现出来。因此，货币拜物教的谜就是商品拜物教的谜，只不过变得明显了，耀眼了。"③ 商品拜物教是商品经济的必然产物，商品拜物教的现象是商品生产者间生产关系的假象。"这种假象，是客观的存在着的东西。这种假象的背后所隐藏着的东西，是商品生产者的社会的生产关系。只要是商品社会继续存在，生产关系必然的采取物与物的关系。"④马克思指出："私有财产不过是下述情况的感性表现：人变成对自己来说是对象性的，同时，确切地说，变成异己的和非人的对象；他的生命表现就是他的生命的外化，他的现实化就是他的非现实化，就是异己的现实。" 只有通过"私有财产的积极的扬弃"，才能使人的一切感觉和特性实现彻底解放，"视觉、听觉、嗅觉、味觉、触觉、思维、直观、情感、愿望、活动、爱"，才能真正为人所占有，才能"是人的一种自我享受"。只有"物按人的方式同人发生关系时"，人才能在实践上按人的

---

① 詹明信：《晚期资本主义的文化逻辑》，张旭东编，陈清侨等译，生活·读书·新知三联书店 1997 年版，第 299 页。

② 《马克思恩格斯全集》第 3 卷，人民出版社 2002 年版，第 448 页。

③ 《马克思恩格斯文集》第 5 卷，人民出版社 2009 年版，第 113 页。

④ 《李达文集》第三卷，人民出版社 1984 年版，第 181 页。

方式同物发生关系，需要和享受才能失去"自己的利己主义性质"，效用才能成为人的效用。①

资本的逻辑是生产与消费的逻辑。马克思在《1844 年经济学哲学手稿》中指出，资本主义"一方面所发生的需要和满足需要的资料的精致化，另一方面产生着需要的牲畜般的野蛮化和最彻底的、粗陋的、抽象的简单化"②。"每个人都千方百计在别人身上唤起某种新的需要，以便迫使他作出新的牺牲，使他处于一种新的依赖地位，诱使他追求新的享受方式。"③ "在现代性场域下，在效率与速度观念的支配下，人们的活动、体验、沉思被紧紧地压缩在狭小的时间的框架中，且这个框架是不断移动的，其移动通常不具有前后相继的运行轨迹，它被偶然性推动着。于是，生产和消费的时间逻辑便把人们裹挟到生产—消费的逻辑之中，人变成了手段、工具，生产和消费变成了目的。"④ 技术原本不过是人实现自身的一种工具与手段，然而在数字化时代，连同人也被"技术化"了，灵魂在流浪，精神在别处，人们无所依托、无"家"可归，最终却成为了工具。

资本的逻辑是物化和世俗化的逻辑。在资本逻辑不断演绎的过程中，"个人现在受抽象统治，而他们以前是互相依赖的"⑤。人在这种现实和境遇中无法获得全面的发展与独立的个性，只能生成为"孤立的个人""偶然的个人""狭隘的个人"和"利己主义的个人"。卢卡奇指出："正像资本主义制度不断地在更高的阶段上从经济方面生产和再生产自身一样，在资本主义发展过程中，物化结构越来越深入地、注定地、决定性地沉浸入人的意识里。"⑥

---

① 《马克思恩格斯全集》第 3 卷，人民出版社 2002 年版，第 304 页。
② 《马克思恩格斯全集》第 3 卷，人民出版社 2002 年版，第 340 页。
③ 《马克思恩格斯全集》第 42 卷，人民出版社 1979 年版，第 132 页。
④ 晏辉：《现代性场域下生存焦虑的生成逻辑》，《探索与争鸣》2020 年第 3 期。
⑤ 《马克思恩格斯文集》第 8 卷，人民出版社 2009 年版，第 59 页。
⑥ ［匈］卢卡奇：《历史与阶级意识：关于马克思主义辩证法的研究》，杜章智等译，商务印书馆 2017 年版。

（三） 当代中国人的精神世界的核心问题

焦虑、懈怠、物化是当代中国人的精神世界的三大困境，也是当代中国人的精神生活的整体境遇。而由此在精神世界内部所引发的混乱、无序、迷茫、失控等一系列问题，都可以归结为价值观的问题。进而言之，当代中国人的精神世界问题的核心，在于价值观的冲突与错位。

一是传统价值观与现代价值观的冲突，这种冲突在社会变革期和转型期表现得尤为明显。一方面是价值观的新旧之争。社会的变革与转型，必然会反映到上层建筑之中去，体现为价值观的转变与革新。然而在破旧立新的过程中，"旧"的价值观并不会"主动投降"或立即被破除，反而在相当长的一段时间内，都会呈现出激烈的对抗，而新的价值观又尚未以成熟完善的姿态树立起来。于是在"旧"与"新"的冲突与对抗中，人们面临着价值观变革与价值观重建的双重任务，很容易产生价值迷茫或者价值缺位，并引发精神世界的诸多问题。另一方面是价值观的古今之争。中国传统文化糟粕与精华并存，许多传统价值至今仍然没有过时，对于当代社会仍然适用。然而其中也有被时代所淘汰的、落后的、陈腐的、错误的价值观，必须予以剔除。然而在继往开来的过程中，传统价值观并不会直接被废除，更不会自动退出历史的舞台，而是要由人们自觉、艰难地完成从"古"到"今"的转换，这种转换必然是深层的、艰难的、痛苦的。于是在"古"与"今"的冲突与融合中，人们面临着对传统文化和传统价值观进行创造性转化与创新性发展的双重要求，很容易产生价值错位或者价值迷失，导致传统与当代在人头脑中的撕裂，造成精神世界内部矛盾的激化。

二是中国价值观与西方价值观的冲突，这种冲突实际上是中西文化软实力的较量。在世界历史上，中西文化之间的冲突历时久远。中西文化的较量集中表现为各自核心价值观之间的竞争。当代中国社会主义核心价值观与西方的"普世价值"在具体内容的概括上确有相似之处，比如都包括自由、平等、民主这些价值，然而就其文化内涵与价值指向来说，却有着本质区别。中华文化崇尚和谐，坚持以和为贵、与人为善，强调社会本位，认为民惟邦本，本固邦宁。社会主义核心价值观从不崇尚弱肉强食的丛林法则，也不认同"国强必霸"的陈旧逻辑，而是倡导和平发展与共享共赢。我们所追寻的自由也好，民主也罢，都是真实而广泛的，是属于绝大多数人的。而西方资产阶级价值观主张的自由、平等、民主、人权等，都指向个人权利至上、资本优先与剥削合理性。中国价值观与西方价值观的冲突，本质是社会主义与资本主义这两种制度的对立。前者反映的是社会主义公有制的要求，以集体主义为核心，代表最广大人民的根本利益与价值诉求。而后者反映的是资本主义生产资料私有制的要求，以个人主义为核心，服务于资本逻辑。改革开放以来，西方价值观借助于发达国家的经济优势、多元的文化产品、先进的技术媒介、多样的社会思潮，越来越广泛地渗透到人们的精神生活中，对于精神世界尤其是介值观的影响不容小觑。尤其是西方敌对势力，以政治宣传、影视产品、文化艺术等多种载体，大肆传播西方价值观，打着"普世价值"的幌子进行文化霸权，不时抹黑中国，并散布"中国威胁论""历史终结论""中国责任论"等，迷惑大众、蛊惑人心，对于人们理想信念与共产主义信仰的冲击很大，严重侵蚀着人们的精神世界。

三是主导价值观与个体价值观的冲突，这种冲突实质上是国家/社会与个人之间的矛盾在价值观层面上的呈现。主导价值观与主流意识形态相符，是占有统治地位的生产关系在上层建筑层面的要求和体现，代表的是国家/社会最根本的、最广泛的、最长远的利益和诉求。它并不是天然地就能够为人们所接受与认同，也不是直接地就等同于个体价值观。很多时候，社会利益与个人利益之间会发生矛盾，主导价值观与个体价值观之间也时有冲突，这种冲突会造成个体精神世界的一些问题，或者是引发精神世界各要素之间的激烈对抗，尤其表现为人们知与情、知与意、知与信之间的矛盾，以及意与信这两个要素的错位与缺位。在这里，需要特别指出的是，在当代中国，这种冲突并不是不可调和的。

恰恰相反，在社会主义制度下，主导价值观与个体价值观在本质上是一致与统一的，时而表现出来的冲突，也是二者相互促进、相互补充的一个体现。

三　价值观是解决当代中国人的精神世界问题的关键

价值观是中国人独特精神世界的重要组成部分，是民族性格和特质的集中体现。当代中国人的精神世界的问题特殊，同时兼有民族性与时代性，并会在价值观的层面得到相应的体现。毛泽东曾经指出，凡事要学会抓主要矛盾，切勿眉毛胡子一把抓。当代中国人的精神世界的问题复杂，但价值观却是其中关键性的问题，抓住了这个关键，就找到了解决问题的钥匙。当然，构建当代中国人的精神世界的途径不止这一种，但价值观及其教育却是根本与长效的。正确的价值观，不仅是健康精神生活的基础，也是人生观、世界观健康发展的保证，还对人的精神世界的构建有重要的支撑与导向作用。正确价值观的培育，有助于及时有效地遏制不良思潮，纠正错误观念，澄清思想困惑，纾解精神压力，净化精神生活，既可以解决现有问题，又可以预防精神世界中潜在问题的发生。基于此，我们可以说，解决当代中国人的精神世界问题的关键在于价值观及其教育。

（一）树立正确三观是基础

世界观、人生观和价值观，是人们对世界、对人生、对自身的基本看法和根本观点，关系到人们如何看待世界、如何面对人生，以及如何认识自己。三者互相支撑、互相渗透、相辅相成，指导着人们的人生道路与行为选择，影响着人们的身心健康与发展方向，制约着人们的人际关系与社会交往，决定着人们的道德养成与价值实现。中国共产党在领导全国各族人民进行中国特色社会主义建设的伟大实践中，历来强调人们要在改造客观世界的同时改造主观世界。改造主观世界主要就是要树立正确的世界观、人生观、价值观。树立正确的三观是构建人们精神世界的根基所在。正确的三观可以促使人们选择正确的人生方向，建立积极的人生态度，养成良好的道德品质，树立科学的理想信念；也可以帮助人们科学看待人生问题，合理规划人生道路，正确把握人生矛盾，勇敢面对人生挫折；还可以引领人们解开内心困惑、明辨是非善恶、拨开思想迷雾、澄清精神世界。正如习近平总书记在同青年大学生座谈时强调的那样，"要树立正确的世界观、人生观、价值观，掌握了这把总钥匙，再来看看社会万象、人生历程，一切是非、正误、主次，一切真假、善恶、美丑，自然就洞若观火、清澈明了，自然就能作出正确判断、作出正确选择。"①

根据当代中国人的精神世界的主要困境与核心问题，尤其应重视以下几个方面：

首先，要树立正确的奋斗观。一是要有振奋向上的状态。生命不息，奋斗不止。习近平总书记在十三届全国人大一次会议闭幕会上提出了四种伟大精神，其中之一是伟大奋斗精神。他指出，"中国人民是具有伟大奋斗精神的人民……中国人民自古就明白，世界上没有坐享其成的好事，要幸福就要奋斗。"② 要乐观进取、积极向上、热爱生活、充实人生，不能悲观消沉、无所事事、碌碌无为、虚度岁月。人生如逆水行舟，不进则退。不能贪图安逸、满足现状、故步自封，而应振奋精神、磨炼本领、奋发图强。就像习近平总书记在2019年春季学期中央党校（国家行政学院）中青年干部培训班开班式上的讲话中所强调的那样："要做起而行之的行动者、不做坐而论道的清谈客，当攻坚克难的奋斗者、不当怕见风雨的泥菩萨，在摸爬滚打中增长才干，在层层历练中积累经验。"③

---

① 《习近平谈治国理政》第一卷，外文出版社2018年版，第173页。
② 《习近平谈治国理政》第三卷，外文出版社2020年版，第140页。
③ 《习近平谈治国理政》第三卷，外文出版社2020年版，第522页。

二是要有求真务实的品格。空谈误国，实干兴邦。习近平总书记强调："95 年来，我们取得的一切成就，是一代又一代中国共产党人同中国人民接续奋斗的结果。"① 中华民族的崛起，中国特色社会主义事业的进步，改革开放取得的成就，不是天上掉下来的，更不是别人恩赐施舍的。成绩的背后，是许许多多奋斗者的真抓实干。"伟大梦想不是等得来、喊得来的，而是拼出来、干出来的。我们现在所处的，是一个船到中流浪更急、人到半山路更陡的时候，是一个愈进愈难、愈进愈险而又不进则退、非进不可的时候。改革开放已走过千山万水，但仍需跋山涉水，摆在全党全国各族人民面前的使命更光荣、任务更艰巨、挑战更严峻、工作更伟大。在这个千帆竞发、百舸争流的时代，我们绝不能有半点骄傲自满、固步自封，也绝不能有丝毫犹豫不决、徘徊彷徨，必须统揽伟大斗争、伟大工程、伟大事业、伟大梦想，勇立潮头、奋勇搏击。"② 三是要有脚踏实地的行动。一分耕耘，一分收获。正确的奋斗观绝不能仅仅停留在口头上或者观念上，而是必定落实到行动中，有一种强烈的实践指向。坐享其成、不劳而获，是不现实的，要稳扎稳打、从小做起，如此才能一步步接近成功。要实事求是、知行合一、迈稳步子、夯实根基、久久为功，不能拔苗助长、好高骛远、纸上谈兵、眼高手低、浅尝辄止。对此，习近平总书记早就指出："奋斗不只是响亮的口号，而是要在做好每一件小事、完成每一项任务、履行每一项职责中见精神。"③ "每一项事业，不论大小，都是靠脚踏实地、一点一滴干出来的。'道虽迩，不行不至；事虽小，不为不成。'这是永恒的道理。做人做事，最怕的就是只说不做，眼高手低。"④ 四是要有攻坚克难的品质。锲而不舍，金石可镂，往往是身处艰难境地的不懈努力与顽强拼搏，才更能体现出奋斗的真正含义。近代以来中华民族由衰到盛 180 多年乃至

---

① 习近平：《在庆祝中国共产党成立 95 周年大会上的讲话》，人民出版社 2016 年版，第 5 页。

② 习近平：《在庆祝改革开放 40 周年大会上的讲话》，人民出版社 2018 年版，第 42 页。

③ 《习近平谈治国理政》第三卷，外文出版社 2020 年版，第 336 页。

④ 习近平：《在北京大学师生座谈会上的讲话》，人民出版社 2018 年版，第 13—14 页。

于中华文明 5000 多年的历史，实则就是一代又一代的中国人攻坚克难、顽强拼搏的奋斗史。历史与现实也一再证明，没有艰辛就不是真正的奋斗。

其次，要树立正确的挫折观。一是要有科学认识。要充分把握挫折的普遍性与必然性，明白遭遇挫折与失败是人生的常态，也是事物发展的一般规律。毛泽东常说："前途是光明的，道路是曲折的"[①]，就形象地说明了事物发展的曲折性与前进性，以及挫折的普遍性与可战胜性。因而当挫折发生的时候，不要意志消沉、一蹶不振，也不要不分主次、错误归因。"要正确对待一时的成败得失，处优而不养尊，受挫而不短志，使顺境逆境都成为人生的财富而不是人生的包袱。"[②] 二是要有承受能力。要向强者看齐，有意识地加强对逆境的适应力、忍耐力和战斗力。正如习近平总书记指出的那样，"奋斗的道路不会一帆风顺，往往荆棘丛生、充满坎坷。强者，总是从挫折中不断奋起、永不气馁。"[③] 不能遭遇一点挫折就懦弱退缩、丧失斗志、万念俱灰，而应百折不挠、坚韧不拔、激流勇进。三是要有积极态度。要调整心态、沉着应战、愈挫愈勇，不能一味地自甘堕落、颓废不堪、自暴自弃。习近平总书记在同各界优秀青年代表座谈时的讲话中指出："无数人生成功的事实表明，青年时代，选择吃苦也就选择了收获，选择奉献也就选择了高尚。青年时期多经历一点摔打、挫折、考验，有利于走好一生的路。要历练宠辱不惊的心理素质，坚定百折不挠的进取意志，保持乐观向上的精神状态，变挫折为动力，用从挫折中吸取的教训启迪人生，使人生获得升华和超越。"[④]

---

① 中华人民共和国外交部中共中央文献研究室编《毛泽东外交文选》，中央文献出版社、世界知识出版社 1994 年版，第 53 页。

② 中共中央文献研究室编《习近平关于青少年和共青团工作论述摘编》，中央文献出版社 2017 年版，第 41 页。

③ 《习近平谈治国理政》第三卷，外文出版社 2020 年版，第 336 页。

④ 中共中央文献研究室编《习近平关于青少年和共青团工作论述摘编》，中央文献出版社 2017 年版，第 48—49 页。

最后，要树立正确的幸福观。其一，幸福具有实践性。劳动创造幸福，实干成就伟业。"幸福不是毛毛雨，幸福不是免费午餐，幸福不会从天而降。人间的一切成就、一切幸福都源于劳动和创造。"① 幸福源于辛勤的劳动，源于不懈的奋斗。"幸福都是奋斗出来的，奋斗本身就是一种幸福"②，只有奋斗的人生才称得上是幸福的人生。奋斗是艰辛的、曲折的、长期的，但奋斗者是幸福的。奋斗者是精神最为富足的人，也是最懂得幸福、最享受幸福的人，新时代是奋斗者的时代！其二，幸福具有相对性。幸福的人生不是尽善尽美的，世上不存在绝对的"幸福"。幸福的人也会遭遇挫折与困难或是失败与痛苦，幸福与不幸是可以相互转化的。其三，幸福具有差异性。幸福不是整齐划一的，不同的人对幸福有不同的理解与追求。学有所获、事业有成、爱情甜蜜、家庭美满、家人平安、身体健康、人格完善等，都是人们获得幸福的重要因素。但也并非上述因素必须同时具备才能幸福。其四，幸福具有深层性。"行为所能达到的一切善的顶点又是什么呢？这是幸福（εὐδαιμονία/eudaimonia）。"③ 幸福是一种灵魂合德性的、高层次的实现活动。亚里士多德认为，幸福就是至善，快乐是幸福必不可少的要素，但只有平庸的人才会认为快乐和幸福是等同的。因为幸福之中自然包含快乐，但快乐只是一种伴随性的东西，它们产生于官能的实现中，并非所有的快乐都有某种与自身不同的目的。更多的时候，快乐是来源于一种欲望的满足，因而它有一种伴随性（比如食欲、性欲、物欲等），而幸福不仅是官能的实现、欲望的满足这种浅层的情感体验，而是深层的、相对稳定的一种精神状态。通常情况下，除了"灵魂的合德性"的活动之外，幸福也需要一些外在的条件，比如资源、财富、幸运等。从这个意义上讲，幸福既表现为一种状态，又表现为一种朝向其自身的合目的的活动。"有信

---

① 习近平：《在会见中国少年先锋队第七次全国代表大会代表时的讲话》（2015 年 6 月 1 日），《人民日报》2015 年 6 月 2 日。

② 习近平：《在 2018 年春节团拜会上的讲话》，《人民日报》2018 年 2 月 15 日。

③ ［古希腊］亚里士多德：《尼各马可伦理学》，廖申白译注，商务印书馆 2003 年版。

念、有梦想、有奋斗、有奉献的人生，才是有意义的人生。"① 那些把"及时行乐""过把瘾就死""玩的就是心跳"作为口头禅和座右铭的人，无法获得真正的幸福；那些奉行"拜金主义""享乐主义""极端个人主义"的人，无法品味持久的幸福。这些人往往会被私心私欲吞噬，被世俗所扰、名利所困、物欲所惑，被灯红酒绿迷惑双眼，被纸醉金迷扰乱内心，与幸福生活渐行渐远。

（二）筑牢理想信念是关键

功崇惟志，业广惟勤。"理想指引人生方向，信念决定事业成败。没有理想信念，就会导致精神上'缺钙'。中国梦是全国各族人民的共同理想，也是青年一代应该牢固树立的远大理想。中国特色社会主义是我们党带领人民历经千辛万苦找到的实现中国梦的正确道路，也是广大青年应该牢固确立的人生信念。"② 习近平总书记的这段论述揭示了理想信念的重要性，也明确了当代中国人应该树立什么样的理想与信念。理想信念犹如精神之"钙"，没有理想信念，理想信念不坚定，精神上就会"缺钙"，就会得"软骨病"；理想信念缺失或动摇，人的精神大厦就会随之倾斜、摇晃甚至坍塌，人们就会无"家"可归，"魂"无所依。筑牢理想信念，是稳固人的精神世界的关键，也是引领当代中国人走出精神困境的关键。然而，由于当前社会功利主义、实用主义的消极影响，加之理想信念功能的隐性与价值显现的长期性特点，致使"理想无用论"甚嚣尘上。事实上，筑牢理想信念意义重大，不仅关系到个体的成长与成才，也关系到政党、国家和民族的兴衰与存亡。

理想信念之于个体的意义在于：

其一，从人的安全感之需来说，理想信念有精神定力的作用。人的安全感通常来自对于确定性的占有和把握，而理想信念恰恰是人们在充

---

① 习近平：《青年要自觉践行社会主义核心价值观——在北京大学师生座谈会上的讲话》，人民出版社 2014 年版，第 14 页。

② 《习近平谈治国理政》第一卷，外文出版社 2018 年版，第 50 页。

满不确定的世界中，寻找一种确定性的努力。理想信念一旦形成并确立，人的精神就有了寄托和支撑，就不再"居"无定所、飘飘荡荡，就获得了内心深处的安全感。一般来说，人的理想信念越坚定，内心就越是安然强大。

其二，从人的方向感之需来说，理想信念有精神导向的作用。方向感的需要，不仅表现在地理视域中人们现实生活的开展层面，也表现在价值视域中人们精神生活的构建层面。奥利佛·温德尔说过，世界上最重要的事，不在于我们在何处，而在于我们朝着什么方向走。方向明确可以帮助人们认清目标，节省时间、资源与精力，提升行动效率；正确的方向更是人们健康发展的决定因素和重要保证。在人生道路上失去方向，看不清来处，找不到退路，惊慌失措、无所依托；抑或在生命旅途中选择错误方向，前路漫漫、进退无门，都是精神痛苦的表现。理想信念作为一种内驱力，可以指引人们不断前进，也可以激励人们努力向上游。一方面，通过对正确目标的不懈追求与持续努力，为自身的生存发展争取更好的条件与资源；另一方面，通过对崇高理想的执着坚守与矢志奋斗，不断战胜现实困难和人性弱点，进而获得精神境界与层次的提升。

其三，从人的归属感之需来说，理想信念有精神纽带的作用。人作为一种生命存在，有克服自身生命有限性、力图超越有限的归宿性需要；作为一种社会存在，有融入社会、建立社会关系的归属感需要。邓小平就曾经指出，"我们这么大一个国家，怎样才能团结起来、组织起来呢？一靠理想，二靠纪律。"① 之后他又进一步指出："现在中国提出'四有'，有理想、有道德、有文化、有纪律。其中我们最强调的，是有理想。根据我长期从事政治和军事活动的经验，我认为，最重要的是人的团结，要团结就要有共同的理想和坚定的信念。我们过去几十年艰苦奋斗，就是靠用坚定的信念把人民团结起来，为人民自己的利

---

① 《邓小平文选》第三卷，人民出版社 1993 年版，第 111 页。

益而奋斗。没有这样的信念，就没有凝聚力。没有这样的信念，就没有一切。"① 理想信念就像是一座桥梁、一条纽带，可以沟通、联结那些志趣相投、志同道合的人，强化人们的情感关系；也可以通过个人理想与社会理想的统一与互动，联结个人与社会，凝魂聚气，增强人们的身份认同。

理想信念之于政党、国家和民族的意义在于：

理想信念是兴党强国的关键力量。习近平总书记在庆祝改革开放40周年大会上的讲话中指出："信仰、信念、信心，任何时候都至关重要。小到一个人、一个集体，大到一个政党、一个民族、一个国家，只要有信仰、信念、信心，就会愈挫愈奋、愈战愈勇，否则就会不战自败、不打自垮。无论过去、现在还是将来，对马克思主义的信仰，对中国特色社会主义的信念，对实现中华民族伟大复兴中国梦的信心，都是指引和支撑中国人民站起来、富起来、强起来的强大精神力量。"② "理想信念动摇是最危险的动摇，理想信念滑坡是最危险的滑坡。一个政党的衰落，往往从理想信念的丧失或缺失开始。我们党是否坚强有力，既要看全党在理想信念上是否坚定不移，更要看每一位党员在理想信念上是否坚定不移。95年来，共产主义远大理想激励了一代又一代共产党人英勇奋斗，成千上万的烈士为了这个理想献出了宝贵生命。"③ 正是源于坚定而崇高的理想信念，中国共产党才从"星星之火"一路壮大呈"燎原之势"，并带领中国人民创造了一个又一个人间奇迹，谱写了中华民族历史崭新的篇章和美好光明的未来。

理想信念也是支撑着一个政党、国家和民族战胜艰难险阻、跨越惊涛骇浪、冲破封锁堵截的"秘密武器"。在《中国共产党历史》第1卷中，赫然记载着中国共产党第一次全国代表大会在嘉兴南湖的"红船"

---

① 《邓小平文选》第三卷，人民出版社1993年版，第190页。
② 习近平：《在庆祝改革开放40周年大会上的讲话》，人民出版社2018年版，第42—43页。
③ 习近平：《在庆祝中国共产党成立95周年大会上的讲话》，人民出版社2016年版，第10—11页。

上召开时，参加会议的只有 13 位代表，全中国只有 50 多名党员。从最初的 50 多名党员，一路发展到而今的 9671.2 万名党员[①]，460 多万个基层党组织，中国共产党始终保持旺盛的生命力和强大的战斗力。正是因为坚定不移的革命理想和英勇无畏的牺牲精神，中国共产党才一次次绝境重生。在中央苏区和长征途中，党和红军举步维艰、历尽艰险，经历了无数困难和考验，正是依靠坚定的理想信念、不屈的精神品格、坚强的革命意志，才险境求生、愈挫愈勇，在逆境中一步步成长与壮大，谱写了无与伦比的壮丽史诗，创造了难以置信的人间奇迹。心中有信仰，脚下有力量。没有牢不可破、坚不可摧的理想信念，就不会取得革命的胜利和事业的成功。"星星之火可以燎原。理想信念之火一经点燃，就永远不会熄灭。只要理想信念在，党的事业一定会成功。这是历史的必然。"站在民族复兴的时间坐标上眺望远方，习近平总书记语气坚定："未来 70 年，关键是未来 30 年。这正好是我们实现'两个一百年'奋斗目标的时间。只要我们保持坚定理想信念和坚强革命意志，就能把一个个坎都迈过去，什么陷阱啊，什么围追堵截啊，什么封锁线啊，把它们通通抛在身后！"[②]

（三）构建崇高信仰是根本

心中有信仰，脚下才更有力量。崇高信仰不仅可以帮助人们坚定立场，防止精神世界风雨飘摇；也可以促使人们净化内心，防止歪风邪气近身附体。对于当代中国与当代中国人而言，构筑崇高信仰是立根铸魂、固本培元的一项事业。坚定的理想信念，必须建立在对马克思主义的深刻理解之上，建立在对历史规律的深刻把握之上。马克思主义不仅是我们立党立国的指导思想，也是被实践所检验的科学理论，还是指向共产主义与人的自由而全面发展的崇高信仰。马克思主义集科学与信仰

---

① 注：据中国共产党党内统计公报、中共中央组织部最新党内统计数据显示，截至 2021 年 12 月 31 日，中国共产党党员总数为 9671.2 万名，比上年净增 343.4 万名，增幅为 3.7%。

② 《求是》杂志编辑部：《革命理想高于天》，《求是》2021 年第 21 期。

于一体，使得信仰有了科学的对象与形态，开辟了人类精神世界构建的新纪元。党的十八大以来，习近平总书记针对人们关于马克思主义的错误认识，多次批评"共产主义虚无缥缈"的观点。在改革开放历史新时期，陈云同志就坚决反对"共产主义遥遥无期"的观点，明确指出，社会主义就是共产主义的第一阶段。同时对于资本主义对于人们精神生活的冲击与渗透，他强调："马克思主义、共产主义的真理，一定会战胜资本主义腐朽思想和作风的侵蚀。"① 然而，在当代中国社会，仍然有人对马克思主义知之甚少或抱有偏见，将这一崇高信仰束之高阁，做无理想信念的"空心人"；仍然有人对科学真理弃如敝屣，不敬苍生敬鬼神，笃信风水、崇拜"大师"，做封建糟粕的"迷信者"；仍然有人修身不真修、信仰不真信，善于伪装，喜欢作秀，说一套、做一套，台上一套、台下一套，当面一套、背后一套，做表里不一的"两面人"。当代中国人的精神世界的外部环境极其复杂、内在问题极为深刻，只有确立马克思主义科学信仰，坚定共产主义远大理想，才是解决错综复杂的精神疑难之"良方"，才能彻底清扫精神世界的"屏障"与"灰尘"，指引人们在迷雾中辨别方向、看清真相，完全铲除那些盘根错节、根深蒂固的错误认识和有害思想、获得真正意义上的精神世界的澄明与自由，在更高的层次上占有自身的本质，实现自身的解放。

马克思主义信仰之所以有如此重要的地位和意义，根本原因在于：

首先，马克思主义具有科学性。"信仰当然不是冷冰冰的认识现象，不是纯粹理性的现象，它具有炽热的激情和坚忍的意志，但是它也应该建立在人类理性的基础上，特别是建立在科学认识的基础上。不然的话，它就很可能偏离人类理性和人类社会而走向歧途。"② 马克思主义深刻揭示了自然界、人类社会、人类思维发展的普遍规律，使共产主义信仰有坚实的科学依据。列宁指出："马克思学说具有无限力量，就是因

---

① 《陈云文选》第三卷 人民出版社 1995 年版，第 355 页。

② 刘建军：《论马克思主义的基本特征》，《高校马克思主义理论研究》2015 年第 1 期。

为它正确。它完备而严密，它给人们提供了决不同任何迷信、任何反动
势力、任何为资产阶级压迫所作的辩护相妥协的完整的世界观。"① 马克
思主义以事实为依据，以事物发展规律为对象，以实践为检验标准，是
颠扑不破的真理，是人们认识世界和改造世界的有力思想武器，为人类
社会提供了最科学、最完整、最严谨的世界观和方法论。它科学揭示了
事物发生发展的规律，准确把握了历史发展和社会运动的趋势，为实现
人类理想社会指明了正确的方向与道路。正因如此，邓小平满怀信心地
指出："我坚信，世界上赞成马克思主义的人会多起来的，因为马克思
主义是科学。"② 即便时代在变化，社会在更迭，尽管我们如今所处的时
代同马克思所处的时代相比已经发生了巨大改变，但是从世界社会主义
五百年的大视野来看，我们依然处在马克思主义所指明的历史时代。马
克思非但没有过时，还保持着与时俱进的理论品格和持久的生命力。马
克思主义不仅向着过去和现在开放，而且向着未来开放。邓小平指出：
"马克思主义理论从来不是教条，而是行动的指南。它要求人们根据它
的基本原则和基本方法，不断结合变化着的实际，探索解决新问题的答
案，从而也发展马克思主义理论本身。"③

其次，马克思主义具有建设性。马克思在《资本论》第一卷第二版
跋中写道："辩证法，在其合理形态上，引起资产阶级及其空论主义的
代言人的恼怒和恐怖，因为辩证法在对现存事物的肯定的理解中同时包
含对现存事物的否定的理解，即对现存事物的必然灭亡的理解；辩证法
对每一种既成的形式都是从不断的运动中，因而也是从它的暂时性方面
去理解；辩证法不崇拜任何东西，按其本质来说，它是批判的和革命
的。"④ 马克思主义从其形成之日起就立足于实践，着眼于社会现实，尤
其是资本主义生产关系下人们被剥削、被压榨、被异化的残酷问题，

---

① 《列宁全集》第23卷，人民出版社2017年版，第41页。
② 《邓小平文选》第三卷，人民出版社1993年版，第382页。
③ 《邓小平文选》第三卷，人民出版社1993年版，第146页。
④ 《马克思恩格斯全集》第44卷，人民出版社2001年版，第22页。

"揭露现代社会的一切对抗和剥削形式，考察它们的演变，证明它们的暂时性和转变为另一种形式的必然性，因而也就帮助无产阶级尽可能迅速地、尽可能容易地消灭任何剥削。"① 马克思主义的批判性和革命性，其最终目的不在于砸坏旧世界，而是建设新世界。即资本主义必然灭亡，社会主义必然胜利，而"代替那存在着阶级和阶级对立的资产阶级旧社会的，将是这样一个联合体，在那里，每个人的自由发展是一切人的自由发展的条件"②。

最后，马克思主义具有人民性。马克思主义是关于工人阶级和人民大众解放与发展的科学。恩格斯曾经指出："科学越是毫无顾忌和大公无私，它就越符合工人的利益和愿望。"③ 马克思主义之所以兼具科学性与革命性，恰恰是由无产阶级的先进性所决定的。一方面，无产阶级是先进生产力的代表者，代表着社会发展的方向；另一方面，无产阶级又是受剥削压迫最深的不幸者，是彻底革命的阶级，代表着最广大人民群众的根本利益。无产阶级只有解放全人类才能解放自己，"被剥削被压迫的阶级（无产阶级），如果不同时使整个社会一劳永逸地摆脱一切剥削、压迫以及阶级差别和阶级斗争，就不能使自己从进行剥削和统治的那个阶级（资产阶级）的奴役下解放出来"④。马克思主义理论，"犹如壮丽的日出，照亮了人类探索历史规律和寻求自身解放的道路"⑤。人民性是马克思主义的根本属性，也是马克思主义信仰的典型特征，只有这样的信仰才能让人心怀人民、心怀世界，超越个人局限、摒弃一己私利，在精神世界中开辟更广阔、更灿烂的天地。正如马克思在其中学毕业论文《青年在选择职业时的考虑》中所写到的那样，"如果我们选择了最能为人类福利而劳动的职业，那么，重担就不能把我们压

---

① 《列宁选集》第 1 卷 人民出版社 2012 年版，第 83 页。
② 《马克思恩格斯文集》第 2 卷，人民出版社 2009 年版，第 53 页。
③ 《马克思恩格斯文集》第 4 卷，人民出版社 2009 年版，第 313 页。
④ 《马克思恩格斯文集》第 2 卷，人民出版社 2009 年版，第 14 页。
⑤ 习近平：《在纪念马克思诞辰 200 周年大会上的讲话》，人民出版社 2018 年版，第 6 页。

倒，因为这是为大家而献身；那时我们所感到的就不是可怜的、有限的、自私的乐趣，我们的幸福将属于千百万人，我们的事业将默默地、但是永恒发挥作用地存在下去，而面对我们的骨灰，高尚的人们将洒下热泪。"①

---

① 《马克思恩格斯全集》第 40 卷，人民出版社 1982 年版，第 7 页。

第 三 章

以核心价值观构建当代
中国人的精神世界的依据

　　构建当代中国人的精神世界的实质在于价值观的重建，而重建价值观必须高度重视和充分发挥社会主义核心价值观的作用。从正面来说，构建精神世界需要核心价值观这一"正能量"；从反面来说，当代中国人的精神世界的问题恰恰反映出价值观及其教育中的一些问题，可以从核心价值观层面找到答案与启示。核心价值观对人的精神世界的作用直接而显著。从核心价值观的角度看，它直接来源于人的精神世界，同时又直接作用于人的精神世界，并有超越性、整合性和相对稳定性特点，决定了它对于当代中国人的精神世界的构建有重要作用；从精神世界的角度看，当代中国人的精神世界的重建是一个系统工程，有长期性、复杂性、持续性的特点，需要核心价值观充分发挥其引领、凝聚和规范功能，为这一工程定位导向并提供源源不断的动力与活力。社会主义核心价值观作为当代中国核心价值观的集中体现，对于当代中国人的精神世界的构建具有至关重要且不可替代的作用。社会主义核心价值观最贴近当代中国人独特的精神世界，有深厚的情感基础，能充分反映其精神面貌和精神品性，能集中反映出现实问题，可以有效整合与规范多样的价值。同时，它因自身的独特优势，对于个人、社会、国家有极强的吸引力、凝聚力、号召力，可以有效地调动不同层面、不同领域的合力。而推进社会主义核心价值观建设也必须把精神世界的构建作为中心任务，并把价值观重建作为一项重点工作去推进和落实，以筑牢当代中国人的理想信念、重建共产主义信仰，让人的精神真正地有所皈依、有所安顿。

一　核心价值观的主要特点使然

所谓核心价值观，是那些居于中心的、关键的、主要的、起支配和决定性作用的价值观的总和。它有狭义和广义之分，狭义上专指一定社会或社会群体的核心价值观，广义上也包含个人的核心价值观。作为个人的核心价值观，影响人的价值心理，决定着人的价值行为；作为社会的核心价值观，统摄、支配、决定和凝聚其他价值观，具有凝聚性和牢固性的特点，是社会文化的核心内容，反映社会的性质和发展方向，深深植根于社会内部，是引领社会及其成员进行价值认知、价值选择和价值判断的基本标准和规范，承载的是社会最根本的价值追求，是社会主导价值观的内核。而在一般语境里所说的主要是狭义的"核心价值观"，即社会的核心价值观。核心价值观具有超越性、整合性和相对稳定性，其主要特点与精神世界基本属性具有内在契合性。

（一）超越性
核心价值观具有超越性。其一，核心价值观反映着社会的性质，作为社会中占统治地位的精神力量，是社会上占统治地位的物质关系在观念上的反映，代表着生产力与生产关系的发展方向，符合社会发展的现实要求。其二，一般情况下，核心价值观来源于现实又超越现实，体现着社会的共同理想与发展愿景，以及社会成员的广泛需要与长远利益，作为一种价值目标反映着社会发展的总体趋势与未来方向。其三，核心价值观是对无数个体价值观的凝结和提升，尤其可以超越个体可能存在的偏狭与封闭，汇聚社会主流意识形态，倡导弘扬正面的、积极的、向上的价值与风气。需要说明的是，核心价值观的"超越性"是有限的、相对的，并非无限的、绝对的。世界上不存在能够超越一切历史、时空和阶级，或适用于所有人的核心价值观。迄今为止，任何一个社会的核心价值观，总会打上特定的时代烙印、民族标识和阶级色彩。核心价值观隶属于上层建筑的范畴，由物质基础所决定。因而，不同阶级的核心价值观，其超越性有着不同的表现。

核心价值观的超越性直接源于人的精神世界的构建属性，是人对其生命的意义追寻与积极建构的一种反映。社会核心价值观一旦形成确立，又会显著作用于人的精神世界，是人的精神世界的"风向标"和"指南针"。核心价值观能够集中地反映一个国家、民族、社会或社会群体所坚守、推崇、倡寻、宣传、弘扬的价值，或者约束、抵制、批评、拒绝、反对的价值，能够充分地彰显社会风尚和潮流，以及人们精神世界的整体气象和风貌。一方面，核心价值观的变化与发展往往能够深刻揭示社会思潮的嬗变和精神生活的要求，集中呈现人们精神世界的历史演进与现实脉络。人们可以根据社会一定时期内核心价值观的演变对精神世界的发展进程进行"把脉"，也可以对照社会核心价值观的具体要求对人们精神世界中的问题进行"诊疗"。另一方面，核心价值观规约着人们精神世界的整体走向与未来发展，也指引着人们精神生活的展开与提升，是人们进行真假、是非、善恶、美丑、荣辱等价值判断和价值选择的基本依据，也是人们修身修心、为人处世、待人接物的重要指导。

（二）整合性

核心价值观具有整合性。其一，在整个意识形态中，既包含着核心价值观，也包含着其他非核心的价值观。核心价值观作为社会上占统治地位的物质力量在观念层面的反映，支配、控制着意识形态层面其他内容。换句话说，经济上占统治地位的阶级的思想必然在意识领域占统治地位，成为主导的意识形态。马克思和恩格斯在《德意志意识形态》中指出："统治阶级的思想在每一时代都是占统治地位的思想。这就是说，一个阶级是社会上占统治地位的物质力量，同时也是社会上占统治地位的精神力量。支配着物质生产资料的阶级，同时也支配着精神生产资料，因此，那些没有精神生产资料的人的思想，一般地是隶属于这个阶级的。占统治地位的思想不过是占统治地位的物质关系在观念上的表现，不过是以思想的形式表现出来的占统治地位的物质关系；因而，这就是那些使某一个阶级成为统治阶级的关系在观念上的表现，因而这也就是这个阶级的统治的思想。"① 其二，核心价值观反映社会中位于主导地位的价值标准、价值规则、价值理想和价值目标，对社会中的多元价值观具有强大的吸引力和凝聚力，可以吸纳并统摄其他非核心价值观紧紧依附和围绕在其周围。其三，核心价值观对非核心价值观的总体结构、基本状态和前进方向进行协调和统筹，对精神生产活动进行调节和管理，进而增强核心价值观的生命力和话语权。"思想的历史除了证明精神生产随着物质生产的改造而改造，还证明了什么呢？任何一个时代的统治思想始终都不过是统治阶级的思想。"② 在一个时代里占统治地位的阶级的思想不仅会成为"占统治地位的思想"，"他们还作为思维着的人，作为思想的生产者进行统治，他们调节着自己时代的思想的生产和分配"③。

核心价值观的整合性适配于人的精神世界的系统性和结构性要求。核心价值观可以有效梳理、整合和引领意识形态领域的纷乱与冲突，是人的精神世界的"推进器"和"整流罩"。一方面，核心价值观通常是由代表社会的"官方"或统治阶级所倡导与推行，强调的是社会及社会成员所秉持、奉行、信仰的价值观应该是什么，并以文化传统、伦理道德、法律制度等为保障，进而吸引、凝聚、引领社会其他价值观，包括主流价值观，也包括非主流价值观，以帮助人们懂荣辱廉耻、辨善恶美

① 《马克思恩格斯文集》第 1 卷，人民出版社 2009 年版，第 550—551 页。
② 《马克思恩格斯文集》第 2 卷，人民出版社 2009 年版，第 51 页。
③ 《马克思恩格斯文集》第 1 卷，人民出版社 2009 年版，第 551 页。

丑、明是非对错、知进退分寸、守规矩底线，规范精神生活，促进人们崇德向善，与社会主流同向同行，推进人们精神世界的正向发展。另一方面，核心价值观能有效净化、优化人们的精神生活环境，将充斥其中的有毒思想与有害因素剔除，将隐匿其中的无效信息和负面价值淘汰出局，以缓解和疏散人们精神世界的负担和压力，为人们破解精神困顿与价值迷茫指明方向。此外，核心价值观还可以疏解社会矛盾，整合内部冲突，引领社会舆情，进而保护人们精神世界的有效载荷。尤其是在遭遇突发事件和重大变故时，核心价值观可以有针对性地对精神世界运行过程中的异常反应或状态进行干预、处理与调适，进而保护人们精神生活正常有序地开展与进行。

（三）相对稳定性

核心价值观具有相对稳定性。其一，价值观会随着社会变革与时代变迁而变化，但是社会的核心价值观一旦形成，就具有相对稳定性，不容易改变。核心价值观是一个民族、一个国家最持久、最深层的力量，具有稳固性，不容易被撼动。核心价值观作为国家重要的稳定器，一旦动摇就会引发国家动荡、社会动乱、人心不安。因而，能否构建具有强大感召力的核心价值观，不仅关系社会和谐稳定，也关系国家长治久安。其二，对于耸立在社会生存条件之上的意识形态而言，即便是受到外来思潮与敌对势力的冲击与攻击，通常也是那些围绕在核心价值观周围的非核心价值观最先受到影响并作出反应，以保持核心价值观大体稳定，进而维护国家意识形态领域的安全。其三，核心价值观承载着民族精神、文化传统和历史记忆，与能够代表社会主流意识形态的法律、文学、艺术、历史、宗教、哲学、道德、伦理等紧密相连，"牵一发而动全身"并非易事。在社会性质没有发生变革的情况下，核心价值观的具体内容与表现形式会随着时代发展与社会变迁而不断丰富拓展，但其根本性质和基本精神却会保持不变。

核心价值观的相对稳定性适应于人的精神世界的稳固性与安全性需

求。核心价值观可以让人们心有定所、魂有依归、行有准绳，是人的精神世界的"压舱石"和"定盘星"。一方面，核心价值观在文化中起中轴作用，是文化竞争力的集中呈现。"文化软实力的灵魂是什么？文化软实力建设的重点是什么？就是核心价值观，这是决定文化性质和方向的最深层要素。一个国家的文化软实力，从根本上说，取决于其核心价值观的生命力、凝聚力、感召力。"① 核心价值观是文化建设的"主心骨"，当代世界各国之间的文化竞争，本质就是核心价值观之争。人们生活在多样文化相互交流、多元价值相互碰撞、各种思潮相互激荡的时代，只有拥有强大力量的核心价值观，才能在激烈的意识形态之争中守住阵地，稳固"军心"，挺直"脊梁"，让人们坚定理想信念，铸就文化自信，使精神世界即使在狂风骤雨、惊涛骇浪下亦能巍然屹立。另一方面，核心价值观是一个民族、一个国家发展进步、向上向善的思想旗帜。"核心价值观，其实就是一种德，既是个人的德，也是一种大德，就是国家的德、社会的德。国无德不兴，人无德不立。"② 它既包含个人"私德"，也包括社会"公德"，还包括国家"大德"。核心价值观承载着一个民族、一个国家的精神追求，体现着一个社会评判是非曲直的价值标准，也蕴含着人们修身修心的道德规约。它是彰显民族特性、文化属性和国家精神的重要标识，对于人们的精神生活而言就犹如"定海神针"，不仅可以构筑正能量"高地"，安顿人们的精神世界，还可以弘扬主旋律，指引、约束和规范人们的精神生活。

二　核心价值观的基本功能决定

　　构建人的精神世界是一项系统工程，具有长期性、艰巨性和复杂

---

　　① 　中共中央文献研究室编《习近平关于社会主义文化建设论述摘编》，中央文献出版社2017 年版，第 203—204 页。

　　② 　习近平：《青年要自觉践行社会主义核心价值观——在北京大学师生座谈会上的讲话》，人民出版社 2014 年版，第 4 页。

性，绝非一朝一夕之功，更无一劳永逸之举。历史在发展，环境在变化，人性有弱点，人的精神世界的问题层出不穷。无论是从个体健康幸福，还是从社会和谐有序，抑或是国家安全稳定来说，当代中国人的精神世界的构建都具有紧迫性。这一工作要求高、任务重、挑战大，涉及人的心理、认知、情感、道德、品质、行为等方方面面，也涉及社会的传统、习俗、风气、规则、礼仪等具体内容，还涉及国家的政治、经济、文化、教育、医疗、生态等多个领域，需要面对艰难的问题，调节尖锐的矛盾，纾解复杂的关系，需要核心价值观发挥作用。核心价值观具有引领、凝聚和规范功能，其功能与构建当代中国人的精神世界的现实要求具有高度一致性。

（一）引领功能

核心价值观的内涵十分丰富，它既包括一个国家与民族的价值目标和精神追求，也包括社会沿袭的传统和习惯，还包括个体遵循的规范与准则。核心价值观是国家、社会与个体在精神层面上的统一，对国家意识形态与文化建设、社会风尚与道德、个体思想与行为均具有重要的引领功能。其一，核心价值观是一个民族赖以维系的精神纽带，是一个国家共同的思想道德基础。它蕴含着国家精神，承载着民族感情，是治国理政、安国兴邦的价值导引，是意识形态发展和文化建设的重要指导和依据。它决定着文化的基本性质与发展方向，是增强民族自信、国家认同和国际交流，促进文化大发展和文化大繁荣的关键力量。其二，核心价值观作为国家主导价值观，会融入政党纲领制定、法律制度建设、道德伦理规范、社会治理服务等各环节，以引领社会风尚、引领多样思潮、引领社会心态。其三，核心价值观通过政策导向、宣传教育、实践养成、制度保障、文明创建等，渗入到人们学习、工作和生活的方方面面，为人们三观树立、素质提升和人格完善引路领航。它以价值理想和价值目标为人们标明人生航向，带领人们挣脱现实枷锁，摆脱低级趣味，超越物欲肉欲层面的蝇营狗苟，自觉将个体价值与社会价值、个体理想与社会理想相统一，追求更加崇高的人生目标，创建更高层次的精神生活，追求更加广阔高远的精神世界。它还以价值规范和价值准则帮人们修身律己，指导人们为人处世之道和待人接物之法，帮助人们正确认识和积极应对现实世界中的矛盾与冲突，创建更加明朗澄净的精神家园。

构建当代中国人的精神世界工作十分复杂，需要核心价值观"导向"。构建当代中国人的精神世界的实质是重建价值观，而对社会中现存的多样价值观进行正确的甄别和必要的引领，是价值观重建的前提；坚持正确科学的方向，是价值观重建的要求。核心价值观作为社会中占统治地位的精神力量，是社会上占统治地位的物质关系在观念上的反映，代表着文化前进的潮流与方向，反映着社会的性质和趋势，体现着时代发展的要求，当代中国人的精神世界的构建离不开核心价值观的指引。同时，核心价值观也是对无数个体价值观的凝结和提升，是先进价值观和正确价值观的集中代表，对其他价值观有支配、统摄、凝聚和整合的作用，凝结着社会成员的价值诉求和共同理想，个体价值观的重建离不开核心价值观的"导向"。此外，当代社会环境十分复杂，不仅仅会造成人们思想和精神层面上的一些问题，也大大增加了构建其精神世界的难度。从这个角度来说，当代人的精神世界的构建需要核心价值观引领多样的社会思潮，人们精神世界中存在的困惑与问题也需要核心价值观的回应与点拨。

（二）凝聚功能

核心价值观是一个民族共同体存在和发展的思想基础，是整个民族内部的根本要素，是凝聚一个民族的精神力量。它可以有效凝聚社会共识，整合国家力量，以发挥凝魂聚力的功能。首先，核心价值观作为集体意识与个体意识的统一，可以凝聚社会与个人，有机整合社会力量与个体力量。核心价值观属于民族，是集体意识的体现，同时也属于社会成员。因为人作为价值主体，是核心价值观的创造者、承担者和践行者，个体意识是社会核心价值观的重要来源。一方面，核心价值观可以最广泛地汇集个人的精神力量，汇聚社会主流与共识，并将其上升到社会、国家与民族的高度予以体现，加强社会与个体之间的良性互动，促使社会力量与个体力量之间的相互融合、相互补充、相互促进。既通过社会整体力量的提升去强化个体力量，引导人们正确运用与充分发挥个体力量，也通过对个体力量的疏导与引领，保证社会力量的有效性与持久性。另一方面，核心价值观作为许多个体思想和意识的总和，体现的是具有根本性的、普遍性的价值追求、价值规范、价值选择，并以集体意识去指导与构建个体的精神世界，实际上是最大限度地保证与调动了社会力量，从宏观的角度和整体的层面，去观照个体力量，疏导和调节其中相互排斥、相互抵消的作用力，进而提高社会力量的整体效能。其次，核心价值观可以凝聚社会成员。人们的成长环境、人生际遇、物质基础、能力素质、性格品性各有不同，其价值观也不甚相同。人们在社会生产生活中展开交主，各有所好、各有所需，有时难免会出现意见分歧、利益纷争甚至激烈冲突。核心价值观体现国家与民族独特的心理特征、精神风貌和社会风尚，是联系、联结、团结社会成员的精神纽带，也是纾解思想、调节冲突、化解纷争、增进理解、达成共识的心理基础，能够有效统一思想、汇聚共识、调动合力。

构建当代中国人的精神世界任务艰巨，需要核心价值观"聚力"。当代中国人的精神世界的构建是一项复杂的、系统的、长期的工程，与政治、经济、文化、生态等各方面都有密切的关系，需要调动国家、社会、个人的合力。当代中国的核心价值观代表着最广大人民的根本利益、愿望与需求，有着得广泛认同的基础，能够起到凝聚人心、统一步调、协调各方的作用。构建当代中国人的精神世界，需要正确处理和协调个人与社会之间的矛盾。核心价值观可以最大限度地汇聚社会共识，通过长远性的、根本性的诉求，并借助于文化与利益，连通人的精神世界，凸显个人与社会的契合性，以及二者在根本利益与发展目标等层面上的根本一致性，以促进个人与社会的共存与共生，实现二者的良性互动，进而整合个体、社会、国家的力量，促进其合力的有效发挥。影响人的精神世界的因素很多，构建当代中国人的精神世界，也需要及时疏导社会各个层面与领域之间的矛盾，使各方力量协同一致。核心价值观本身就是政治、经济、文化、生态等在观念上的高度整合和集中表达，可以从意识形态的层面把握社会总体布局，最大程度地推进各领域之间的相互观照与合作，最大范围地调动各领域中的积极因素，进而对人的精神世界产生正面的、有效的、现实的影响，为当代人的精神世界的构建注入源源不断的活力和动力。在当代中国人的精神世界中，位于较深层次的意与信时有错位与缺位，各要素之间（如知与情、知与意、知与信等）的冲突也相对激烈。因而，当代中国人的精神世界的构建，还需要有针对性地化解其内部各要素之间的矛盾。核心价值观蕴含于精神世界的每个要素之中，对精神世界的要素与结构都具有辐射作用，可以使精神系统结构更加科学合理，使各要素的发展更加健康有序，进而汇聚各要素对人的精神世界的反作用力。

（三）规范功能

核心价值观一旦形成就具有一定的权威性与稳定性，作为一种"软性"但强劲的力量，规定价值主体所进行的价值判断、价值评价、价值选择、价值创造等活动，成为价值主体从事一切社会活动的内在尺度，为国家、社会及个体行为建立基本框架，设定道德底线，提供行为准绳。其一，核心价值观具有国家规范功能。以核心价值观整合国家意识形态、规范政府行为，加强对内调控与管理，开展对外合作与交流，是推进国家治理体系和治理能力现代化的重要方面。一个民族和国家所奉行、秉承、推崇的核心价值观，往往深刻地反映其民族特性和国家性质，并集中地代表其国家利益和国家形象。核心价值观凝结了国家制度的基本精神和核心理念，构成其合法性的根本依据。确立什么样的核心价值观，直接关系着一个民族、国家或政党举什么样的旗帜，选什么样的道路。核心价值观不仅深刻影响着治国理念与对外政策、规范制度建设与政党活动，还直接规约国家经济、政治、文化等发展的基本方向。其二，核心价值观具有社会规范功能。一方面，建立与创设有利于培育与践行核心价值观的氛围与环境，通过政党活动、榜样示范、典型宣传等途径，广范围、多渠道地从正面激励人们积极践行核心价值观，可形成社会的正向效应。另一方面，对背离核心价值观的文化思潮与社会现象进行有针对性的打击与治理，疏导和引领社会舆论，加强和深化道德建设，协调和管理社会发展秩序，净化和优化精神文化环境。其三，核心价值观具有个体规范功能。核心价值观为人们生产生活提供基本的价值依据和行为准则，以引导、激励、规约、调整个体的思想与行为。核心价值观通过弘扬和激发正能量，抵制那些负面的、消极的思想与行为，引导和规范社会成员应该做什么，不应该做什么，该怎样做，以及应该成为什么样的人。它以法律、制度、理念、风俗、习惯、传统、章程等存在形式，引领人们树立积极的生活态度，形成正确的价值判断、价值选择和价值行为 为人们明确了具体而明确的行为规范。

构建当代中国人的精神世界关系重大，需要核心价值观"规范"。核心价值观体现着一个社会的道德风尚与道德要求，是引领社会成员进行价值认知、价值选择和价值判断的基本标准和规范。核心价值观的规范是一种"软性"的力量，侧重于潜移默化地影响人的思想与行为，通过价值目标的确立与指引，进而带领人们追寻与构筑美好的精神世界。当代中国人的精神世界的构建，涉及的问题严峻、关系复杂。其中，很多问题仅仅依靠制度与法律这种硬性的、强制性的力量是无法解决的。它还需要核心价值观提供一整套完备的、全面的道德规范，帮助人们知善恶、辨真伪、明是非，不断树立与强化人们的内心信念，保持优良的传统与习惯，优化社会舆论环境，以调整人的精神世界中的矛盾与冲突，让当代中国人能有所敬畏、有所依从、有所信仰，让人的精神有所安放。另外，当代中国人的精神世界的构建也需要核心价值观提供"技术"规范。即组织、实施构建工作的主体能够根据核心价值观的内容与要求，确定工作目标与任务，制定政策与方案，选择方式与方法，规范具体工作的管理与操作。任何一个环节都不应该也不能够出现有悖于核心价值观旨归、有违正义要求的现象，这也是当代中国人的精神世界构建工作取得实效性的重要保证。当前，我国的改革开放事业已经进入到深水区和攻坚阶段，很多问题和矛盾都会以非常集中的方式显现出来。就我国当前的情况而言，经济体制深刻变革，利益格局深刻调整，人们的思想观念和生活方式不断变化，社会的贫富差距较大，产业的结构不合理，城乡发展不平衡，人民的收入分配悬殊，资源环境问题严重，等等，以及在教育、交通、食品安全、社会保障、医疗、住房、教育、就业等方面存在的问题，严重冲击着人们的思想感情。当前，社会矛盾明显增多，人民的利益趋于多元，很多摆在人们面前的问题无法及时、有效、合理地得到解决，难免就会造成人们情绪上的不满、思想上的混乱和精神上的涣散。特别是如果群众的利益得不到保障或者受到侵害，这种情况又长期得不到明显改善的话，就难免使群众对领导干部产生不信任之感，甚至会弱化人们的政府认同与国家认同，对中国特色社会主义理想信念造成冲击。当代中国的核心价值观反映了社会主义国家的发展方向和奋斗目标，高度确认了人民群众的核心利益和主体地位，凝结了全国各族人民的心声和愿望。它为人们提供了一个共同的行为准则和整体的道德规范，有利于整顿和净化社会风气，消除错误思想和认识，涤荡腐朽和消极的观念，以解答疑问、澄清疑惑、去除浮躁、化解矛盾，进而使人们树立积极健康的价值观，坚定社会共同理想，切实推进精神文明建设。

三　社会主义核心价值观的独特优势所在

所谓社会主义核心价值观，是指在社会主义实践中形成的，社会主义社会所遵循和倡导的最为根本、最为重要的价值目标、价值判断和价值规范的总和。它体现着社会主义社会的性质和发展方向，反映着广大人民最为根本的利益诉求和价值追求，对其他价值观具有统摄、支配、决定和凝聚的作用。需要指出的是，社会主义核心价值观有广义和狭义之分。广义上，它泛指社会主义共同价值观，不分地域、民族、国家和种族。狭义上，它特指中国特色社会主义核心价值观，即当代中国的核心价值观。通常情况下，我们所说的"社会主义核心价值观"，实际上指的是它的狭义概念，即中国语境下的社会主义核心价值观，更准确来说是中国特色社会主义核心价值观。社会主义核心价值观的独特优势，根源于这一价值观的先进性、人民性和真实性，彰显于古今中外价值观的比较之中。因而，要全面把握社会主义核心价值观的优势所在，是需要世界视野的。所谓世界视野，并不是指将中国排除在外的外国视野，也不是国际关系视野，而是立足于中国、包含中国在内并以中国为立足点的整体性世界视野。过去虽未明确区分国内视野与世界视野，然而我们对于社会主义核心价值观的研究与探讨，实质上还是在国内视野下进行的。无论是社会主义核心价值观的最初提出，还是前期解读与宣传，抑或是如今的培育和践行，基本还是在国内视野的框架中完成的。如果说当时已经涉及国际方面，或者所言及的问题也指向国外，但其实主要还是以抵御防范国际风险与国外渗透，尤其是抵御和化解国外强势价值观的侵蚀与冲击为意旨。究其实质，并未跳出国内视野并扩大到世界视野。而今我们已身处新时代新征程，国内外形势也已经发生了巨大变化。只有突破原有视野的局限，跳出一地一隅，站在世界历史的宏大场域，通过传统与当代、中国与西方、中国与世界的比较，才能深刻认识社会主义核心价值观的独特优势，才能充分确认这些独特优势与精神世界的根本诉求具有深度耦合性。

（一）根植中华优秀传统文化，具有深厚的历史根基

社会主义核心价值观不是无源之水、无本之木，不是凭空产生、无所依托的，而是深深地根植于中华优秀传统文化，具有深刻的文化基因和深厚的历史底蕴。正如习近平总书记所指出的那样："中华文

明绵延数千年，有其独特的价值体系。中华优秀传统文化已经成为中华民族的基因，植根在中国人内心，潜移默化影响着中国人的思想方式和行为方式"。[1] 中华文明薪火相传、生生不息、绵延至今，中华文化源远流长、光辉灿烂、博大精深。中华优秀传统文化是中华文明的智慧结晶和精华所在，是中华民族的根和魂，是我们在世界文化激荡中站稳脚跟的根基。它赋予社会主义核心价值观以厚重的历史底色和丰厚的文化资源，铸就中华民族一脉相承的精神追求和精神脉络，造就了中国人讲仁爱、重民本、守诚信、崇正义、尚和合、求大同的价值取向和精神品格。中华优秀传统文化为中国所特有，具有鲜明的民族特质。我们提倡的社会主义核心价值观，就充分体现了对中华优秀传统文化的传承和升华。中华优秀传统文化是中华民族的精神命脉和精神标识，也是社会主义核心价值观的重要基础和突出优势。

数千年来，中华民族走着一条不同于其他国家和民族的文明发展道路，形成了独具一格的民族精神和民族记忆，构建起中国人独特的精神世界。我们开辟了中国特色社会主义道路，形成了社会主义核心价值观，不是偶然的，这是由我国历史传承和文化传统决定的。泱泱中华，历史悠久，文明博大；中华文明，延续至今，从未中断。"我们的祖先在几千年前创造的文字至今仍在使用。2000 多年前，中国就出现了诸子百家的盛况，老子、孔子、墨子等思想家上究天文、下穷地理，广泛探讨人与人、人与社会、人与自然关系的真谛，提出了博大精深的思想体系。"[2] 社会主义核心价值观汲取了中华优秀传统文化的思想精华和道德精髓，不断推动中华优秀传统文化创造性转化和创新性发展，根据历史变化与时代要求赋予其新的内涵，将国家层面、社会层面和个人层面的价值理想和道德要求融为一体，既坚守本根又与时俱进。习近平总书记指出："一个民族、一个国家的核心价值观必须同这个民族、这个国家

---

[1] 《习近平谈治国理政》第一卷，外文出版社 2018 年版，第 170 页。

[2] 习近平：《出席第三届核安全峰会并访问欧洲四国和联合国教科文组织总部、欧盟总部时的演讲》，人民出版社 2014 年版，第 41—42 页。

的历史文化相契合，同这个民族、这个国家的人民正在进行的奋斗相结合，同这个民族、这个国家需要解决的时代问题相适应。"① 社会主义核心价值观，不仅与中华民族悠久灿烂的历史文化和深邃厚重的思想精神相契合，而且同我们正在进行的社会实践和亟须解决的现实问题相结合，不仅深深地根植于中华优秀传统文化的沃土之上，也深深地扎根于中国特色社会主义建设的实践之中。对此，党的十九大报告明确指出："中国特色社会主义文化，源自于中华民族五千多年文明历史所孕育的中华优秀传统文化，熔铸于党领导人民在革命、建设、改革中创造的革命文化和社会主义先进文化，植根于中国特色社会主义伟大实践。"② 正因如此，社会主义核心价值观才能保持旺盛的生命力和活力，并彰显出强大的影响力、吸引力和感召力。

社会主义核心价值观与传统文化之间不是割裂的，而是密切相连的。马克思指出："人们自己创造自己的历史，但是他们并不是随心所欲地创造，并不是在他们自己选定的条件下创造，而是在直接碰到的、既定的、从过去承继下来的条件下创造。"③ 中华优秀传统文化是社会主义核心价值观产生发展的源泉和滋养，没有传统文化就没有当代中国的核心价值观。"如果没有中华五千年文明，哪里有什么中国特色？ 如果不是中国特色，哪有我们今天这么成功的中国特色社会主义道路？"④ 问渠那得清如许？ 为有源头活水来。失去了传统文化，社会主义核心价值观就会成为无根之木，无源之水。"求木之长者，必固其根本；欲流之远者，必浚其泉源。"对于传统文化坚持古为今用，以古鉴今，坚持有鉴别的对待和有扬弃的继承，是推动社会主义核心价值观持续发展的基本原则；实现传统文化的创造性转化和创新性发展，是促进社会主义核

---

① 习近平：《青年要自觉践行社会主义核心价值观——在北京大学师生座谈会上的讲话》，人民出版社 2014 年版，第 8 页。

② 习近平：《决胜全面建成小康社会 夺取新时代中国特色社会主义伟大胜利——在中国共产党第十九次全国代表大会上的报告》，人民出版社 2017 年版，第 41 页。

③ 《马克思恩格斯全集》第 11 卷，人民出版社 1995 年版，第 131—132 页。

④ 新华网：https://baijiahao.baidu.com/s? id=1737313811468481039&wfr=spider&for=pc。

心价值观不断进步的内在要求。社会主义核心价值观，必须从中华优秀传统文化中汲取丰富营养，否则就会失去生机与活力。当然，如果厚古薄今、以古非今，不懂得将传统文化与现实文化相融相通，不善于把弘扬优秀传统文化和发展现实文化有机统一起来，那社会主义核心价值观就会失去现实基础，传统文化也会失去现实生存的空间与可能。

正确处理传统与现实之间的关系，准确把握传承与创新之间的关系，不仅是加强社会主义核心价值观建设的基本要求，也是解决当代中国人的精神世界中古今价值观冲突的必然选择。不忘本来才能开辟未来，善于继承才能更好创新。故步自封、陈陈相因谈不上传承，割断血脉、凭空虚造不能算创新。要学古不泥古、破法不悖法，挖掘中华优秀传统文化的思想观念、人文精神、道德规范，将中国传统价值观所蕴含的美好追求、崇高理想、优良品德，同中国当代价值观的现实要求和具体内容相融合，激活中华文化的生命力和适应性，充分发挥中华优秀传统文化对社会主义核心价值观的支撑功能，以及对于当代中国人的精神世界的涵养作用。增强文化自觉和文化自信，是建设社会主义文化强国、彰显中华文明凝聚力和感召力的核心要旨，也是破解当代中国人的精神世界内在冲突、疏解精神生活"现代性之困"的关键一步。再进一步而言，文化自觉和文化自信的核心就是价值自觉和价值自信。中华民族有着五千多年从未中断的文明史，我们要对中华优秀传统文化有敬仰之心和爱护之情，要不断深入中华民族历久弥新的精神世界，筑牢中国人民共同的精神家园。"要坚定文化自信，推动中华优秀传统文化创造性转化、创新性发展，继承革命文化，发展社会主义先进文化，不断铸就中华文化新辉煌，建设社会主义文化强国。"[①] 中华文化既是历史的，也是当代的，中国人的精神世界既承继历史，也面向未来。只有立足中华优秀传统文化，厚植文化自信根基，才能发扬社会主义核心价值观的

----

① 习近平：《在教育文化卫生体育领域专家代表座谈会上的讲话》，人民出版社 2020 年版，第 5 页。

历史优势；只有扎根脚下这块生于斯、长于斯的土地，社会主义核心价值观才能站稳脚跟、接住地气。正所谓"落其实者思其树，饮其流者怀其源"，我们要坚持不忘本来才能开创未来，在继承中转化，在融会中贯通，重视挖掘中华五千年文明中的精华，不断发展当代中国价值观念，让社会主义核心价值观以深厚的文化底蕴、坚实的现实基础、鲜明的中国特色屹立于世，让当代中国人挺直精神脊梁，展现中国风貌，彰显中国气概，将民族气节、中国精神、中国梦想镌刻于心。

（二）依托社会主义制度，具有强大的道义力量

社会主义核心价值观生成于伟大的中国特色社会主义实践，是中国特色社会主义本质规定的价值表达。它依托于社会主义制度，体现了价值视域下社会主义制度在当代中国的根本任务和基本要求。一个国家选择什么样的国家制度，是由这个国家的历史传承、文化传统、经济社会发展水平决定的，是由这个国家的人民决定的。中国特色社会主义制度是中国共产党和中国人民极富创造性的选择，不仅符合中国国情，对解决中国问题有效管用，得到了人民极大拥护，还具有强大的自我完善能力，不断焕发出生机活力，为中华民族迎来从站起来、富起来到强起来的伟大飞跃，为社会主义核心价值观的产生与发展提供了根本制度保证。习近平总书记深刻指出："我们党立志于中华民族千秋伟业，不仅要保持中国特色社会主义制度和国家治理体系的稳定性和延续性，而且要不断增强其发展性和创新性，推动中国特色社会主义制度更加成熟更加定型，为确保中国特色社会主义事业长盛不衰、实现中华民族伟大复兴提供牢靠而持久的制度保证。"[1] 中国特色社会主义建设的伟大成就和成功经验，彰显了社会主义制度的优越性，也证实了社会主义核心价值观的先进性。建立在生产资料公有制基础之上，由人民当家作主的社会

---

[1] 习近平：《坚持和完善中国特色社会主义制度推进国家治理体系和治理能力现代化》，《求是》2020 年第 1 期。

主义制度，使得公平、正义、自由、民主等人们苦苦追寻的价值理想和价值诉求不再是"乌托邦"和"空中楼阁"，也不再是用来做摆设的"装饰品"或是流于形式的口号，而成为真切、具体、广泛的现实。社会主义制度的根本特征和本质规定，决定了社会主义核心价值观具有正义性、真实性和广泛性等基本特点和显著优势，赋予社会主义核心价值观以强大的道义力量。

中西价值观之间的冲突与较量，在一定程度上引发了当代中国人的精神世界的诸多矛盾与问题。这实际上是社会主义核心价值观与资本主义核心价值观之间的冲突，本质上反映的是社会主义制度和资本主义制度不可调和的差异与矛盾。因而，从这一角度来看，这种冲突是不可避免的。西方一直将其核心价值观自诩为"普世价值"，并在世界范围内大力倾销其资本主义核心价值观。西方所谓的"普世价值"，是指不分民族、种族、阶级、国家，为普天之下所有的人共同接受、普遍适用，并贯穿人类社会发展始终、永恒存在的价值。然而世界上根本就不存在可以超越时空适用于所有人的，且永恒不变的价值。马克思指出："人们按照自己的物质生产率建立相应的社会关系，正是这些人又按照自己的社会关系创造了相应的原理、观念和范畴。所以，这些观念、范畴也同它们所表现的关系一样，不是永恒的。它们是历史的、暂时的产物。"①"普世价值"属于社会存在范畴，是已经客观存在的，而普世价值观则属于社会意识范畴，是人们对于这种价值的反映和把握。所谓的"普世价值"并非真正的"普世"，实质上并不是全人类的价值，而是西方资本主义价值观。

社会主义核心价值观与西方"普世价值"存在性质之分，本质上是两种制度的对立。前者是社会主义性质，反映的是社会主义公有制的要求，代表最广大人民的根本利益与价值诉求，具有正义性、真实性和广泛性。而后者是资本主义性质，反映的是资本主义生产资料私有制的要

---

① 《马克思恩格斯文集》第 1 卷，人民出版社 2009 年版，第 603 页。

求，由资本主义社会经济关系所决定，基于抽象的人性论，服务于资本逻辑，具有唯心性、虚伪性和侵略性。资本主义核心价值观的落脚点是个人，体现的是少数人（实际上是资产阶级）的意志。它把资本主义制度看作是永恒的、普世的，无法超越人对于物的依赖。而社会主义核心价值观的诉求恰恰就是要彻底摆脱人对物的依赖，使人真正从"物化"中解脱出来，并打破人对于人的依赖，从"人役"中获得解放，最终建立"自由人的联合体"。西方极力推行的"普世价值"，并非始终伴随着人类社会的发生发展，也不是在各个时代、各种社会形态下都永恒不变的价值，而是在资产阶级登上政治舞台以后才粉墨登场，在资本主义生产方式基础上才形成的"价值幻象"。"普世价值"看似只在抽象地讨论价值问题，实则是把资本主义的核心价值奉为适用于一切历史时代、适用于每一个人的最高价值，把资本主义制度看成是放之四海而皆准的制度，意图输出西方价值导向和制度模式，借"普世价值"之名，行文化霸权、强权政治之实。正如塞缪尔·亨廷顿所指出的那样："普世文明的概念是西方文明的独特产物……普世文明的概念有助于为西方对其他社会的文化统治和那些社会模仿西方的实践和体制的需要作辩护。普世主义是西方对付非西方社会的意识形态。"①

社会主义核心价值观与西方"普世价值"也存在内容之别，实质上是中西文化的较量。习近平总书记指出："核心价值观是文化软实力的灵魂、文化软实力建设的重点。这是决定文化性质和方向的最深层次要素。一个国家的文化软实力，从根本上说，取决于其核心价值观的生命力、凝聚力、感召力。"② 在世界历史上，中西文化之间的冲突、社会主义和资本主义两大阵营的对抗历时久远。中西文化的较量，集中表现为各自核心价值观之间的竞争。社会主义核心价值观与西方"普世价值"，在具体内容的概括上确有相似之处，比如都包括自由、平等、民主这些

---

① ［美］塞缪尔·亨廷顿：《文明的冲突》，周琪等译，新华出版社 2017 年版，第 58 页。
② 《习近平谈治国理政》第一卷，外文出版社 2018 年版，第 163 页。

价值。然而就其文化内涵与价值指向来说，却有着本质区别。中华文化崇尚和谐，坚持以和为贵、与人为善，强调社会本位，认为民惟邦本，本固邦宁。社会主义核心价值观，从不崇尚弱肉强食的丛林法则，也不认同"国强必霸"的陈旧逻辑，而是倡导和平发展与共享共赢。我们所追寻的自由也好，民主也罢，都是真实而广泛的，是属于绝大多数人的。而西方资产阶级价值观的自由、平等、民主、人权等，都指向个人权利至上、资本优先与剥削合理性。正如列宁所指出的那样："资产阶级民主同中世纪制度比较起来，在历史上是一大进步，但它始终是而且在资本主义制度下不能不是狭隘的、残缺不全的、虚伪的、骗人的民主，对富人是天堂，对被剥削者、对穷人是陷阱和骗局。"①

与此同时，从人类文明互鉴的角度来看，任何一种核心价值观在其形成发展的过程中都离不开对其他文明的吸收与借鉴。社会主义核心价值观既包含中华优秀传统文化的因子，也吸收了世界文明的有益成果。其中不仅包含体现民族文化的"和谐、爱国、诚信、友善"，也包含西方常讲的"自由、平等、公正、法治"。需要指出的是，这些概念并不是谁先提出就属于谁，也不是谁用得多就为谁所独有。首先，这些价值理念不是西方的专利。中华优秀传统文化中儒家的"王道精神"，墨家的"兼爱非攻"，法家的"不别亲疏，不殊贵贱，一断于法"，就蕴含了平等公正法治的思想，即便是自由这一典型的"西方概念"，也在《后汉书》中多次出现。其次，这些价值理念也不是资本主义的专利。在空想社会主义者那里，欧文在《新道德世界书》中就指出："没有教育和环境方面的这种全面而完备的平等，就不能够有什么普遍而持久的幸福生活，严格说来，就不会在人们中间有任何正义。只有彻底实行真正平等的原则，才能推动人类走向高度完善的阶段。"② 在科学社会主义创始人马克思恩格斯那里，人的自由全面发展不仅是马克思主义始终追寻的

---

① 《列宁全集》第 35 卷，人民出版社 2017 年版，第 244 页。
② ［英］欧文：《欧文选集》第 2 卷，柯象峰等译，商务印书馆 2014 年版，第 134 页。

价值目标，还是划分人类社会形态和历史时代的重要尺度。马克思指出："人的依赖关系（起初完全是自然发生的），是最初的社会形式，在这种形式下，人的生产能力只是在狭小的范围内和孤立的地点上发展着。以物的依赖性为基础的人的独立性，是第二大形式，在这种形式下，才形成普遍的社会物质交换、全面的关系、多方面的需要以及全面的能力的体系。建立在个人全面发展和他们共同的、社会的生产能力成为从属于他们的社会财富这一基础上的自由个性，是第三个阶段。"① 实现自由"必须推翻使人成为被侮辱、被奴役、被遗弃和被蔑视的东西的一切关系"。② 中国共产党人结合中国现实和社会主义实践，对于自由、平等、公正、民主等，从立国安邦、造福人民的角度，进行创造性认识和创新性发展，并促进这些价值目标从理想变为现实。邓小平更是从社会主义本质的层面，对这些价值目标作出新阐释。他指出，"社会主义的本质，是解放生产力，发展生产力，消灭剥削，消除两极分化，最终达到共同富裕。"③ 习近平总书记深刻指出，"民主是各国人民的权利，而不是少数国家的专利。一个国家是不是民主，应该由这个国家的人民来评判，而不应该由外部少数人指手画脚来评判。国际社会哪个国家是不是民主的，应该由国际社会共同来评判，而不应该由自以为是的少数国家来评判。实现民主有多种方式，不可能千篇一律。用单一的标尺衡量世界丰富多彩的政治制度，用单调的眼光审视人类五彩缤纷的政治文明，本身就是不民主的。"④

要正确看待社会主义核心价值观对于西方文明的吸收与借鉴。首先，西方文明作为人类文明发展史中重要的一个分支，蕴含着许多宝贵的精神财富。社会主义核心价值观积极借鉴吸收世界文明，以及人类文化成果中的积极因素，其中自然包括西方文明。但是，我们吸收借鉴的

---

① 《马克思恩格斯文集》第 8 卷，人民出版社 2009 年版，第 52 页。
② 《马克思恩格斯文集》第 1 卷，人民出版社 2009 年版，第 11 页。
③ 《邓小平文选》第三卷，人民出版社 1993 年版，第 373 页。
④ 习近平：《在中央人大工作会议上的讲话》，《求是》2022 年第 5 期。

对象，并不是仅有西方文明，同时也有东方文明。其次，对于一种文明我们吸收借鉴与否，并不在于这种文明从属于西方还是从属于东方，而在于它是否反映人民根本性的愿望和普遍性的需求，是否体现社会主义的本质要求和发展方向，是否符合中国人民长期以来的价值诉求和社会期待。再次，对于西方文明的借鉴与吸收，并不是对资本主义核心价值观的简单复刻与生硬拼凑，更不是向西方"普世价值"妥协。一方面，我们坚持"取其精华、去其糟粕"的原则，客观认识、正确看待西方价值观，并合理吸收其中的积极因素；另一方面，我们根据社会主义要求与中国实际，进行转化与改造，对这些内容作出新的理解与阐释，并赋予其更为深刻的内涵以及更为实质性的意义。习近平总书记指出："进行文明相互学习借鉴，要坚持从本国本民族实际出发，坚持取长补短、择善而从，讲求兼收并蓄，但兼收并蓄不是囫囵吞枣、莫衷一是，而是要去粗取精、去伪存真。"[1] 坚定文化自信，秉承平等尊重原则，尊重文明多样性，是社会主义核心价值观的内在品格。"一切生命有机体都需要新陈代谢，否则生命就会停止。文明也是一样，如果长期自我封闭，必将走向衰落。交流互鉴是文明发展的本质要求。只有同其他文明交流互鉴、取长补短，才能保持旺盛生命活力。"[2] 回避、排斥、封闭、全盘否定不是文化自信，全盘接受、盲目崇拜、过度迷信也不是文化自信。既要警惕"东方中心主义"的陷阱，也要破除"西方中心论"的迷思，既不妄自尊大也不妄自菲薄。要正视西方价值观在世界文明中的地位和作用，辩证地看待其中的积极因素和消极因素，充分吸收其营养并不断地加以改造，使之转化为全新的内容，以促进社会主义核心价值观的丰富与发展。正如蔡元培所指出的那样："所得于外国之思想言论学术，吸收而消化之，尽为'我'之一部，而不为其所同化。"[3] 绝不能数典

---

① 习近平：《在纪念孔子诞辰 2565 周年国际学术研讨会暨国际儒学联合会第五届会员大会开幕会上的讲话》，人民出版社 2014 年版，第 10—11 页。

② 《习近平谈治国理政》第三卷，外文出版社 2020 年版，第 469 页。

③ 蔡元培：《蔡子民先生言行录》（下），岳麓书社 2010 年版，第 409—410 页。

忘祖，"以洋为尊""以洋为美""唯洋是从"，跟在别人后面亦步亦趋、东施效颦，热衷于"去思想化""去价值化""去历史化""去中国化""去主流化"，自断根本，自毁根基。

（三）代表人类共同价值，具有坚定的人民立场

坚定的人民立场，是马克思主义最根本的政治立场，也是社会主义核心价值观的根本特征。《共产党宣言》中写道："过去的一切运动都是少数人的，或者为少数人谋利益的运动。无产阶级的运动是绝大多数人的，为绝大多数人谋利益的独立的运动。"[1] 早已明确指出无产阶级的属性与立场，以及社会主义的目标与指向。人民至上，是社会主义核心价值观的价值底色，也是我们党百年奋斗的制胜法宝。在中国特色社会主义建设的进程中，中国共产党始终不忘为人民谋幸福的初心，牢记全心全意为人民服务的根本宗旨，高度重视人民主体地位，坚持以人民为中心，把人民对美好生活的期待、人们对理想社会的向往和人类对共同价值的追求作为奋斗的目标。其实，早在 2015 年 9 月 28 日习近平总书记在第七十届联合国大会一般性辩论时的讲话中，就提出了"人类共同价值"的概念，并将其内容概括为和平、发展、公平、正义、民主、自由。在庆祝中国共产党成立 100 周年大会上，他进一步指出，"中国共产党将继续同一切爱好和平的国家和人民一道，弘扬和平、发展、公平、正义、民主、自由的全人类共同价值"[2]。共同价值并非凭空而来，而是以《联合国宪章》为依据，基于世界基本共识与人类普遍利益而提出。它不仅勾画了人类文明基本的价值坐标，也表明了中国共产党与中国人民坚守的价值立场与价值准则，体现了当代中国价值观的核心优势。

人类共同价值代表着世界各国人民普遍而根本的利益、愿望、诉求

---

[1] 《马克思恩格斯文集》第 2 卷，人民出版社 2009 年版，第 42 页。

[2] 习近平：《在庆祝中国共产党成立 100 周年大会上的讲话》，人民出版社 2021 年版，第 16 页。

和需要，绝不是西方所谓的"普世价值"。二者有着本质上的区别。首先，二者理论基础不同。人类共同价值以马克思主义唯物史观为基础，遵循事物的共性与个性、矛盾的普遍性和特殊性辩证关系的原理，反映人类普遍性的需要与共同性的利益。而"普世价值"则以抽象人性论为基础，无视人们社会实践的历史性、现实性与具体性，将处于动态历史进程中的现实的具体个体，视为"一种抽象的——孤立的——人的个体"，将人类共性"理解为一种内在的、无声的、把许多个人自然地联系起来的普遍性"①，其实质是历史唯心主义。其次，二者基本内涵不同。共同价值反映了人类不同文明的价值共识，包含了世界各国人民普遍认同的价值理念，以及共同追求的价值目标，其内容必然是丰富而多样的。而"普世价值"则特指西方的核心价值，仅是资本主义生产关系在意识形态的反映。再次，二者根本特点不同。共同价值既强调凝聚价值共识，也提倡尊重差异。它观照的是世界各国的整体利益，辐射的是经济、政治、文化、伦理等各个方面的"价值"，承载的是人类普遍愿望和共同期待，因而具有广泛性、现实性和包容性。它不专为某一国家或民族服务，更不是推行大国霸凌、政治独裁的工具。而"普世价值"则具有狭隘性、虚伪性和排他性。它代表的是特殊利益而非普遍利益，隐含的是西方文化优越的论调。在西方国家那里，"普世价值"是超越时空、凌驾于一切社会之上的"绝对价值"，甚至被奉为"永恒真理"、被视为唯一正确的选择，为了将自身的价值观强加于人，甚至不惜干涉他国内政、策动颜色革命，或是直接动用武力、造成生灵涂炭。对此，马克思在对形而上学的批判中早就指出，那些"把理性当做一切现存事物的唯一的裁判者。他们认为，应当建立理性的国家、理性的社会，应当无情地铲除一切同永恒理性相矛盾的东西"。② 最后，二者最终指向不同。共同价值指向的是文明交流互鉴，构建人类命运共同体、共创人类

---

① 《马克思恩格斯文集》第 1 卷，人民出版社 2009 年版，第 501 页。
② 《马克思恩格斯文集》第 3 卷，人民出版社 2009 年版，第 526 页。

光明的未来。而"普世价值"指向的则是世界范围内的文化霸权，通过缔造文化帝国进而实现国际垄断资本统治世界。

社会主义核心价值观与人类共同价值高度统一。首先，二者是整体与部分的统一。一方面，共同价值规约着社会主义核心价值观的发展方向，同时也为社会主义核心价值观提供了生存资源和发展空间。共同价值不仅包括社会主义国家的价值，也包含其他国家或是其他社会制度下的价值。它极大地容纳和涵盖了人类文明成果，指明了人类发展进步方向。邓小平指出："社会主义要赢得与资本主义相比较的优势，就必须大胆吸收和借鉴人类社会创造的一切文明成果。"① 中华文明是在同其他文明不断交流互鉴中形成的开放体系，社会主义核心价值观在对人类共同价值的兼收并蓄中历久弥新。另一方面，社会主义核心价值观作为共同价值的有机组成部分，丰富和补充了人类共同价值的内容，使人类文明更加绚烂多姿，为共同价值注入了新的活力。其次，二者是普遍性与特殊性的统一。特殊性包含普遍性，普遍性寓于特殊性之中。共同价值体现的是价值的普遍性，社会主义核心价值观体现的是价值的特殊性。共同价值是对人类各种社会形态下各个民族与国家的价值的整合，而社会主义核心价值观则是共同价值的具体化表达与特殊性呈现。从这一角度而言，社会主义核心价值观即社会主义制度下或是社会主义国家的"共同价值"。人类共同价值决定着社会主义核心价值观的基本性质，同时也是社会主义核心价值观的重要来源。而社会主义核心价值观丰富了人类共同价值的形式　同时也为共同价值的实现贡献了智慧和力量。再次，二者是广泛性与先进性的统一。广泛性是先进性的基础，先进性是广泛性的引领。共同价值凝聚了人类不同文明的价值共识，反映了世界各国人民的普遍追求和共同愿景，广泛性更强。社会主义核心价值观反映着社会发展的规律与趋势，代表着先进的生产关系与人类共同价值未来的发展方向，先进性更强。正如恩格斯所指出的那样，"现在代表着

---

① 《邓小平文选》第三卷，人民出版社 1993 年版，第 373 页。

现状的变革、代表着未来的那种道德，即无产阶级道德，肯定拥有最多的能够长久保持的因素。"① 即便是社会主义核心价值观和共同价值之间有共同的内容，但其内涵的深刻性也是不同的。比如共同价值中的"民主"，更多是聚焦于人们广泛性的需要，侧重于人们的共识层面；而社会主义核心价值观中的"民主"，显然强调的是民主的更高层次，反映的是社会制度与社会性质的深层次要求，侧重于人们的信仰层面。不能只是简单地将社会主义核心价值观看作共同价值的一部分，而看不到二者之间更为深层的关系。那样的话，不仅消解了共同价值的深刻内涵与应有之义，也在一定程度上降低了社会主义核心价值观的层次。二者相互依存、相互转化，统一于人类追求发展、社会追求进步的实践之中。

社会主义核心价值观始终与人类共同价值同向同行。人类所苦苦追寻的美好价值，以及对未来社会的美好憧憬，作为一种奋斗目标与理想信念，贯穿社会主义产生发展的整个进程。建立一个没有剥削、没有压迫、人人平等的理想社会，实现全人类的解放，作为一条主线，串联了世界社会主义500多年的历史。马克思以唯物史观和剩余价值学说这两大发现为基础，揭示了人类社会发展的一般规律以及资本主义运行的特殊规律，为实现人类自由和解放指明了现实道路，并描绘出未来社会的美好图景："代替那存在着阶级和阶级对立的资产阶级旧社会的，将是这样一个联合体，在那里，每个人的自由发展是一切人的自由发展的条件。"② 恩格斯在《社会主义从空想到科学的发展》中指出："完成这一解放世界的事业，是现代无产阶级的历史使命。深入考察这一事业的历史条件以及这一事业的性质本身，从而使负有使命完成这一事业的今天受压迫的阶级认识到自己的行动的条件和性质，这就是无产阶级运动的理论表现即科学社会主义的任务。"③ 中国共产党成立以来，风雨无阻、矢志不渝、初心不改，书写了为人民谋幸福的百年奋斗史诗，创造了举

---

① 《马克思恩格斯选集》第3卷，人民出版社2012年版，第470页。
② 《马克思恩格斯文集》第2卷，人民出版社2009年版，第53页。
③ 《马克思恩格斯文集》第3卷，人民出版社2009年版，第566—567页。

世瞩目的伟大成就，并续写了中国特色社会主义的新篇章。面对中国崛起，西方抛出了"中国不确定论"，声称中国的成功大多集中于经济领域，而非价值观、个人自由或"社会资本"，中国未来的方向充满不确定性。普林斯顿大学历史与国际事务教授哈罗德·詹姆斯（Harold James）认为，"中国领导人所面对的真正挑战，其实是要提出一套条理分明清晰易懂的世界观，以消除周边国家和地区的疑虑。"① 习近平总书记多次表明立场态度："中国人民愿同各国人民一道，秉持和平、发展、公平、正义、民主、自由的人类共同价值，维护人的尊严和权利，推动形成更加公正、合理、包容的全球人权治理，共同构建人类命运共同体，开创世界美好未来。"② 社会主义核心价值观倡导富强、民主、文明、和谐，自由、平等、公正、法治，爱国、敬业、诚信、友善，始终与人类共同价值同向同行。中国共产党与中国人民一贯坚持整体原则与全局意识，高度关注人类前途命运，着眼于各国人民共同尊严和福祉，从不搞本国优先，坚决摒弃小圈子和零和博弈，为构建人类命运共同体凝心聚力，积极做共同价值的坚定维护者、自觉践行者和积极弘扬者。

社会主义核心价值观始终与人类共同价值共生共荣。这不仅是社会主义核心价值观的内在旨趣，也是中国世界文明观的有力表达。和羹之美，在于合异。人类文明具有多样性，正是这种多样性，赋予世界姹紫嫣红的色彩，为人类共同价值注入活力。就如同自然界物种的多样性一样，一个物种所包含的基因越丰富，其生命进化能力越强。文明若没有多样性，就会丧失生命力。物之不齐，物之情也。整个世界包括 200 多个国家和地区、2500 多个民族、70 多亿人口，差异和多样是客观，亦是必然。当今世界一体化程度不断增强，世界各国早已是你中有我、我中有你、命运与共的一个整体。尽管事实如此，"文明冲突论"仍不时沉渣泛起，人为地制造矛盾与争端，刻意撕裂世界文明。对此，习近平

---

① ［美］哈罗德·詹姆斯：《马克思主义的复兴》，《土耳其周刊》2010 年第 1 期。
② 《习近平谈治国理政》第三卷，外文出版社 2020 年版，第 288 页。

总书记指出："我们要树立你中有我、我中有你的命运共同体意识，跳出小圈子和零和博弈思维，树立大家庭和合作共赢理念，摒弃意识形态争论，跨越文明冲突陷阱，相互尊重各国自主选择的发展道路和模式，让世界多样性成为人类社会进步的不竭动力、人类文明多姿多彩的天然形态。"① "文明冲突论"其实暗指"文明优越论"。交流互鉴是文明发展的本质要求，而交流互鉴是建立在平等与尊重之上的。对其他文明抱有傲慢与偏见、怀有敌意或不时发起攻击，甚至妄图取而代之，这种披着"文明"外衣而意欲文化殖民的野蛮行径本身就是"反文明"的。习近平总书记指出："每一种文明都扎根于自己的生存土壤，凝聚着一个国家、一个民族的非凡智慧和精神追求，都有自己存在的价值。人类只有肤色语言之别，文明只有姹紫嫣红之别，但绝无高低优劣之分。认为自己的人种和文明高人一等，执意改造甚至取代其他文明，在认识上是愚蠢的，在做法上是灾难性的!"② "我们要本着对人类前途命运高度负责的态度，做全人类共同价值的倡导者，以宽广胸怀理解不同文明对价值内涵的认识，尊重不同国家人民对价值实现路径的探索，把全人类共同价值具体地、现实地体现到实现本国人民利益的实践中去。"③

（四）开创人类文明新形态，具有卓越的世界贡献

习近平总书记在庆祝中国共产党成立 100 周年大会上的重要讲话中指出："我们坚持和发展中国特色社会主义，推动物质文明、政治文明、精神文明、社会文明、生态文明协调发展，创造了中国式现代化新道路，创造了人类文明新形态。"④ 社会主义核心价值观是中华民族精神独立性的标识，也是科学社会主义在中国落地生根、开花结果的明证，更

---

① 《习近平重要讲话单行本（2020 年合订本）》，人民出版社 2021 年版，第 169—170 页。

② 《习近平谈治国理政》第三卷，外文出版社 2020 年版，第 468 页。

③ 习近平：《加强政党合作共谋人民幸福——在中国共产党与世界政党领导人峰会上的主旨讲话》，人民出版社 2021 年版，第 4 页。

④ 习近平：《在庆祝中国共产党成立 100 周年大会上的讲话》，人民出版社 2021 年版，第 13—14 页。

是人类文明新形态的价值表征。它的意义和贡献不在于一地一隅，而是世界性的。习近平总书记指出："科学社会主义在中国的成功，对马克思主义、科学社会主义的意义，对世界社会主义的意义，是十分重大的。"① 中国特色社会主义事业经过长期探索和不懈实践，形成了具有民族特色并符合中国现实的目标、道路、制度、理论，并提炼出核心价值观的明确表达，对于全面概括凝练世界社会主义核心价值观提供了资源。虽然，中国社会主义核心价值观不是为世界专门定制的。但是，它作为一种社会主义国家的实践探索，却为从一般意义上概括世界社会主义共有的核心价值观提供了重要参考与内容借鉴。正如邓小平曾指明的那样："我们的改革不仅在中国，而且在国际范围内也是一种试验，我们相信会成功。如果成功了，可以对世界上的社会主义事业和不发达国家的发展提供某些经验。"② 此外，社会主义核心价值观作为中国特色社会主义的价值引领和重要成果，昭示着中国特色社会主义的光明前景，显示出发展中国家的巨大潜力，为第三世界国家展示了中国道路和中国选择，为促进世界和平发展和全球治理贡献了中国智慧和中国力量。

首先，中国特色社会主义核心价值观对于科学社会主义具有里程碑意义，是引领科学社会主义发展的精神旗帜。旗帜引领方向，信仰凝聚力量，道路决定命运。举什么旗、走什么路，关系到事业成败与国运兴衰，也关系到世界社会主义的前途命运。世界社会主义 500 多年的历史，波澜壮阔、跌宕起伏，曾铸就伟大辉煌，也曾遭遇重大挫折。20 世纪末，东欧剧变、苏联解体导致世界社会主义陷入低谷。一时间，各种反马克思主义、反社会主义的论调突起，"马克思主义过时论""社会主义失败论""中国崩溃论"甚嚣尘上。这对世界社会主义运动的打击与考验异常残酷，更是一度对许多共产党人的理想信念造成严重冲击。马克思主义的科学性与社会主义的优越性备受质疑，唱衰中国的舆论在国

---

① 《习近平谈治国理政》第三卷，外文出版社 2020 年版，第 70 页。
② 《邓小平文选》第三卷，人民出版社 1993 年版，第 135 页。

际上不绝于耳。即便在黑暗中摸索，在荆棘中前行，邓小平仍然语气坚定地指明："中国的社会主义是变不了的。中国肯定要沿着自己选择的社会主义道路走到底。谁也压不垮我们。只要中国不垮，世界上就有五分之一的人口在坚持社会主义。我们对社会主义的前途充满信心"①，"只要中国社会主义不倒，社会主义在世界将始终站得住。"② 中国共产党始终坚定理想信念，带领中国人民浴血奋战、奋勇拼搏。"中国非但没有崩溃，反而综合国力与日俱增，人民生活水平不断提高，'风景这边独好'。"③ 社会主义非但没有失败，反而在中国焕发出新的蓬勃生机。中国不仅扛起了、举稳了社会主义大旗，还成为世界共产主义运动的中流砥柱。中国社会主义核心价值观从意识形态的层面和高度，确认马克思主义的指导地位和灵魂作用，展现了社会主义在中国所取得的伟大成就，彰显了马克思主义的真理光芒和社会主义自身所蕴含的巨大能量，使那些攻击、诋毁歪曲马克思主义的无耻谰言不攻自破，成为坚守、捍卫马克思主义、科学社会主义的一面精神旗帜，促进了马克思主义信仰、社会主义理想信念在世界范围内的传播与建构，引领和鼓舞了世界社会主义的发展。正如习近平所指出的那样："如果社会主义在中国没有取得今天的成功，如果中国共产党领导和我国社会主义制度也在苏联解体、苏共垮台、东欧剧变那场多米诺骨牌式的变化中倒塌了，或者因为其他原因失败了，那社会主义实践就可能又要长期在黑暗中徘徊了，又要像马克思所说的那样作为一个幽灵在世界上徘徊了。"④

其次，中国特色社会主义核心价值观对于世界社会主义具有历史性贡献，开启了社会主义文明、世界社会主义发展的新境界。习近平总书记指出："当代中国的伟大社会变革，不是简单延续我国历史文化的母版，不是简单套用马克思主义经典作家设想的模板，不是其他国家社会

---

① 《邓小平文选》第三卷，人民出版社 1993 年版，第 320—321 页。

② 《邓小平文选》第三卷，人民出版社 1993 年版，第 346 页。

③ 中共中央党史和文献研究院编：《十八大以来重要文献选编》（上），中央文献出版社 2014 年版，第 110 页。

④ 习近平：《学习马克思主义基本理论是共产党人的必修课》，《求是》2019 年第 22 期。

主义实践的再版，也不是国外现代化发展的翻版。"① 中国特色社会主义，既坚持了科学社会主义基本原则，又根据时代条件赋予其鲜明的中国特色，是马克思主义基本原理同中国具体实际相结合、同中华优秀传统文化相结合，科学社会主义的基本原则与中国实际相结合的典范。中国特色社会主义核心价值观凝结了中华文化的优秀成果和历史积淀，也凝结了中华民族对于社会主义道路探索的理论思考和实践经验，是推动中国特色社会主义发展的精神动力，也是支撑世界社会主义发展的精神资源。邓小平曾经指出："问题是什么是社会主义，如何建设社会主义。我们的经验教训有许多条，最重要的一条，就是要搞清楚这个问题。"② 中国特色社会主义核心价值观明确回答了"社会主义究竟要建设什么样的国家？构建什么样的社会？培育什么样的公民？""究竟什么才是社会主义？""社会主义究竟有没有自己的价值？"等历史性问题，充分体现了社会主义的本质要求与制度构建原则，确立了社会主义文明新形态，是东方社会跨越"卡夫丁峡谷"的成功范例，代表了当代世界社会主义理论与实践发展的最新成果，为经济文化比较落后的国家建设、巩固和发展社会主义，以及世界各国凝练概括社会主义核心价值观提供了范本，也把科学社会主义推向了新阶段和新境界。

再次，中国特色社会主义核心价值观为第三世界国家追求现代化提供了新图景、新经验和新启示。改革开放以来，我们高举社会主义光辉旗帜，坚持走中国特色社会主义道路，创造性地解决了中国问题，在复杂的形势和严峻的考验之下，紧紧抓住了发展战略机遇期，创造了一个又一个中国奇迹，实现了历史上史无前例、独一无二的"中国之治"。在此之前，许多国家尤其是第三世界国家，迷信西方模式，将资本主义制度视为"永不破灭的神话"，将资本主义核心价值观奉为"永恒的真理"，跟在西方国家后面亦步亦趋、"邯郸学步"。结果非但没有求得期

① 《习近平谈治国理政》第三卷，外文出版社 2020 年版，第 76 页。
② 《邓小平文选》第三卷，人民出版社 1993 年版，第 116 页。

望中的"民主盛景",反而陷入党争纷起、社会动荡、民不聊生的境地。中国共产党和中国人民从来不相信救世主,也不迷信神话,只相信命运掌握在自己的手中。中国特色社会主义不是"飞来峰",也不是"舶来品",而是中国共产党和中国人民不懈探索、艰难奋进、勇于创新的实践结晶。"中国特色社会主义不是从天上掉下来的,是党和人民历尽千辛万苦、付出巨大代价取得的根本成就。中国特色社会主义,既是我们必须不断推进的伟大事业,又是我们开辟未来的根本保证。"① 中国特色社会主义是"中国之治"的核心密码,社会主义核心价值观是"中国之治"的文化内核。历史和实践证明了强大社会主义核心价值观所具有的显著优势,也验证了中国道路的可行性和有效性。"中国之路"与"中国之治"给第三世界国家上了一堂生动的公开课,打破了那些依附于西方的畅想和仰望西方的迷思,力证发展中国家独立自主实现现代化的现实可能,并为许多像中国一样谋发展的国家献上了丰富生动的实践样本。

最后,中国特色社会主义核心价值观为人类社会发展和全球治理贡献了中国智慧、中国理念和中国方案。党的十九大报告指出:"改革开放之初,我们党发出了走自己的路、建设中国特色社会主义的伟大号召。从那时以来,我们党团结带领全国各族人民不懈奋斗,推动我国经济实力、科技实力、国防实力、综合国力进入世界前列,推动我国国际地位实现前所未有的提升,党的面貌、国家的面貌、人民的面貌、军队的面貌、中华民族的面貌发生了前所未有的变化,中华民族正以崭新姿态屹立于世界的东方。"② 中国特色社会主义进入新时代,中华民族已实现第一个百年奋斗目标,开启实现第二个百年奋斗目标新征程。中国前所未有地走近世界舞台中央,其国际影响力空前提升、世界话语权显著增强,中华文化的独特价值日益凸显。中华民族具有五千多年绵延不绝

---

① 《习近平谈治国理政》第二卷,外文出版社 2017 年版,第 36 页。
② 《习近平谈治国理政》第三卷,外文出版社 2020 年版,第 8 页。

的文明传承，为人类文明进步作出了不可磨灭的贡献。"中华优秀传统文化是中华民族的文化根脉，其蕴含的思想观念、人文精神、道德规范，不仅是我们中国人思想和精神的内核，对解决人类问题也有重要价值。"① "世界那么大，问题那么多，国际社会期待听到中国声音、看到中国方案，中国不能缺席。"② 尤其是世界多极化、经济全球化、社会信息化、文化多样化纵深发展，国际力量对比深刻调整，国际秩序变革加速推进，世界大变局与全球疫情叠加冲击，使资本主义弊端凸显、西方国家矛盾突出，而社会主义则在大变局中创新局，"中国之治"与"西方之乱"形成鲜明对比。中国特色社会主义道路越走越宽广，使世界范围内两种意识形态、两种社会制度的历史演进及其较量，发生了有利于马克思主义、社会主义的深刻转变。中国特色社会主义所取得的开创性成就，为人类探索更加美好的社会制度和全球治理世界性难题提供了宝贵的中国智慧和中国方案。

① 《习近平谈治国理政》第三卷，外文出版社 2020 年版，第 314 页。
② 《习近平主席新年贺词（2014—2018）》，人民出版社 2018 年版，第 13 页。

第四章

社会主义核心价值观构建
当代中国人的精神世界的机制

　　当今世界正处于百年未有之大变局，世界多极化、经济全球化、社会信息化、文化多样化纵深发展，国际局势波谲云诡、外部风险暗流涌动、全球疫情形势严峻、意识形态斗争深刻复杂。随着经济全球化的发展与深入，国际格局的深刻调整，中西方文化的交流频繁，价值观的冲突也逐渐加剧。在国家与国家之间的竞争与较量中，文化作为一种"软实力"有着举足轻重的作用，意识形态领域也成为各国誓死把守或是意图占领的主要阵地，在这一领域发生的斗争虽"不见硝烟"，但却十分激烈胶着。尤其是以美国为首的西方国家，一刻也没有放弃对我国意识形态领域的进攻和渗透。他们一边极力鼓吹"自由主义""历史虚无主义""消费主义""普世价值""西方宪政"等，攻击我国的社会主义制度，妄图动摇我国的主流价值观；另一边又打着人权旗号大肆干涉他国内政，借助媒体疯狂散布"中国崩溃论""中国威胁论""中国责任论"等，毫无底线恶意贬损抹黑中国，试图遏制中国发展。这已经严重威胁到我国意识形态领域的安全，并造成当代中国人的精神世界的诸多冲突与矛盾。中国特色社会主义要在大变局中创新局，就要直面问题不惧挑战，高度重视党和国家的意识形态工作，高度重视社会主义精神文明建设，高度重视以社会主义核心价值观构建当代中国人的精神世界。当代中国人的精神家园犹如一片田地，需要社会主义核心价值观这粒种子，需要时时开垦维护、"拔草除虫"、耕耘建设，只有这样，才能开出美丽的花朵，结出丰硕的果实，守护精神家园。社会主义核心价值观对当代中国人的精神世界的构建意义毋庸置疑，而其构建机制又是怎样的呢？探究社会主义核心价值观构建人的精神世界的基本逻辑，揭示社会主义核心价值观作用于人的精神世界的基本过程及要素，思考二者互动生成的内在规律与基本要求，不仅是破解其中涉及的重难点问题的理论要求，也是深化当代中国人的精神世界构建路径的现实要求。

一　社会主义核心价值观构建人的精神世界的基本逻辑

习近平总书记曾发起倡议并明确指出："我们要在全社会大力弘扬和践行社会主义核心价值观，使之像空气一样无处不在、无时不有，成为全体人民的共同价值追求，成为我们生而为中国人的独特精神支柱，成为百姓日用而不觉的行为准则。要号召全社会行动起来，通过教育引导、舆论宣传、文化熏陶、实践养成、制度保障等，使社会主义核心价值观内化为人们的精神追求、外化为人们的自觉行动。"① 这段论述不仅确认了社会主义核心价值观有不同的存在形态，也描绘出社会主义核心价值观作用于人的精神世界的基本路线，对于我们正确把握社会主义核心价值观与人的精神世界的内在关系具有重要的指导意义。进而言之，社会主义核心价值观既可以是"一种目标""一种信念"，成为人们的价值追求和精神支柱；也可以是"一种实践""一种规范"，成为人们的日常践行和自觉遵照；还可以是"一种制度""一种理论"，成为治党治国治民的重要指导和基本遵循。它对于人们精神世界的影响必须通过"内

---

① 中共中央文献研究室编《十八大以来重要文献选编》（中），中央文献出版社 2016 年版，第 134 页。

化于心"和"外化于行"的方式才能得以显现。从这个意义上而言,社会主义核心价值观对人的精神世界构建的过程,也是社会主义核心价值观入脑入心入行的过程。在笔者看来,社会主义核心价值观主要有理论形态、实践形态、制度形态和目标形态。这四大形态分别对人的知、情、意、信具有突出作用,可以通过对人的精神世界各个层次循序渐进而持续不断的影响,有针对性地解决当代中国人的精神世界的内在冲突和疑难问题,有效地帮助人们发展认知、丰富情感、提升道德和树立理想,循环往复以达到重建价值观乃至重建信仰的目的,最终实现精神世界的不断丰富与完善。这构成了社会主义核心价值观构建人的精神世界的基本逻辑。

(一) 以社会主义核心价值观的理论形态提升人的认知

社会主义核心价值观具有理论形态。习近平总书记多次强调社会主义核心价值观要进教材、进课堂、进头脑,实际上就确认了社会主义核心价值观具有理论形态,而且侧面反映了这一理论的系统化和专业化要求。2013 年 12 月 23 日,中共中央办公厅印发《关于培育和践行社会主义核心价值观的意见》(中办发〔2013〕24 号),其中明确指出把培育和践行社会主义核心价值观融入国民教育全过程,培育和践行社会主义核心价值观要从小抓起、从学校抓起,要重视课堂教学,不断完善中华优秀传统文化教育,适应青少年身心特点和成长规律,构建大中小学有效衔接的德育课程体系和教材体系等要求。2014 年 4 月 1 日,教育部印发《关于培育和践行社会主义核心价值观进一步加强中小学德育工作的意见》(教基一〔2014〕4 号),其中强调改进课程育人,开发有效课程,引导各学科教师依据课程标准和学生实际情况,设计相应的教学活动,在传授知识和培养能力的同时,将积极的情感、端正的态度、正确的价值观自然融入课程教学全过程。这一方面确认了社会主义核心价值观"知识化"的存在状态,以及将这一知识有效传递给教育对象的要求;另一方面也点明了社会主义核心价值观"知识性"的特殊属性,以及不断将"积极的情感""端正的态度""正确的价值观"等转化为理论知识的指向。

社会主义核心价值观的理论形态，是指人们对于社会主义核心价值观及其相关理论与学说所进行的科学概括和总结。其中，既包括社会主义核心价值观的理论基础、概念特点、内容构成等问题的理论阐释，也包括社会主义核心价值观一系列现实问题的学理分析。也即是说，知识及知识性的表达是社会主义核心价值观理论形态的集中呈现。这是社会主义核心价值观科学性和真理性的直接反映，也是社会主义核心价值观宣传教育得以开展的重要前提。随着社会主义核心价值观的不断发展，其知识性特点日益凸显，相关理论知识的专业化、系统化程度不断提高。就其理论形态的具体构成而言，大致来说主要包括：理论性知识，如马列主义、毛泽东思想和中国特色社会主义理论体系；习近平新时代中国特色社会主义思想；历史性知识，如党史、新中国史、改革开放史和社会主义发展史、世界史、国际共运史等；事实性知识，如世情、国情、党情、民情；规范性知识，如道德规范、法律规范。可见，社会主义核心价值观的理论知识以马克思主义理论和中华优秀传统文化为核心，涉及文化、历史、哲学、道德、法律、教育等多个方面，包括世界观、历史观、政治观、法治观、人生观、价值观等各种知识。而且，这些知识之间密切联系，相互统一，自成体系。

社会主义核心价值观的理论形态可以直接作用于人的认知，对发展人的思维、提高人们认识问题和解决问题的能力、提升人们认知水平具有突出作用。美国心理学家、计算机科学家纽厄尔（Alan Newell，1927）和美国科学家、人工智能开创者之一的西蒙（Herbert Alexander simon，1916）作为认知心理学派的代表人物，就强调性地指出，知觉是确定人们所接受到的刺激物的意义的过程，这个过程依赖于来自环境和来自知觉者自身的信息，也就是知识。人们头脑中已有的知识和知识结构，对人的行为和当前的认识活动有决定性的影响和作用。当人们从外部世界接收到与其内在心理结构相适应、相匹配的知识时，就会激发对

"知"的期望并指导感觉器官有目的地搜索特定知识。① 社会主义核心价值观的理论形态以马克思主义理论为指导与基础，以中华优秀传统文化为资源与土壤，与中国特色社会主义的产生发展密切相连，与当代中国人生产生活中的现实问题紧密相关。换句话说，这样的一种知识/知识体系既因其科学性和真理性，不断被实践所检验、证明和发展，而对现实生活具有强大的指导作用，能够强烈地满足人们的求知需求；也因其民族性和贴近性，和中国人的精神生活具有共同的文化土壤和现实境遇，不断强化人们的民族记忆和心理基础，而对当代中国人的精神世界具有高度适配性，能够极大地刺激人们的认知反应；还因其导向性和针对性，能够帮助人们正确而深刻地认识历史与现实，辩证看待世界与人生，培养正向认知和积极思维，有效改善人们的认知行为。

（二）以社会主义核心价值观的实践形态充盈人的情感

社会主义核心价值观具有实践形态。价值本身根源于实践中的对象化和非对象化的基本矛盾，价值观本质上表达的是对象化关系。"价值观是人类在认识、改造自然和社会的过程中产生与发挥作用的。"② 任何一种价值观的形成与发展，都离不开现实而具体的实践。再先进的思想和观念，再宏伟的理想和目标，再美好的追求和祈愿，如果没有结合现实付诸实践，最终都只能是"海市蜃楼"和"黄粱一梦"。社会主义核心价值观得以生成的前提是人，"但不是处在某种虚幻的离群索居和固定不变状态中的人，而是处在现实的、可以通过经验观察到的、在一定条件下进行的发展过程中的人。只要描绘出这个能动的生活过程，历史就不再像那些本身还是抽象的经验主义者所认为的那样，是一些僵死的

---

① ［美］罗伯特·索尔所、［美］奥托·麦克林、［美］金伯利·麦克林：《认知心理学》（第8版），邵志芳等译，上海人民出版社2019年版。

② 中共中央文献研究室编：《习近平关于社会主义文化建设论述摘编》，中央文献出版社2017年版，第116页。

事实的汇集，也不再像唯心主义者所认为的那样，是想象的主体的想象活动。"① 社会主义核心价值观得以发展的基础是实践，因为"对实践的唯物主义者即共产主义者来说，全部问题都在于使现存世界革命化，实际地反对并改变现存的事物"。② 社会主义核心价值观的实践形态，既是价值观产生发展规律自然展开的结果，也是社会主义核心价值观根本性质的有力表达。"社会实践是核心价值观生成发展的基础，群众认同是核心价值观落地生根的关键。"③ 价值观必须深入生活、深入实践，才能深入人心。正因如此，习近平总书记强调性地指出："要切实把社会主义核心价值观贯穿于社会生活方方面面。要通过教育引导、舆论宣传、文化熏陶、实践养成、制度保障等，使社会主义核心价值观内化为人们的精神追求，外化为人们的自觉行动……一种价值观要真正发挥作用，必须融入社会生活，让人们在实践中感知它、领悟它。要注意把我们所提倡的与人们日常生活紧密联系起来，在落细、落小、落实上下功夫。"④

社会主义核心价值观的实践形态，是指以人们现实的实践活动为存在形式而呈现的社会主义核心价值观。其中，既包括社会主义运动，也包括中国特色社会主义伟大探索与实践，还包括人们对于社会主义核心价值观的日常践行。更进一步来说，从社会主义核心价值观的历史呈现来讲，可以将科学社会主义运动乃至于世界共产主义运动看作社会主义核心价值观自身在历史中、在世界范围内不断展开的实践形态。从社会主义核心价值观的现实发展来讲，可以将中国特色社会主义伟大事业建设，尤其是新时代以来以习近平同志为核心的党中央带领全国人民进行伟大斗争、建设伟大工程、推进伟大事业、实现伟大梦想的拼搏奋斗看作是社会主义核心价值观在中国、在当代不断深化的实践形态。从社会主义核心价值观的培育践行来讲，可以将社会主义核心价值观落细落小

---

① 《马克思恩格斯选集》第 1 卷，人民出版社 2012 年版，第 153 页。
② 《马克思恩格斯选集》第 1 卷，人民出版社 2012 年版，第 155 页。
③ 《十八大报告辅导读本》，人民出版社 2012 年版，第 254 页。
④ 《习近平谈治国理政》第一卷，外文出版社 2018 年版，第 164—165 页。

落实、社会精神文明创建活动、人们日常躬身践履等，看作是社会主义核心价值观在人们生活世界不断拓展的实践形态。《关于培育和践行社会主义核心价值观的意见》强调，培育和践行社会主义核心价值观，是推进中国特色社会主义伟大事业、实现中华民族伟大复兴中国梦的战略任务。要高度重视社会主义核心价值观的培育和践行，并将其融入国民教育全过程，落实到经济发展实践和社会治理中，广泛开展与深化一系列涵养社会主义核心价值观的实践活动。[①] 在由中央宣传部、中央文明办发布的《培育和践行社会主义核心价值观行动方案》（中宣发〔2015〕9 号）中指出强化实践养成，并提出 15 项重点活动安排，包括爱国主义教育活动、群众性精神文明创建活动、学雷锋志愿服务活动、诚信建设制度化、节俭养德全民节约行动、公正文明执法司法活动、平安中国建设活动、民族团结进步创建活动、文明旅游活动、全民科学素质行动、扶贫济困活动、爱国卫生运动、文明办网文明上网活动、公众人物"重品行树形象做榜样"活动、"三严三实"教育活动。同时强调注重典型示范，诸如宣传时代楷模和最美人物、宣传道德模范和身边好人、宣传善行义举等。这足以见得，社会主义核心价值观的实践形态具有战略性地位与多样化呈现。

　　社会主义核心价值观的实践形态可以直接作用于人的情感，对发展心理、充盈情感、完善人格具有关键性的意义。一方面，情感在人们由知入行、由知促行、知行合一的过程中具有中介作用；另一方面，实践又在情感的生发、丰富、拓展与深化的过程中具有基础性地位，尤其是正确价值观的养成之于情感发展的意义不言而喻。从一定意义上而言，社会主义核心价值观实践形态的不断展开，是人们弘扬真善美和贬斥假恶丑的过程，是人们为家庭谋幸福、为他人送温暖、为社会作贡献的过程，也是人们不断确认价值、追求价值、实现价值的过程。人们在这一过程中获得意义感和成就感，获得喜、怒、哀、乐、爱、恶、欲等丰富

[①] 《关于培育和践行社会主义核心价值观的意见》，人民出版社 2013 年版。

的情感体验，并不断发展情感需求、提高情绪状态、提升情感水平。尤其是面对世界范围内思想文化交流交融交锋形势下价值观较量的新态势，面对改革开放和发展社会主义市场经济条件下思想意识多元多样多变的新特点，面对实现中华民族伟大复兴的战略全局和世界百年未有之大变局背景下情感冲突加剧的新情况，不断发展与深化社会主义核心价值观的实践样态，具有重要的现实意义和深远的历史意义。

社会主义核心价值观的实践形态是一种特殊的国家叙事，是与国家相关的知识、价值、历史和记忆的凝聚，是特定的历史文化、民族精神和集体记忆在现实中的表达，不仅能够实现情感的投射、表达、传递、调动和凝聚，还可以培育或唤醒人们的归属感、认同感、自豪感和荣誉感。社会主义核心价值观的实践形态也是一种独特的情景体验，集真实的现实场景、直观的呈现形式、广泛的影响范围于一身，让"在场者"直接感受到社会主义核心价值观的吸引力和感召力。它可以传递特定的历史、思想、文化，以唤醒人们潜藏于内心深处的感情；也可以展现中国故事、中国力量和中国智慧，以强化人们对于国家、民族、社会和他人的正向、积极、饱满的感情；还可以将民族记忆融入历史画卷并在人们面前铺展开来，将民族精神和民族品格随着人们的生产实践，转化、渗透并融入人们的精神意识之中。社会主义核心价值观的实践形态还是一种有力的符号注解。它可以直观地呈现核心价值观，使其从抽象转为具象，"使不能直接被感觉到的信仰、观念、价值、情感和精神气质变得可见、可听、可触摸"①。以爱国仪式为例，作为典型的社会主义核心价值观的实践形态之一，其对于表现民族情感、强化国家认同具有特殊而显著的作用。涂尔干认为，仪式"就是要唤醒某些观念和情感，把现在归为过去，把个体归为群体"②。它甚至可以打破时空局限，让身处于

---

① ［英］维克多·特纳：《仪式过程：结构与反结构》，黄剑波、柳博赟译，中国人民大学出版社 2006 年版，第 48 页。

② ［法］爱弥尔·涂尔干：《宗教生活的基本形式》，渠敬东、汲喆译，商务印书馆 2017 年版，第 521 页。

同一时空甚至不同时空的人，通过政治文化符号的传播，共享意义世界，以唤醒和调动人们的深层情感，达到情感激发、情感传递、情感动员、情感升华的效果。

（三）以社会主义核心价值观的制度形态规范人的道德

社会主义核心价值观具有制度形态。2014 年 2 月 24 日，习近平总书记在主持十八届中共中央政治局第十三次集体学习时发表讲话，其中指出："培育和弘扬社会主义核心价值观，不仅要靠思想教育、实践养成，而且要用体制机制来保障。西方国家在这方面是很下功夫的，虽然执政的党派不断更换，各领风骚四五年，但他们的价值理念保持着一定的稳定性和持续性，其中一个重要原因就是他们的制度设计、政策法规制定、司法行政行为等都置于核心价值理念的统摄之下。要发挥政策导向作用，使经济、政治、文化、社会等方方面面政策都有利于社会主义核心价值观的培育。要把社会主义核心价值观的要求转化为具有刚性约束力的法律规定，用法律来推动核心价值观建设。各种社会管理要承担起倡导社会主义核心价值观的责任，注重在日常管理中体现价值导向，使符合核心价值观的行为得到鼓励、违背核心价值观的行为受到制约。"[1] 这里讲的就是社会主义核心价值观的制度形态。制度形态是社会主义核心价值观发展到一定阶段和一定程度的必然结果，是占统治地位的"物质力量"和"物质关系"上升到国家意识形态领域的必然要求，是一定阶级或社会群体使其核心价值观成为国家主导价值观的必然选择。相对于其他形态而言，社会主义核心价值观的制度形态具有突出的权威性和稳定性、指导性和约束性、规范性和程序性，集中代表和反映着社会主义核心价值观的合法性、约束力和威慑力。

社会主义核心价值观的制度形态，是指社会主义核心价值观制度化

---

[1]　中共中央文献研究室编《习近平关于社会主义文化建设论述摘编》，中央文献出版社 2017 年版，第 111 页。

的过程及其结果的总和，是指以法律法规、合同规章、风俗习惯、文化传统、道德伦理等制度形式而存在的社会主义核心价值观。在一般语境里，许多人认为只有法律法规、合同规章这种成文的规定才是制度，实则不然。制度通常是指在一定历史条件下形成的法令、礼俗等规范。它是社会科学中的重要范畴，泛指以规则或运作模式规范个体行动的一种社会结构。其具体内容及形式既包括正式制度，也包括那些共同遵守或约定成俗的非正式制度。正如霍布斯鲍姆所指出的那样，"被发明的传统"意味着一整套通常由已被公开或私下接受的规则所控制的实践活动，具有一种仪式或象征特性，试图通过重复来灌输一定的价值和行为规范。① 习近平总书记强调，"按照社会主义核心价值观的基本要求，健全各行各业规章制度，完善市民公约、乡规民约、学生守则等行为准则，使社会主义核心价值观成为人们日常工作生活的基本遵循。要建立和规范一些礼仪制度，组织开展形式多样的纪念庆典活动，传播主流价值，增强人们的认同感和归属感……要发挥政策导向作用，使经济、政治、文化、社会等方方面面政策都有利于社会主义核心价值观的培育。要用法律来推动核心价值观建设。各种社会管理要承担起倡导社会主义核心价值观的责任，注重在日常管理中体现价值导向，使符合核心价值观的行为得到鼓励、违背核心价值观的行为受到制约。"② 由此可见，社会主义核心价值观的制度形态主要包括以下两个方面：一是体现社会主义核心价值观的基本法律制度，如法律、法规和规章制度等；二是反映社会主义核心价值观的日常生活制度，如市民公约、乡规民约、学生守则、礼仪制度等。这两个方面相互补充、相互促进、密切联系、缺一不可，共同规范着人的道德行为。

社会主义核心价值观的制度形态可以直接影响人的道德③，对于规

---

① ［英］埃里克·霍布斯鲍姆、［英］特伦斯·兰杰：《传统的发明》，顾杭、庞冠群译，译林出版社 2008 年版，第 2 页。

② 《习近平谈治国理政》第一卷，外文出版社 2018 年版，第 165 页。

③ 此处的"道德"主要指道德意志，属于精神世界的范畴。详见本书第一章内容。

范道德行为、磨炼道德意志、提升道德修养具有突出的作用。道德之于个人、之于社会，都具有基础性意义，做人做事第一位的是崇德修身，"因为德是首要、是方向，一个人只有明大德、守公德、严私德，其才方能用得其所"。[①] "核心价值观，其实就是一种德，既是个人的德，也是一种大德，就是国家的德、社会的德。"[②] 从这个角度而言，社会主义核心价值观的制度形态，也就是人们对于个人、社会、国家所共同遵循奉行的道德在制度层面上的确立和体认，是社会主义核心价值观不断融入法律规则和各项制度建设的过程及其结果。它是社会主义核心价值观发展建设的长效机制，是保证国家、社会、个人实现良性互动、同向同行的重要措施，是培育践行社会主义核心价值观的必要保障，对人们的思想道德行为有重要的导向、激励、震慑、约束、治理作用。2016 年12 月，中共中央办公厅、国务院办公厅印发《关于进一步把社会主义核心价值观融入法治建设的指导意见》，强调把社会主义核心价值观上升到法律制度层面。2017 年 10 月，党的十九大将社会主义核心价值观和社会主义荣辱观写进了党章，2018 年 3 月，十三届全国人大一次会议将社会主义核心价值观写入宪法总纲，2018 年 5 月，中共中央印发《社会主义核心价值观融入法治建设立法修法规划》，全面而深入地推动了社会主义核心价值观的入法入规，促进了社会主义核心价值观制度形态的长足发展，使得社会主义核心价值观对于人的道德约束由"软"到"软硬兼施"的转换。一方面，以法律法规等制度形式对人的道德行为准则进行明文规定，明确人们的道德权利与道德义务，为人们提供道德生活的法律依据和行为准绳；另一方面，以乡规民约、文化习俗、仪式礼仪等制度形式对人的道德行为进行规约，涵盖社会公德、职业道德、家庭美德、个人品德各个方面，以社会舆论、道德规范、风俗习惯等方式约束人的思想行为、荡涤社会的不良风气，引

---

① 《习近平谈治国理政》，外文出版社 2014 年版，第 173 页。
② 习近平：《青年要自觉践行社会主义核心价值观——在北京大学师生座谈会上的讲话》，人民出版社 2014 年版，第 4 页。

导人们崇德向善，形成知荣辱、讲正气、作奉献、促和谐的良好风尚。

（四）以社会主义核心价值观的目标形态引领人的信仰

社会主义核心价值观具有目标形态。2014 年 5 月 4 日，习近平总书记在北京大学师生座谈会上的讲话中强调自觉践行社会主义核心价值观的重要性和必要性时说道："建设富强民主文明和谐的社会主义现代化国家，实现中华民族伟大复兴，是鸦片战争以来中国人民最伟大的梦想，是中华民族的最高利益和根本利益。今天，我们 13 亿多人的一切奋斗归根到底都是为了实现这一伟大目标……一个民族、一个国家，必须知道自己是谁，是从哪里来的，要到哪里去，想明白了、想对了，就要坚定不移朝着目标前进。"[1] 这其实也是在强调目标形态的社会主义核心价值观对于民族、国家、社会和个人的重大意义。社会主义核心价值观寄托着近代以来中国人民上下求索、历经千辛万苦确立的理想和信念，也承载着我们每个人的美好愿景，无论何时都要坚守社会主义核心价值观。正如习近平总书记所指出的那样，"核心价值观的养成绝非一日之功，要坚持由易到难、由近及远，努力把核心价值观的要求变成日常的行为准则，进而形成自觉奉行的信念理念。不要顺利的时候，看山是山、看水是水，一遇挫折，就怀疑动摇，看山不是山、看水不是水了。"[2] 这实际上既蕴含着社会主义核心价值观的目标形态有难易和远近之分，要注重目标制定的系统性、科学性和贴近性，以促进社会主义核心价值观由"知"到"信"的转化；也反映了当代中国社会主义核心价值观建设早已不再停留于培育和践行的层面，而是上升到理想信念的层面，要求人们从内心深处去认同、在信仰高度去构建。

社会主义核心价值观的目标形态，是指以目标、理想信念、信仰等

---

[1] 习近平：《青年要自觉践行社会主义核心价值观——在北京大学师生座谈会上的讲话》，人民出版社 2014 年版，第 6—8 页。

[2] 《习近平谈治国理政》第一卷，外文出版社 2018 年版，第 174 页。

存在形式而呈现的社会主义核心价值观。也即是说，人们把社会主义核心价值观作为奋斗目标甚至是信仰对象，坚信其真理性以及实现的必然性，并对社会主义核心价值观的精神内涵、本质要求和最终指向，表现出高度认同、自觉践行与执着追求。党的十八大提出，倡导富强、民主、文明、和谐，倡导自由、平等、公正、法治，倡导爱国、敬业、诚信、友善，积极培育和践行社会主义核心价值观，明确指出了国家层面、社会层面和公民个人层面的价值目标、价值取向和价值准则，分别回答了我们究竟要建设什么样的国家，要构建什么样的社会，要培育什么样的公民。[①] 这实际上说明了社会主义核心价值观目标形态在当代中国现阶段的集中体现与具体要求。而从社会主义的根本任务和价值旨归来看，社会主义核心价值观的目标形态最终指向共产主义社会的实现和人自由而全面的发展。在人的精神世界那里，这一系列目标就转化成为信心、理想信念乃至于信仰。习近平总书记指出："无论过去、现在还是将来，对马克思主义的信仰，对中国特色社会主义的信念，对实现中华民族伟大复兴中国梦的信心，都是指引和支撑中国人民站起来、富起来、强起来的强大精神力量。"[②] 这段论述不仅强调了信心、信念和信仰的重大意义，还进一步阐明了这"三信"的具体对象，可谓是给社会主义核心价值观目标形态在人的精神世界中的呈现上作出的一个精准注解。

社会主义核心价值观的目标形态可以正确引领人的信仰，对于坚定信心信念、树立远大理想、构筑科学信仰具有深远的意义。在当代中国，马克思主义信仰、中国特色社会主义共同理想与社会主义核心价值观紧密结合、内在统一。社会主义核心价值观凝结着全体人民的共同愿望、利益和理想，是共产主义信仰的当代体现，是社会主义意识形态的

---

① 中共中央文献研究室编《十八大以来重要文献选编》（上），中央文献出版社 2014 年版，第 578 页。
② 习近平：《在庆祝改革开放 40 周年大会上的讲话》，人民出版社 2018 年版，第 42—43 页。

集中反映，也是中国特色社会主义理想的现实表达。因而，社会主义核心价值观本身就具有深刻的信仰意蕴，甚至可以成为人们直接信仰的对象。习近平总书记在中国人民大学考察时指出："广大青年要做社会主义核心价值观的坚定信仰者、积极传播者、模范践行者。"① 事实也证明，社会主义核心价值观正在为越来越多的人所信仰。一方面，这表明社会主义核心价值观由培育践行、落地生根，到入法入规、治国治党，再到理想信念乃至信仰，已经发展到了更高的层次；另一方面，这也反映出我们的共产主义信仰的形式越来越丰富、层次越来越全面、内容越来越贴近。"坚定理想信念，必先知之而后信之，信之而后行之。"② 坚定信仰是建立在真学与真懂基础之上的真信和真用，是知、信、行这三者的高度统一。"对社会主义核心价值观的坚定信仰，一定是建立在对马克思主义、社会主义的科学认识和深刻理解基础之上的，一定是建立在对历史规律的清醒认知和深刻把握基础之上的。"③ 对社会主义核心价值观的信仰，也必然要求人们将社会理想与个人理想相结合，将理想信念与实践奋斗相统一。社会主义核心价值观作为一种信仰，首先是一种政治信仰。坚定道路自信、理论自信、制度自信、文化自信，是其核心要义；爱国、爱党、爱社会主义、爱人民，是其本质要求。政治信仰是第一位的，它关乎方向立场问题，是人们保家卫国、建功立业的根本保证。社会主义核心价值观也是一种道德信仰。它表现为对社会主义道德的笃信笃行，以为人民服务为核心，以集体主义为原则，以明礼知耻、崇德向善、见贤思齐为要求，是人们培根铸魂、修身修心修为的基本遵循。社会主义核心价值观还是一种生活信仰。它可以指引人生道路和人生目标，影响人生态度和人生方向，是人们启智润心、成长成才的价值引领。

---

① 《坚持党的领导传承红色基因扎根中国大地走出一条建设中国特色世界一流大学新路》，《人民日报》2022 年 4 月 26 日。

② 《习近平在中央党校（国家行政学院）中青年干部培训班开班式上发表重要讲话强调 筑牢理想信念根基树立践行正确政绩观在新时代新征程上留下无悔的奋斗足迹》，《人民日报》2022 年 3 月 2 日。

③ 刘伟：《坚持以社会主义核心价值观涵育时代新人》，《教学与研究》2022 年第 5 期。

综上所述，社会主义核心价值观的四大形态——理论形态、实践形态、制度形态、目标形态，分别对人的知、情、意、信具有突出作用，可以有针对性地作用于人的精神世界的四大领域——认知领域、情感领域、道德领域、信仰领域，并依次满足人们的认知需要、情感需要、归属需要、意义需要。社会主义核心价值观自身的发展，包括目标形态、制度形态、理论形态、实践形态的科学性与一致性，还可以有效化解人们在价值观层面的冲突。当然，社会主义核心价值观的四种基本形态不是相互孤立的，而是相互融合、相互转化的，正如人的精神世界中的知、情、意、信之间所具有的不可分割的关系一样。究其实质，以社会主义核心价值观构建人的精神世界的过程，也是以真、善、美作用于人们的知、情、意，以达到树立科学崇高的信仰的过程，是不断促进真、善、美在人的精神世界中高度统一的过程。"离开了真善美与知情意的有机结合，人们是无法形成自己对人生的追求的。"① 真善美的统一，是主体与客体的完成的全面的统一。"真善美是合目的性与客观规律性的统一，是感性和理性的统一，也是知情意的统一，认识和实践、人和人、人和自然的统一。真善美的统一，使人的存在，人的生活达到了最高境界，处于一种自由的存在状态。只有实现真善美的统一，人才能成为全面的人，完善的人。真善美的统一是主体所追求的最高境界、理想境界。……真善美的统一，就是人的价值的实现，就是人以全面的方式对自己的本质的占有。它使世界成为人的世界，人则成为世界的主人。"②

二　社会主义核心价值观构建人的精神世界的过程要素

"以社会主义核心价值观构建人的精神世界"，意指核心价值观是我

---

① 张守刚：《马克思主义哲学教程》，人民出版社1991年版，第31—32页。
② 高清海主编：《马克思主义哲学基础》下册，人民出版社1987年版，第253—254页。

们构建精神世界的抓手、工具或途径。也就是说，我们的侧重点其实在于人的精神世界，而非核心价值观。而当我们转换研究视野和思维向度，将着眼点放在核心价值观上的话，就会发现，社会主义核心价值观构建人的精神世界的过程，实质上也是人们将社会主义核心价值观内化于心、外化于行，不断促进精神生产与再生产的过程。说到底，社会主义核心价值观构建人的精神世界离不开核心价值观教育。无论是以何种形态作用于人，最终还是要回归于教育；无论是以何种形式影响人的知、情、意、信，最后都能被广义的教育所涵盖。从这一角度来看，以社会主义核心价值观构建人的精神世界，就是一定的社会或者社会群体、一定的阶级或者阶级利益集团将该社会或者本阶级的核心价值观转化为特定对象的个体价值观，并通过对其知、情、意、信的作用及影响，促进其精神世界的和谐、发展与提升。在核心价值观教育视域下进行考察，社会主义核心价值观构建人的精神世界的活动在当代中国集中表现为思想政治教育活动，其过程要素可以概括为：目标、主体、信息和客体。这四大要素在人的精神世界构建的过程中分别发挥着导向作用、主导作用、中介作用与能动作用。整个过程的顺利推进与良性运行，以目标的一致性为前提、主体的可信性为基础、信息的有效性为条件、客体的能动性为动力。要素之间的良性互动和结构优化，贯穿于过程展开和机制运行的始终。

（一）目标的一致性

以社会主义核心价值观构建人的精神世界有明确的目标指向。从长远来说，在于立德树人、铸魂育人，以促进人的精神世界的发展与完善，促进人自由而全面的发展。从具体来说，在于围绕人的精神世界解决阶段性问题，围绕立德铸魂完成阶段性任务。不同层级的构建主体的目标不同，不同阶段的目标也不同。针对人的精神世界的不同领域及其问题，目标还不同。核心价值观构建人的精神世界的过程要素需要通过共同目标而实现联结，各自不同的功能需要共同目标进行耦合，彼此之间的矛盾冲突需要通过共同目标进行整合。目标的一致性，是联结各要素的根本条件，也是协同各要素功能和力量的重要保证。没有一致的目标，要素之间的联系与作用方式就会混乱无序，直接影响过程展开与机制运行。目标的一致性，要求目标的设置与确立要遵循科学性原则、正当性原则和人本性原则。进一步来说，目标应符合规律，符合现实和未来发展要求，符合人们的精神需求和内心期待，符合公平正义要求，体现向上向善追求，坚持以人为中心，坚持真、善、美的尺度。各级目标之间应逻辑清楚、关系紧密、内在统一，方向和步调一致，共同构成一个有机的整体。

一是保持根本目标与具体目标之间的适度张力。以核心价值观构建人的精神世界具有艰巨性、复杂性和持久性，铸魂育人、立德树人绝非一朝一夕之功。根本目标只能通过从属于它的一个个具体目标的实现而实现。要实现目标的一致性，就要紧紧围绕根本目标，根据现实的情况与条件以及人们精神生活发展及思想品德发展的实际水平，恰当地选择和确立具体目标，使目标具有系统性、层次性、操作性、针对性。每一个具体目标的制定都不是随意的，而是有内在逻辑贯穿其中，始终都要围绕立德铸魂这一根本目标而展开。大到方针政策，小到具体流程，都不能有悖于立德铸魂的目的，也不能脱离于育人树人的目标。在设置与确定目标的过程中，还应注意大小合适、难易得当、远近得宜，确保目标相对于客观实际而言，既实事求是又张弛有度，既不盲目乐观又不急于求成，既不"好高骛远"又不"妄自菲薄"，既能充分调动各要素的积极力量，把一个个小目标连接起来，又能分层次地形成系统的目标体系，保证各要素协调一致向着健康方向发展。邓小平就曾针对中国的现代化进程，异常清醒地指出："建国以来我们犯的几次错误，都是由于要求过急，目标过高，脱离了中国的实际，结果发展反倒慢了。"① 这样的经验教训，同样适用于以核心价值观构建当代中国人的精神世界的过

---

① 《邓小平文选》第三卷，人民出版社 1993 年版，第 202 页。

程。因为目标过高，就会脱离人们精神生活实际，挫伤人们的积极性与自信心，甚至会让人们产生逆反心理和对抗情绪，使得工作开展丧失现实基础和内在动力；目标过低，就会降低目标和活动本身对人们的吸引力和感召力，无法满足人们精神生活超越性的要求，达不到提升人们精神世界发展水平的效果。

二是保持不同层级的主体之间的目标协同。以核心价值观构建人的精神世界是一个长期、系统的工程，需要最大限度调动合力、共同攻关。在这一过程中，国家、社会和个人缺一不可，必须齐心协力、相互支持、相互配合，不能单打独斗、自说自话、各自为政。只有不同层级的主体之间实现目标协同，才能保持方向一致，确保力量不会涣散或者相互抵消。只有在各个主体之间达成较为一致的协同目标时，各个主体的行为才能朝着同一个方向努力，形成一种协同的合力，这要远远大于各个协同主体力量之和。① 协同主体之间目标的一致性，不仅有利于促进各方达成深入的共识，从而促进协同效率的提高，还有利于强化共同的利益基础，协调各方利益关系，激发协同主体间自发的合作。② 这就要求国家层面、社会层面、个体层面的目标协同一致、重点分明、有机统一，全面打通人的精神生活发展的现实"壁垒"，补齐核心价值观在人的精神世界中发挥作用的"短板"，建构一体化工作格局，促进全员、全程、全方位育人。只有这样，才能够最大限度地调动和凝聚国家、社会、个人的合力，使社会主义核心价值观的真理性与科学性在传播中被人们所知晓、在教育中被人们所领会、在践行中被人们所检验与接受，核心价值观才能真正融入人们的生活与灵魂，最终转化成人们的内心律令和自觉追求，完成由价值引领与传递—价值感化与认同—价值信仰与践行的构建过程。

---

① Shane Carmody, "What works and why：collaborating in acrisis. InCollaborative governance：a new era of public policy in Australia?" In Janine O'Flynn & John Wanna（Eds.），ANUPress，2008，p.64.

② 王凤鸣、袁刚：《京津冀政府协同治理机制创新研究》，人民出版社2018年版，第28页。

三是保持主体与客体之间的目的趋同。这就要求构建主体在设定具体目标时，尤其要关注客体的心理需求和情感需要，从客体真实需求和现实利益出发，注重发掘其内生动力。习近平总书记深刻认识核心价值观构建人的精神生活的内在规律，始终坚持人民至上，多次强调核心价值观建设必须与人们的生产实践和现实生活紧密联系，如此才能在人们的心中产生作用，在人民的脑海中形成印象，在人民的生活中发挥价值，确保社会主义核心价值观走进千家万户、走进日常生活、走进人们内心。"社会主义核心价值观的发展演变历程，充分表明了符合当下时代特征、契合社会实践需求的价值观念还必须要能够深入生活、深入实践、深入人心，才能够真正广泛流传、内化于心、外化于行……把核心价值观的要求变成百姓生活，并全面地细致地融入人民群众生产生活和工作的方方面面，才能确保紧紧抓住每一个需要价值观指引方向、需要价值观救赎灵魂的现实的具体的人。"[①] 以核心价值观构建人的精神世界这项工作，事关民生民意，尤其要杜绝形式主义，不能一味喊口号、走流程，不去将工作落细、落小、落实，而是要坚持原则性与灵活性相结合，坚持统一性与多样性相结合，广泛听取人们的心声和意愿，充分吸取人们的意见和建议，全面贯彻以人为中心，尊重个体差异，充分把握具体的知识目标、情感目标、能力目标等，使人们能够真心实意地接受和认可目标，并从追求目标实现的过程中获得快乐和满足，达到促知、怡情、养志的效果，促进知、情、意、信、行的全面发展和共同提升。主体在准备环节，在具体构建工作启动之前，就要科学认识人的价值观形成发展过程及其规律，对工作与教育对象的现实情况、身心发展特点、精神生活需要等进行准确的把握和评估，准确把握不同阶段、不同人群的身心特点，并通过具体目标的科学设置、宣传教育活动的实施、环境的优化等，最终促进预期目标的达成。

[①] 王学俭主编《十八大以来党的治国理政思想研究》，人民出版社 2017 年版，第 211—212 页。

（二） 主体的可信性

以社会主义核心价值观构建人的精神世界的主体，是指主导整个过程开展及机制运行，促成各要素之间的有效联系和相互作用，直接发起、组织、推进活动展开与深化的组织或个人。其中，代表国家的政府及政党组织作为实质性主体，弘扬主导价值、规定教育内容、决定构建活动的方向和性质，具有统一领导权和宏观决策权；各级社会组织作为协同性主体，是整个构建活动的物质承担者和具体执行者，包括企业、机关、学校、科研院所、社区等正式组织，也包括家庭及特定的社会团体等非正式组织；身为"代言人"的教育者作为直接性主体，组织教育活动、把握教育内容、始发教育信息、创设教育情境，与教育对象展开直接而真实的交往和互动。对于教育对象而言，主体的可信性主要源自教育者的可信性。因为在核心价值观教育的过程中，教育者是看得见的、"显性"的主体，而国家是看不见的、"隐性"的主体。事实上，国家合法性、政府公信力、政党信任度和满意度，是教育者可信性的决定性因素和根本性前提。一旦核心价值观教育的实质性主体失去合法性或可信性，那么以核心价值观构建人的精神世界的活动就会丧失合法性，教育者的可信性就会被剥夺。

学校是核心价值观教育的主阵地，广大的思想政治教育者是核心价值观教育的核心力量和重要主体。习近平总书记在全国高校思想政治工作会议上强调："教师是人类灵魂的工程师，承担着神圣使命。传道者自己首先要明道、信道。高校教师要坚持教育者先受教育，努力成为先进思想文化的传播者、党执政的坚定支持者，更好担起学生健康成长指导者和引路人的责任。"[1] 但就我国目前的情况来看，教育主体队伍素质却是良莠不齐。一方面，言党不爱党、传马不信马的现象偶有发生，个别教育者在课堂上、网络上发表不当言论，公然诋毁历史、曲解马克思

---

[1] 《习近平谈治国理政》第二卷，外文出版社 2017 年版，第 379 页。

主义，极大损害了教育主体的形象和声誉。另一方面，队伍中存在许多非专业人士，对核心价值观教育的本质与定位无清楚的认识，无强烈的政治意识及觉悟，又或无马克思主义理论基础及学习背景，导致讲价值时立场不坚定，讲知识时又理论不彻底，使得教育活动既无感召力又无说服力。此外，网络空间中鱼龙混杂，一些人无专业资质却充当教育主体，到处兜售"普世价值"、恶意制造公共话题、裹挟社会舆论。比如一些网络大 V、微博博主、平台主播不懂装懂，以外行身份冒充内行，打着公知旗号动辄对党和国家指手画脚；再比如在抖音、快手、火山小视频等平台上，打着"大师"旗号散播毒鸡汤的网红亦不在少数。这些人坐拥数十、百万乃至千万粉丝，掌握一定的影响力和话语权，加之网络环境相对缺少约束与管制，似乎可以摇身一变成为"专家"，不负责任随意进行价值输出，使得教育主体污名化，其可信性也受到很大冲击。

　　教育者的可信性首先受其人格魅力所影响。人格魅力主要源自正确的世界观、人生观、价值观的影响力，高尚道德修养的渗透力，以及良好职业品质的感染力。一般情况下，教育者人格魅力的高低与教育活动效果、机制运行效果成正比。教育者的人格魅力越高，获得教育对象认同、喜爱与信赖的程度越高，教育活动过程要素间的关系越顺畅，机制运行就越容易取得实效；反之，教育者越是缺乏人格魅力，对于教育对象的权威性与说服力越低，教育活动就越难以顺利展开。具体来说，教育者的人格魅力包括：具有坚定的政治立场与政治信念、高度的爱国精神与奉献精神、良好的生活作风与行为习惯，正直善良、诚实可靠；拥有强烈的事业心和责任感、爱岗敬业、热爱和尊重教育对象、清正廉洁、公正公平、不掺杂个人的私利与好恶、具有一定的牺牲精神与合作精神等。具有较高人格魅力的教育者会通过榜样示范、言传身教增强核心价值观传递的效果，给教育对象心灵埋下真善美的种子。学为人师，行为世范。教育者对教育对象的影响，离不开教育者的学识和能力，更离不开其为人处世、于国于民、于公于私所持的价值观。核心价值观教育不仅传播知识、传播真理，而且传播思想、传递精神、传授美德。如果教育者本身人格不正、品质不好，在是非、曲直、善恶、义利、得失等方面总出问题，就无法以身作则、率先垂范，更无法立德、立身、立学，也就无法传递正确的价值观、完成构建人的精神世界的重任。

教育者的可信性其次受其个人素养所影响。一是要有专业素养。有真才实学，才能担得起"经师"的职责。除了过硬的专业素质，还需要有相应的知识储备；除了具有马克思主义理论功底之外，还要广泛涉猎其他哲学社会科学以及自然科学知识。核心价值观教育本身的难度大、要求高，所承担的任务和使命具有特殊性、艰巨性，所面对的教育对象也具有多样性、复杂生、变化性，如果教育者没有相应的理论功底、知识储备、专业能力、心理素质、道德品质是无法胜任的。二是要有政治素养。政治强、三观正，才能肩负起"人师"的使命。习近平总书记曾提出"六个要"的要求——政治要强，情怀要深，思维要新，视野要广，自律要严，人格要正。① 其中，"政治要强"是摆在首位的。广大核心价值观教育者肩负着传授马克思主义理论、传递核心价值的责任，更肩负着塑造灵魂、塑造生命和塑造新人的神圣使命，不仅关乎人才成长，更是关乎未来社稷。传道者自己首先要明道、信道。一个不懂马、不信马的人无法讲好马克思主义，一个不爱国、不爱党的人无法传递好核心价值观，一个没有正确理想信念的人也无法成为称职的教育者。核心价值观教育有鲜明的政治属性，以及明确的价值立场，要让有信仰的人讲信仰，要在党言党、爱党护党，在马言马、懂马信马。习近平总书记对作为核心价值观教育重要承担者的思政课教师说道："对马克思主义的信仰，对社会主义和共产主义的信念，只有首先在思政课教师心中扎下根，才能在学生心中开花结果。思政课教师只有自己信仰坚定，对

---

① 《习近平主持召开学校思想政治理论课教师座谈会　强调用新时代中国特色社会主义思想铸魂育人贯彻党的教育方针落实立德树人根本任务》，《人民日报》2019年3月19日。

所讲内容高度认同，做学习和实践马克思主义的典范，才能讲得有底气，讲深讲透，才能有效引导学生真学、真懂、真信、真用。"① 核心价值观教育的政治性、思想性、学术性、专业性是紧密联系在一起的。广大教育者只有坚持经师与人师的统一，坚持"术"与"道"相统一、学与行相一致，才能以透彻的学理分析回应教育对象，以彻底的思想理论说服教育对象，用真理的强大力量引导教育对象，引领教育对象完成从知识建构到信仰建构的飞跃。

（三）信息的有效性

信息是内容、方式、情境综合作用的统一体，是促成主客体进行有效联系、各要素动态联结的桥梁和中介。内容规定着方式与情境，方式与情境又反过来影响着内容的传输过程及效果。三者相互影响、相互作用，统一于具体实践之中，并共同构成核心价值观教育场域中的信息。信息的有效性具体表现为内容的真理性、情境的有益性以及方式的适宜性。

内容的真理性，即教育者所弘扬的世界观和方法论是科学的，对国家性质、政策、方针、路线、基本国情、形势等做出的说明与解释是准确的，倡导的价值理念是正确的，反映与体现的内容是遵循事物发展规律的、贴近教育对象生活实际的、符合教育对象根本利益的。核心价值观教育内容的真理性，由马克思主义的科学性与社会主义核心价值观的先进性所决定，也受转化和传递内容的准确性所影响。内容真理性的要求与表现主要有以下几点：其一，内容要"专"。应准确揭示人的思想品德变化发展规律、核心价值观作用于人的精神世界的规律以及核心价值观教育教学规律，向着体系化和专业化的方向发展，增强知识体系的逻辑自洽与价值彰显。其二，内容要"实"。内容的真理性往往需要通过实践所检验和证明，理论应密切联系实践，知识要紧贴学生实际，不

---

① 习近平：《思政课是落实立德树人根本任务的关键课程》，人民出版社 2020 年版。

能脱离具体的现实问题、鲜活的生命个体，以及真实的生活世界。核心价值观教育的内容尤其不能假、大、空，若是一味地从概念到概念，缺少价值导向与问题导向，缺失人文关怀和现实观照，就会缺乏针对性与阐释力，尤其是在应对社会突发事件、引领社会思潮、纾解人们思想困惑、解决现实重大问题时就会滞后而乏力。核心价值观教育的内容要有实践导向和问题意识，要能够针对教育对象的实际问题、教育教学的重难点问题、社会热点问题，真正地反映问题、澄清问题、解决问题，这样的内容才有针对性和阐释力。其三，内容要"精"。要精挑细选、精益求精，加强价值审视与知识建构。绝不能奉行拿来主义，习惯复制粘贴、不经反思琢磨，习惯于想当然、以点概面、以偏概全，只知其一不知其二，这样就会导致内容空泛且高同质化；也不能主张"大锅炖"和"一锅端"，对内容不加辨别推敲，注重表面而远离深刻，追求虚幻而远离真相，忽视内容生产，一味兜售浅薄的见闻，把深奥的理论束之高阁，这样就会导致内容庞杂但含金量低。其四，内容要"新"。由于核心价值观教育具有很强的意识形态性，其内容的更新速度相对较快。教育者要加强对于理论的敏感度，提升理论的解释力，密切关注相关新理论、新提法、新论断、新发展，要自觉用党中央的最新指示、最新精神、最新成果武装头脑，丰富教育教学。因为，真理的感召力、思想的吸引力、逻辑的引领力，才是核心价值观教育的真正魅力之所在。

情境的有益性，即创设与教育对象、目标、内容相匹配的微观环境，形成有利于传递核心价值观的心理情感场域。信息的传递需要在一定的背景和情境下展开和深入，情境设置是否合理，直接关系到活动的效果，影响着信息传递的效率。情境的有益性，要求教育者所创设的微观环境和营造的整体氛围，能拉近心理距离、制造心灵辐射，并有助于卸下教育对象心理防线，吸引其注意力和兴趣点，调动其积极性和主动性，引发其思考与共鸣，并激发特定的认知、情感、需要、动机与行为。通过气氛烘托、情境创设、场域设置，以实现情感的投射、表达、传递、调动和凝聚，是核心价值观教育的有效手段。以人们在特定场域齐唱国歌为例，这就是形成了核心价值观传递的特定情境，"在唱国歌的行动当中却蕴含了一种同时性的经验。恰好就在此时，彼此素不相识的人们伴随相同的旋律唱出了相同的诗篇"①。情境的有益性，可以通过唤醒或构建教育对象对于特定的人、事物、事件、行为的记忆和感情，以增强核心价值观传递的效果。毕竟，有时"用幻想的力量比用纯粹的物质理论更易于鼓动起大批的群众"②。

方式的适宜性，即方式方法的选取与运用要适时、适当、适度，符合教育对象特点与需要，契合教育目标与内容，满足教育教学任务及规律的要求。方式的适宜性有以下要求：一是要坚持政治导向。核心价值观教育有着明确的意识形态性和鲜明的政治立场，其主要任务不仅仅在于知识的传授，更在于核心价值的传递。任何方式方法的创新，必须以守正为前提。丢掉了政治立场和价值坚守，核心价值观教育就会失去合法性基础。澄清和纾解思想困惑、辨析和回应社会思潮、传播和倡导核心价值，是核心价值观教育的职责所在。无论选择哪一种教育方式，整个教育活动必须坚持正确的政治导向。二是坚持目标导向。好的教育方式能够使得主题更加凸显、逻辑更加清楚、目标更加明确。核心价值观教育需要讲授抽象的理论、深刻的哲理，也需要澄清多样的社会思潮、回应复杂的社会问题，若方式选择不当、运用不佳，是很难讲清难点问题、实现价值引领的，甚至很有可能起反作用，使教育实践与预期目标背道而驰。三是坚持内容导向。形式是为内容服务的。方式只是一个载体，核心还是以这个载体所承载的内容。若脱离或丢失了内容这个核心，无论采用何种方式都无法抓住重难点达到教学目标。进一步来说，教育者所使用的方式方法一定是经过甄别、比较和优选，具有代表性的，既能够反映核心价值观教育的任务和要求、贴合教育内容，也能够体现教育对象的需要和特点、符合其整体认知接受水平。

---

① [美]本尼迪克特·安德森：《想象的共同体：民族主义的起源与散布》，吴叡人译，上海人民出版社 2016 年版，第 139 页。
② [德]恩斯特·卡西尔：《国家的神话》，范进等译，华夏出版社 1999 年版，第 339 页。

内容的真理性、情境的有益性和方式的适宜性，对于信息的有效性都至关重要、缺一不可。信息的有效性作为核心价值观教育主客体良性互动的必要条件，也作为核心价值观构建人的精神世界过程展开的重要前提，是内容真理性、情境有益性和方式适宜性相互统一、共同作用的结果。

（四）客体的能动性

以核心价值观构建人的精神世界的活动自始至终都指向"现实的人"，人作为客体并不是完全受动的，而是具有主观能动性的。这种能动性具体表现在以下几个方面：其一，客体对主体所传递的信息有选择、判断、加工的能力。实际上，客体最终所内化的信息经过自己的选择、加工、删选与理解，与原始内容总会有差异。其二，客体对内容、方式和情境，尤其是对主体等有反作用。通常情况下，主体在知识、阅历、经验等方面存在一定优势，在信息传递的过程中发挥着主导作用，有组织、管理、决策等权利。但是，无论是目标、任务和计划的制定，还是内容、方式和情境的选择，都要受到客体的制约。客体甚至能够通过主动参与和自觉建构，充分彰显主体性的地位和作用。其三，客体的获得感和满意度是衡量和检验整个活动过程及结果的根本标准。由于主体在认识、能力等方面的局限性和变化性，其观点和行为不总是对的；由于核心价值观构建人的精神世界过程的动态性和复杂性，各要素之间的运行不总是顺畅的。客体可以通过自身的真实感受和体验进行反馈和评价，促使主体反被教育，并在这一过程中认识到问题或不足，积极调整要素内在结构与运行状态，提升活动效果。其四，客体有自我认识、自我调整、自我评价和自我教育的能力。客体可以根据活动目标、任务与要求，对照自身情况及状态，找出差距与不足，自觉内化和践行核心价值观，以实现自我提升，产生自我建构的效果。而只有当客体彻底完成"他教"向"自教"的转换与飞跃，真正成长为自觉建构的主体时，核心价值观教育的目的才能在真正意义上得以达成。

第四章　社会主义核心价值观构建当代中国人的精神世界的机制

客体作为教育关系指向的另外一方和整个活动的中心角色，肩负着重要职责。具体包括：其一，积极参与活动。客体应真实地表达自身的想法和愿望，帮助主体全面地认识和分析客体、客观认识过程要素，做好教育活动的相关准备；协助主体制定目标与计划，敢于承担、敢于作为、勇于挑战、乐于参与，为活动的开展和完善献策献力，充分发挥自身的主动性与创造性，共建教育教学；发挥监督与激励作用，带动"在场者"共创良好的氛围与环境。其二，自觉内化信息。以核心价值观构建人的精神世界的目标最终要在客体的自觉内化与践行中获得实现。对于核心价值观教育信息，客体有主动内化于心并积极外化于行的任务。但是在实际过程中，客体承认教育内容的科学性却不落实于行动上的现象时有发生，知行不一的情况仍然存在。这种情形之所以出现，可能的原因有：客体对主体的厌恶、反感与抵触，活动强度过大、频率过高，方法的陈旧、枯燥，环境的消极影响、负面作用；教育信息与客观事实不一致，或与客体的实际情况和暂时性利益有矛盾，导致知、情、意、信的内部冲突；缺乏践行的机会和条件，或是客体认识上有误区而故意"唱反调"；约束和激励机制不健全，长效机制未能建立，导致核心价值观教育半途而废。其三，及时作出反馈。客体的思想品德发展状况、精神世界的和谐程度、态度与行为的变化是衡量核心价值观教育效果好坏、人的精神世界的构建机制运行优劣的重要标准。客体应如实、及时地对活动过程及各要素进行评价与反馈，具体包括：坚持原则、敢于质疑，真实表达自己的愿望与建议，杜绝心口不一、言行不一现象的发生；不畏惧权威、不逃避责任、不随波逐流、不刻意迎合，在反馈过程中不制造假象、不提供虚假信息，树立责任意识，保证反馈信息的真实性和有效性。同时加强对主体和整个活动的监督，自觉参与工作质量与效果评估，为活动的科学化发展提供参考与依据。

客体的能动性也需要一定的素质和能力作为支撑。一是思想政治道德素质。思想素质、政治素质与道德素质共同构成了客体思想政治道德素质的内容。思想素质包括正确的世界观、人生观、价值观以及先进开放的思想观念与科学理性的思维方式。客体的思想观念越先进开放，与教育内容的契合度越高，越容易接受科学思想和先进理念的引导，构建活动的难度越小，反之，则难度越大，其态度与行为就越难改变，构建目标就越难实现。思维方式是一个人思想素质的重要表现，思维方式越趋于科学与理性，核心价值观教育效果越是明显。政治素质包括正确坚定的政治立场、科学的政治观念、较高的政治品德与政治水平。客体的政治素质越高，越容易对核心价值观表现出高度认同，越善于辨别大是大非，越能够坚守正确的立场、树立崇高的理想。道德素质是对道德品质和行为习惯的要求，具体包括遵纪守法、团结友爱、谦虚谨慎、乐于奉献、与人为善、包容理解、自尊自强、自律自爱等。二是知识能力素质。具体包括具备一定的专业知识和文化水平，这直接制约着客体的认知水平和思维方式，并与其能力素质直接相关。能力素质主要有理解思考能力、分析研究能力、解决问题的能力、表达沟通能力、组织协调能力、创新创造能力、自我调控与自我约束能力、人际交往能力等。客体的知识能力素质高，对主体、信息、情境等要素的认知度和理解力就高，活动效果就好。三是生理心理素质。良好的生理心理素质具体表现为：健全、健康的身本，强健的体魄，充沛的精力等；健康的心理状态、较强的心理适应性、广泛稳定的兴趣、积极向上的情感、坚强的意志、丰富的实践经验、良好的性格习惯等。身心健康是客体与主体建立稳定关系、展开良性互动的基础，也是保证核心价值观引领人的精神世界实现飞跃和提升的保障。

目标、主体、信息、客体，不是孤立存在的，而是相互依存、相互作用，通过彼此联结与动态发展共同构成了核心价值观作用于人的精神世界的内在机制，这几大要素的内在构成方式与工作原理也决定了机制功能的发挥。其中，目标是导向，目标的一致性是机制运行的前提；主体（教育者）是关键，主体的可信性是激发机制运行的保证；客体（教育对象）是中心，客体的能动性制约着机制运行的目标、状态和效果；信息是中介和桥梁，信息的有效性是形成机制要素联结、优化机制内在结构的必要条件。以核心价值观构建人的精神世界的机制，并不是各要素的简单相加，也不是单指呈现在外的程序、环节、结果，而是一种动态的、复杂的、有规律的工作原理与运行方式。它包含以下三层意思：一是系统内部各要素相互联系、相互制约、相互联结、相互作用的关系；二是在活动过程中，各要素发挥各自功能的作用原理以及实现整体功能的动态运行方式；三是决定机制运行状态、质量与功能的各要素的结构。重建价值观作为构建人的精神世界的重要任务，也作为整个机制运行的目标指向，不是目标、主体、客体、信息等某一个因素的单独作用，而是在机制视域下，通过各要素的内在结构调整、功能的不断耦合、机制的良性运行而最终达到的结果。

三　社会主义核心价值观构建人的精神世界的机制运行

综合上述分析，抛开外部宏观环境对机制运行的作用和影响，只着眼于核心价值观教育的过程，重点分析要素之间的作用方式与组合的结构，以教育者与教育对象为中心，构建以社会主义核心价值观作用于人的精神世界的机制运行模型（参见图4）。社会主义核心价值观有不同形态，分别对人的精神世界的各个层次产生不同的作用和影响。在核心价值观教育实施之前，教育者的精神世界构建就已经完成了一个小循环，之后才始发、组织和实施核心价值观教育活动，并通过创设情境、传递内容、创新方式，合成教育信息，社会主义核心价值观才得以充分地作用于教育对象的精神世界，并通过一个循环往复、循序渐进的过程，达到重建价值观乃至重建信仰的目的。在这一过程中，社会主义核心价值观本身、教育者、情境、内容、方式、教育对象等都很关键，每一个要素或环节出现问题都会影响到人的精神世界构建的效果。反过来讲，人的精神世界的很多问题也都能从中找到答案。当然，核心价值观及其教育并不是万能的，指望以此去解决当代人的精神世界中的所有问题是万万不能的。

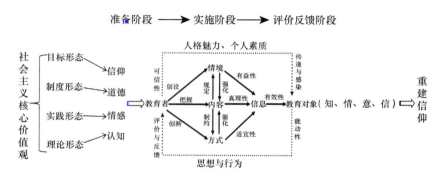

图4　社会主义核心价值观构建人的精神世界的机制运行模型

　　社会主义核心价值观构建人的精神世界是一个循序渐进的过程，按照其工作展开的顺序，可分为准备阶段、实施阶段和评价反馈阶段。在准备阶段，教育者对教育目标、教育内容及教育对象有充分准确的认知和把握，教育对象也可以发挥主动性与积极性，做好必要的心理建设与准备。在此基础上，由教育者始发、组织和实施社会主义核心价值观教育活动，通过创设情竟、转化教育内容、创新教育方式，合成教育信息，从而作用于教育对象，促进各要素的联结及机制的运行。最后，教育者通过整合教育对象自身言行而反馈出来的信息，对要素结构和机制运行的状态和结果进行评估，重新审视目标、内容和对象，及时正确地调整要素的联结方式，优化内在结构，进入下一次机制运行的准备阶段，循环往复，不断作用于教育对象的精神世界，以达到使教育对象真学、真懂、真信、真用的结果。值得注意的有以下几点：首先，以教育信息为中介，围绕教育者和教育对象的双向互动而构成的小系统不是封闭的，而是开放的。原因在于影响教育者和教育对象的因素是多样的、复杂的，教育者所理解的信息或是教育对象所接受的信息随时随地都会受到或大或小的影响。其次，机制运行的模型不是平面的，而是立体的。原因在于机制的运行系统不是静止的，而是动态的。其一，各要素之间不是孤立存在的，是相互依存、相互作用，通过多个联结点动态发展的。其二，教育对象的信仰重建作为机制运行的结果，往往需要多次的机制运行才能实现，是一个持续的、长期的、现实的过程。再次，机制运行的系统不是停滞的，而是发展的。微观上，要素是按照时间的延续、机制运行过程的展开而发展的。如信息这一要素，最开始只是教育者根据教育目标和教材内化后的一种信息符号，而到了教育对象那里，信息就是教育者、内容、方式、情境四个因素相互作用的统一体，最后被教育对象内化了的信息，已经附加了教育对象自身的影响，并转化为一定的行为外显出来。宏观上，要素的结构是按照机制运行次数的递增、机制功能效果的增强不断优化的。纵观整个过程，社会主义核心价值观构建人的精神世界的机制运行，是知识性和价值性的统一、建设性和批判性的统一、主导性和主体性的统一。

（一）是知识性和价值性的统一

社会主义核心价值观构建人的精神世界的机制运行模型，着眼于核心价值观教育的过程，揭示出核心价值观作用于人的精神世界是知识建构和价值建构相统一的过程，也表明核心价值观教育是知识性和价值性的统一。一方面，核心价值观教育具有知识性。它不仅在教育信息和内容上具有知识的呈现形态，在教育任务和形式上也离不开知识的共享和传授，在教育教学过程上也始终以知识的内化与外化、知与行的一致和统一作为着眼点和落脚点并贯穿始终，在功能上更表现出具有满足受众求知需求的属性。这种知识性主要体现在以下几个方面：一是科学性。作为其指导思想的马克思主义，拥有科学的世界观和方法论，创造性地解释了人类社会发展规律，是颠扑不破的真理。作为其核心内容的马克思主义理论以及中国特色社会主义理论体系，都经过了历史和实践的检验。二是专业性。它有相应的学科和专业作为支撑，有坚实的理论基础和学术保障，以及专业的队伍和力量。三是系统性。它有完备的教育教学体系以及完整的内容体系。实质上其学术深度与广度及知识含金量并不亚于任何一门哲学社会科学。另一方面，核心价值观教育具有价值性，并集中表现为意识形态性。它不像自然科学和应用科学那样，包含着大量不证自明或毋庸置疑的知识，就比如数学公理、几何公式、物理定律等，这些知识具有结论的确定性和应用的广泛性，客观性强、可靠性高。核心价值观教育所传授的，除了客观的事实描述、经验总结、规律揭示等理论知识外，还有体现着主观意志的"价值"。换句话说，它所传递的知识通常都承载着一定阶级、社会或社会群体的价值判断、价值选择、价值导向。从性质地位来说，核心价值观教育是立德树人、铸魂育人的工程。它必须全面贯彻党的教育方针，坚持正确的发展方向，巩固马克思主义在意识形态领域的指导地位，巩固全党全国人民团结奋斗的共同思想基础。从具体内容来说，核心价值观教育虽然也包含科学文化知识教育，但理论知识也蕴含特定的价值和价值观，尤其是中国特色社会主义理想信念和马克思主义信仰。从工作任务来说，核心价值观教育虽有传授知识或讲解理论的任务，但不在于单纯地传递知识，而在于借助于这些知识去进行价值传递、价值引导和价值建构。从最终目标来说，核心价值观教育落脚于教育对象正确世界观、人生观和价值观的塑造和养成、促进人的精神世界的全面提升、实现人的全面而自由的发展上面。可见，核心价值观教育的整个过程，看似是知识的内化与外化过程，实则是"价值"的内化与外化过程。价值性作为核心价值观教育的本质属性，贯穿其教育活动的始终。

价值性和知识性紧密联系、不可分割，统一于核心价值观教育教学实践之中。首先，二者相互蕴含、相互补充。一方面，知识承载和蕴含价值。核心价值观教育承担着传授知识、传递真理，提高教育对象知识文化水平和理论素养的任务，知识里蕴含求真的价值。它着墨于人与自然、人与社会、人与人、人与自身的关系，自始至终都在观照价值世界，整个知识体系都是围绕于此而展开。另一方面，价值凝结和包含知识。核心价值观教育做的是培养人的工作，重在促进教育对象正确三观的塑造和养成，价值中凝结教人向善的知识。世界观、人生观、价值观作为人们对于世界、人生及自身的认识结果，本就包含知识性成果。其次，二者相互区别、相互促进。知识性主要体现客观尺度和规律，而价值性则主要体现主体要求和利益。二者相互制约、互动共生。知识性反映了一般教育活动的普遍特点，而价值性则反映了核心价值观教育的独特之处。在这里，知识是载体，价值是目的。核心价值观教育遵循合规律性与合目的性，将"显性的知识"和"隐性的价值"联系在一起，进而实现知识传授与价值建构的内在统一。价值性与知识性，揭示了核心价值观教育的主要性质和特点，体现的是矛盾的两个方面。这种统一不是并列的、不分主次轻重的。价值性与知识性孰轻孰重？当然是价值重。因为它体现的是矛盾的主要方面，对于核心价值观教育教学活动的本质起决定性作用。一般的教育教学都具有知识性特点，但核心价值观教育教学特殊的地方在于，它的主要目标并不在于传授知识，而在于传递"价值"，价值性更能体现这一活动的性质和功能，也更能体现其本质要求和独特之处。知识是手段而非目的。核心价值观教育不是价值无涉的。它虽借助于知识的载体，但其本质却不在于价值中立的知识教育，而是寓价值引导于知识传授之中，通过知识建构最终完成价值建构。其次，要在对立中把握统一。价值性与知识性紧密联系、不可分割，二者既相互依存又相互转化。知识传授是价值建构的重要方式和途径，价值建构是知识传授的核心目的和归宿，二者互为补充渗透、互动共生。不可各执一端，亦不可偏废一方。只看到二者之间的矛盾对立，而看不到二者之间的统一，把价值性与知识性相分离，就容易陷入"泛意识形态化"与"去意识形态化"、"泛知识化"与"去知识化"的极端，这势必会导致认识上的误区以及实践中的困难。

知识性与价值性原本就可通约。知识作为人类在实践中认识世界的成果总和，本身就有价值指涉，具有科学性价值。此外，知识的形成与发展离不开主体的客观实践，也离不开主体的思维加工。它受人类思维、意志、情感等主观因素的影响，并受制于特定的观念指导和价值秩序规约，其生成不可避免地掺杂着价值性。正如苏格拉底在关于"什么是知识"的讨论中所提到的那样，关于真实、信念、理性的解释是知识包含的若干要素，虽然"正确的信念加上解释还不能被称作知识"，但"没有解释和正确的信仰怎么会有知识呢?"① 从这一角度而言，知识的形成、发展与传承，也是价值的一种确认与彰显。知识的价值性嵌入，这是其一。而价值的知识性涵括，则是其二。价值可以以知识为载体，甚至可以转化为知识的形态呈现。被誉为"知识管理理论之父"的野中郁次郎（Nonaka）就认为知识是一种被确认的信念，通过知识持有者和接收者的信念模式和约束来创造、组织和传递，在传递知识的同时也传递着一套文化系统。价值性抑或是知识性，任意偏废一方都无法成就有效的教育。传递知识理论，是教育的重要任务，而但凡是教育，无论是传授自然科学知识，还是传授人文社会科学知识，都不可能剔除价值性。毕竟，丝毫不隐含价值的知识是不存在的，完全不涉及价值的教育是不称职的。习近平总书记在全国教育大会上指出：培养什么人，是教育的首要问题。这也明确揭示了教育的本质要求。教育不仅在于"教"更在于"育"，而育人离不开知识性传授，更离不开价值性获得。当然，教育教学也不能空有价值而无知识含量，若是价值世界丧失知识性成果的呈现方式，没有任何知识作为支撑或载体，教学活动就难免会流于形式化和空泛化。教育一旦丢掉知识性，就等于折断了翅膀，而一旦背弃价值性，就等于失去了灵魂，教育活动自然就会随之变得空洞乏力。教育是培养人的活动，是合目的性与合规律的统一。纵观人类的教育实践活动历程，知识性和价值性总是相互蕴含、共同为育人目标所服务的。

究其实质，核心价值观教育是传导主流意识形态的教育，有强烈的意识形态属性，其价值性带有鲜明的政治色彩。因而，它所传递的并非一般意义上的价值，而是具有阶级属性或社会规定性的主导价值观。可能正是出于这一点，有些人才会陷入科学知识真理性与意识形态虚假性

---

① ［古希腊］《柏拉图全集》第二卷，王晓朝译，人民出版社2003年版，第738—748页。

之间的悖论，认为价值性与知识性在其他教育活动中可以统一，而在核心价值观教育这里无法自洽。需要澄清的是，意识形态本身有规律可循，并可基于科学认识形成相关理论与知识。而知识的形成与发展也会受到意识形态的影响与规约。意识形态不全然是虚幻的，它总是反映真实的社会生产生活。意识形态不必然就是虚假的，其虚假与否受社会生产生活关系性质所决定。马克思恩格斯早就指出："意识在任何时候都只能是被意识到了的存在，而人们的存在就是他们的现实生活过程。如果在全部意识形态中，人们和他们的关系就像在照相机中一样是倒立成像的，那么这种现象也是从人们生活的历史过程中产生的，正如物体在视网膜上的倒影是直接从人们生活的生理过程中产生的一样。"[1] 马克思主义意识形态教育，从其诞生之日起，就有很强的实践性与斗争性。它一贯揭露真相、驳斥不公，从不麻痹人民、粉饰太平，从不屑于隐藏自己的本质属性抑或是真实意图。它以马克思主义为指导，旨在促进并实现人们自由而全面的发展。价值性与知识性之所以能在马克思主义意识形态教育中自洽，正是以此为前提和基础。马克思主义，既是博大精深的理论，又是科学崇高的信仰。它使得社会主义核心价值观教育有坚实的理论基础、丰硕的实践成果、崇高的精神追求，也赋予社会主义核心价值观教育集科学理论与科学信仰于一身、融知识性与价值性于一体的品性。从这个角度来说，社会主义核心价值观教育要葆有其底色、彰显其特点、发挥其功能，坚持马克思主义立场、观点和方法，就要坚持知识性和价值性的统一。这种统一不是现象层面的关系，而是一种内在联系，反映的是马克思主义意识形态教育的本质规定。

（二）是建设性和批判性的统一

社会主义核心价值观构建人的精神世界的机制运行模型，揭示了传导主流意识形态的基本过程与心理机制，建设性是其根本。在马克思主

---

[1] 《马克思恩格斯文集》第 1 卷，人民出版社 2009 年版，第 525 页。

义经典作家那里，始终强调建设新世界是目的，破坏旧世界是途径。"无产阶级革命内在地具有建设性，而且从革命过程来说，本身是一个包含着多方面建设任务的过程，比如党的建设、工会建设、军队建设、根据地建设，甚至文艺建设等。特别是随着无产阶级革命的胜利和社会主义制度的建立，社会主义事业从革命时期进入建设时期，建设越来越具有突出的意义。"① 以核心价值观构建当代中国人的精神世界，本就属于精神文明建设和意识形态建设议题，无论是对于个体、社会还是国家，都有着积极意义和促进作用的性质。与此同时，主流意识形态的传导必然伴随着同各种错误思潮的不断斗争。彻底的批判性，是马克思主义的本质特征，也是马克思主义不断向前发展的重要原因。马克思主义正是在对错误思潮的批判中不断开辟道路，社会主义也正是在对资本主义社会的批判中不断夯实根基。列宁就曾作出这样的总结："马克思认为他的理论的全部价值在于这个理论'按其本质来说，它是批判的和革命的'。后一性质的确完全地和无条件地是马克思主义所固有的，因为这个理论公开认为自己的任务就是揭露现代社会的一切对抗和剥削形式，考察它们的演变，证明它们的暂时性和转变为另一种形式的必然性，因而也就帮助无产阶级尽可能迅速地、尽可能容易地消灭任何剥削。"② 不能把批判性和建设性对立起来，恰恰相反，在一定意义上批判性正是建设性的一种表现、一种途径。正所谓无破不立，"只有破坏旧的腐朽的东西，才能建设新的健全的东西"③。建设性往往是通过批判性才得以实现的。

社会主义核心价值观构建人的精神世界的过程，也是正确价值观同错误价值观、主流价值观同非主流价值观不断斗争的过程。毛泽东早就指出："正确的东西总是在同错误的东西作斗争的过程中发展起来的。真的、善的、美的东西总是在同假的、恶的、丑的东西相比较而存在，

---

① 刘建军：《论马克思主义的基本特征》，《高校马克思主义理论研究》2015 年第 1 期。
② 《列宁选集》第 1 卷，人民出版社 1995 年版，第 82—83 页。
③ 《毛泽东选集》第二卷，人民出版社 1991 年版，第 732 页。

相斗争而发展的。当某一种错误的东西被人类普遍地抛弃，某一种真理被人类普遍地接受的时候，更加新的真理又在同新的错误意见作斗争。这种斗争永远不会完结。"① 这是真理发展的规律，也是信仰建构的规律。任何社会任何时期都会存在各种问题，社会主义核心价值观教育要在传播马克思主义立场、观点、方法的基础上，用好批判的武器，勇于直面问题，旗帜鲜明地对各种错误观点和思潮进行剖析和批判，坚定不移地捍卫社会主义核心价值观，引导教育对象正确看待、辩证认识和理性分析问题，辨明大是大非、善恶美丑、真假黑白，在对社会假恶丑现象的批判中弘扬真善美。在核心价值观构建人的精神世界的过程中，意识形态的斗争具有长期性。"我国社会主义和资本主义之间在意识形态方面的谁胜谁负的斗争，还需要一个相当长的时间才能解决……如果对于这种形势认识不足，或者根本不认识，那就要犯绝大的错误，就会忽视必要的思想斗争。思想斗争同其他的斗争不同，它不能采取粗暴的强制的方法，只能用细致的讲理的方法。"② 要把问题讲清、讲明、讲通，也要把道理讲深、讲透、讲活。教育者要把问题掰开了、揉碎了，也要把道理看破了、吃透了，深入研究解答，练就不怕问、怕不问、见问则喜的真本领，真正做到以理服人。

毛泽东曾在《反对党八股》一文中指出："要好好地说理。如果说理说得好，说得恰当，那是会有效力的。"③ 在说理的过程中，尤其需要注意以下几点：一是论证的严密性。说理的力量在于有论证逻辑的严密，要做到分析有条理，论据充分，用事实说话，坚持描述事实的客观性、道理分析的透彻性，在进行事实描述时不应预设结论，切忌主观臆断、牵强附会、模棱两可、立场不坚定。二是证据的确凿性。提供真实而充分的依据，善用正反两面论证，证据最好贴近生活实际，是看得见、摸得着的，这样的证据才更为典型、更具效果、更容易被教育对象

---

① 《毛泽东文集》第七卷，人民出版社1999年版，第230—231页。
② 《毛泽东文集》第七卷，人民出版社1999年版，第231页。
③ 《毛泽东选集》第三卷，人民出版社1991年版，第833页。

理解和接受，更有助于消除怀疑、排除异议。引用可靠而准确的论据及支撑材料，不能被那些不实报道和虚假信息所误导，切忌道听途说、人云亦云，也不能主观臆断、牵强附会，更不能弄虚作假、歪曲事实。三是现实的阐释力。说理应贴近学生实际，也要联系社会现实，及时回应社会热点，有力回击社会错误思潮。而不是从概念到概念，从理论到理论，缺少问题导向、价值关怀和现实观照。说理要抓住理论痛点，澄清理论疑问，传递前沿理论，以纾解思想困惑，引领社会思潮，应对突发事件，解决现实问题。也要密切关注国内外形势、党和国家工作任务新发展新变化，不断增强其视野开阔度，与时俱进、常讲常新，以学理分析的透彻性、思想理论的彻底性、逻辑思维的严密性，让教育对象口服心服，使核心价值观入脑入心。四是方式的平等性。要尊重教育对象的尊严和人格、愿望和意见，采取民主的方式方法，畅通交流，切忌人身攻击、强制压服。五是情感的真挚性。常言道，"欲晓之以理，须先动之以情"。教育者与教育对象应建立情感联结，加深彼此的信任与理解，巩固双方的友谊，赢得对方的信赖与支持，说理既要富有感情，又要注意调动对方情感，坚持情理结合、情真理切，这样的说理才更有说服力和感染力。如若失去了情感的共鸣与内心的契合，说理就会变成空洞的说教，与核心价值观构建人的精神世界的初衷相背离。

（三）是主导性和主体性的统一

社会主义核心价值观构建人的精神世界的机制运行模型表明，重建信仰作为机制运行的应然结果，由内容的真理性决定。教育者的可信性和教育对象的能动性虽然不是信仰重建的根本原因，但是对信息的有效性起着至关重要的作用，直接影响着信仰重建的速度和水平。因此，只有教育者与教育对象的互动共建，才能切实推动和促进机制的良性运行。相对于其他知识性教育而言，价值观教育离不开教育者和教育对象之间有效持久的互动，对双方之间关系的要求更为稳定、深层。教育者不只是思想文化的传授者，更是教育对象健康成长的引路人；教育对象不只是知识传授的客体，更是价值建构的主体。从这一角度来说，社会主义核心价值观作用于人的精神世界的机制运行过程也是教育者和教育对象关系构建的过程。在如何增强核心价值观教育实效性的这一问题上，学界已有非常多的讨论与研究。在实际工作中，人们也常在讨论教育内容的重要性、教育方法的重要性，或是教育环境的重要性。但是却相对较少讨论人和人之间联系的价值和重要性，也就是"关系"的重要性，尤其是教育者与教育对象之间的关系。美国著名儿童精神科医师 James Comer 曾经说过：没有强有力的联系，学习就不会有显著的进步。以核心价值观构建人的精神世界离不开"关系"的建构，其甚至在一定意义上就是在理解、处理和协调各种各样的关系。正如美国著名教育学家 George Washington Carver 曾指出的那样：学习就是理解各种关系。

教育者作为核心价值观教育的主导力量，是始发教育活动、构建教学关系的主动一方，要扮演好倾听者、陪伴者和引领者的角色，促成良好的教学互动。尤其是要做到专业和人品的可靠可信可敬，坚持尊重与平等原则，高度重视教育对象的主体地位和能动作用，加强沟通交流，以消除彼此之间的隔阂与距离，并给予教育对象以真诚的对待、充分的理解、细致的关怀，及时解答其思想困惑，耐心倾听其内心声音，以理论造诣开启其智慧之门，以人格魅力浸润其心灵品格，以崇高信仰引领其精神发展，助其明智明德、修身修心，让核心价值观教育有真情实感。

坚持主导性和主体性的统一，教育者要注意以下几点：

首先是提供合理诱因，增强内生动力。诱因有两种：一是物质诱因。如物质利益的分配、发展条件的提供和资源的配给等；二是精神诱因。如荣誉感的获得、存在感的提升、归属感的建立，以及威信的树立、愿望的表达、舆论的影响、理想的满足、形象声誉和社会地位的维护等。诱因的合理化，由教育对象的特点与需要所决定。这就需要教育者全面分析教育对象，深入了解对方的特点，掌握对方的真实需求与内心愿望。需要不同，诱因不同；特点不同，提供诱因的方式不同；情况不同，诱因大小不同。要坚持具体问题具体分析，有差别地分配诱因，采用兴趣激励、物质激励、精神激励、情感激励等多种形式，激发和强化教育对象的内生动力。

其次是注意区分态度，对症下药。要把握教育对象对教育者、教育内容、教育方式、教育情境的态度与反应，掌握机制运行过程中教育对象的变化与发展，针对不同的态度，施加有效的教育影响。概括来讲，教育对象的态度主要有三种：敌对与排斥、中立、友好与接受。态度不同，关系构建的难度不同，教育效果不同。对于持第一种态度的教育对象，诱因的刺激力量会受到其敌对态度的影响而弱化，教育难度最大；对于持第二种态度的教育对象，难度次之，其立场与态度容易实现向着敌对或者接受的方向转变；对于持友好态度的教育对象，难度最小，教育效果很容易事半功倍，取得理想的结果。教育者要主动走近教育对象，细心观察，认真审视，针对教育对象不同的情感态度，区分核心价值观构建人的精神世界的机制运行的难易程度，分析成因，对症下药，并及时调整并优化内容、方式与情境，不断给教育对象提供新动机与新激励，保持教育效果的持久性和稳定性。

再次是注意适当留白，提升教育艺术。一是要留有余地。合理安排教育教学，对于教育信息一定要精挑细选、优中选优，做到有所取舍、重点突出、逻辑分明。不能"填鸭式"地将教育信息"一股脑儿"灌注到教育活动中。加大对教育对象的认知规律和接受特点的研究，遵循其认知规律与信仰形成规律，积极推进方式方法的改革创新。应善用启发式教学、探究式教学、体验式教学、互动式教学、专题式教学、案例式教学等，发挥教育对象的主体性作用，并提升其参与感、体验感和沉浸感，教育者发挥好画龙点睛的作用，给教育对象的独立思考和自我建构留出充足的时间、空间和机会。坚持全面育人原则，不能急于求成，也不能把目光只停留于教育教学规定时间或规定动作上，要有耐心与恒心，引导教育对象改过迁善，言行一致，学思并进，学以致用，知行统一，真正成长为自觉践行社会主义核心价值观的主体。二是要留有"余味"。正所谓"余音绕梁，三日不绝"，好的教育一定是值得人去细细品味、久久回味的。信息的传递不都是有目的、有计划、有意识的，无意识的教育信息传递也会产生效果。这些信息主要来自教育者的态度与行为、形象与品质、教育对象之间的示范与效仿、教育氛围与环境的感染和激励等。核心价值观教育应"用心"和"用情"，重视内隐信息的传递，做到"言虽尽而意无穷"，真正让教育对象有所思、有所悟、有所得。只有这样，核心价值观教育才能真正完成知识传授和价值建构的任务，其效果才能持久而深远。

第五章

以社会主义核心价值观构建
当代中国人的精神世界的路径

当代中国人的精神世界的核心问题在于价值观的冲突与错位。人们精神世界的困境与问题，有其深刻复杂的社会成因，但也反映出核心价值观及其教育的诸多不足，反映出核心价值观在构建人的精神世界的过程中，传统与现代、中国与西方、民族与世界的关系在一定程度上发生了断裂。从这一角度来说，社会主义核心价值观构建当代中国人的精神世界的过程，也是不断汲取传统资源和世界文明，贯通古今、融汇中西，不断与人们所处的时代接轨，与人们的精神需求契合，持续巩固人们的心理基础，增强人们的心理适应性的过程。因此，要告别社会主义核心价值观单向度的传导模式，转为"国家—个人"和"个人—国家"的由上至下、由下至上的双向互动、多元建构之路。既要重视对传统资源的挖掘与转化，又要重视对世界文明的借鉴与吸纳；既要凸显民族特色，彰显社会主义核心价值观对中国人的精神世界的适配性，又要具有世界眼光，显示出社会主义核心价值观对于人类精神文明的构建性；既要以社会主义核心价值观回应、解决、疏导人们精神世界的问题，也要以社会主义核心价值观引领、激励、促动人们精神世界的飞跃。虽然，构建人的精神世界主要改造的是主观世界，然而归根到底还是不能脱离于客观世界的改造。核心价值观要发挥对人的精神世界的构建作用，不能只"务虚"而不"务实"，必须着眼于现实、落脚于现实、回归于现实，重视现实路径的探索与开辟。观照当代中国人的精神世界的现实困境，遵循社会主义核心价值观构建人的精神世界的基本逻辑，按照其过程展开的总体顺序与机制运行的基本要求，其具体路径可以对应准备阶段、实施阶段以及评价反馈阶段，着力于社会主义核心价值观多样形态的发展、多元主体的协同、各个要素的优化，以及机制运行的指向，确立为"理论—实践—制度—目标"的系统化建构路径，"国家—社会—学校—家庭"的协同化建构路径，"内容—载体—方式—环境"的渗透化建构路径，以及"学—思—践—悟"的自觉化建构路径。

一　"理论—实践—制度—目标"的
系统化建构路径

社会主义核心价值观的理论形态、实践形态、制度形态和目标形态，可以分别有针对性地作用于人的知、情、意、信，达到提升认知、充盈情感、规范道德和引领信仰的效果。核心价值观是抽象的，需要借助于一定的内容、形式和载体才能为人们所感知和体悟。社会主义核心价值观形态的多样呈现与同步发展，是其科学性的内在要求，是核心价值观教育过程中内容真理性和信息有效性的决定因素，也是核心价值观能够对精神世界发挥建构作用的先决条件。因而，从社会主义核心价值观本身而言，需要实现"理论—实践—制度—目标"的系统化建构，才能彰显核心价值观对人的精神世界强大的吸引力、感召力、引领力和提升力。

（一）社会主义核心价值观的理论化发展

马克思在《〈黑格尔法哲学批判〉导言》中已经注意到先进理论的重要性，尤其是先进理论对于改造世界和解放人类的重要意义。他阐述了关于"理论说服"和"理论武装"①的思想，明确指出："理论一经掌握群众，也会变成物质力量。理论只要说服人，就能掌握群众；而理论只要彻底，就能说服人。所谓彻底，就是抓住事物的根本。而人的根本就是人本身。"②马克思的这句经典论断，实则揭示了先进思想和意识转化为理论的必要性，以及科学理论对于人们改造主观世界和客观世界的巨大作用。虽然"理论掌握群众"这种表述，还遗留着一定的黑格尔思辨的表达痕迹，其本义是"理论被群众所掌握"，理论是客体，群众才是实践的主体，其实质是理论武装群众。但是这种表述却恰恰形象地说明了先进理论对于人们精神世界强大的吸引力。"理论"不仅可以"掌握群众"，而且"一经掌握群众"，还能焕发出巨大能量和蓬勃生机。那理论又该如何被群众所掌握呢？1902 年，列宁在《怎么办》中明确指出："工人本来也不可能有社会民主主义的意识。这种意识只能从外面灌输进去。各国的历史都证明：工人阶级单靠自己本身的力量，只能形成工联主义的意识"③，这是列宁的"灌输论"最为核心的思想，也是最具代表性的论述。他不仅提出了理论灌输这一原则，还确认了先进意识转化为理论进行灌输的合法性。因为，"没有革命的理论，就不会有革命的运动"④。斯大林则从反面论证了这一点。他指出"'经济派'和孟什维克之所以垮台，其原因之一，就是他们不承认先进理论、先进思想有动员作用、组织作用和改造作用，他们陷入庸俗唯物主义，把先进理论和先进思想的作用看成几乎等于零，从而要党消极起来，无所作为。马克思列宁主义的力量和生命力在于，它以正确反映社会物质生活发展需要的先进理论为依据，把这种理论提到它应有的高度，并且把充分利用这种理论的动员力量、组织力量和改造力量，看作自己的职责。历史唯物主义就是这样来解决社会存在和社会意识之间、

---

① 马克思所说的"理论掌握群众"，其实质是"理论武装群众"，在中国共产党的相关论述中，也多是使用了"理论武装"这一表述。

② 《马克思恩格斯文集》第 1 卷，人民出版社 2009 年版，第 11 页。

③ 《列宁选集》第 1 卷，人民出版社 1995 年版，第 317 页。

④ 《列宁选集》第 1 卷，人民出版社 1995 年版，第 311 页。

社会物质生活发展条件和社会精神生活发展之间的关系问题的。"① 经典作家的相关论述，是社会主义核心价值观理论化发展的有力依据和重要遵循。

首先，要加强理论创新。一方面，不断将社会主义先进思想意识转化为理论形态，揭示规律，"抓住事物的根本"，以人为本，深化研究，勇于进行理论创造，达到合规律性与合目的性的统一。马克思主义的生命力，就在于它在实践中能够不断创新。另一方面，坚持以马克思主义为指导，结合中国特色社会主义实践切实推进马克思主义中国化，不断推动中国特色社会主义理论的新发展。要继续坚持以马克思主义基本原理为指导，根据时代变化与历史变迁，不断研究新情况、解决新问题、应对新挑战、回应新诉求，不断在新的实践基础上推进理论创新，使党的全部理论和工作体现时代性、凸显针对性、把握规律性、富于创造性。理论创新的源泉在于实践，当代的理论创新必须把马克思主义学习和研究同改造客观世界和主观世界的实际紧密结合起来，必须同人们生产生活中所遭遇的现实问题紧密结合起来，必须同新时代新征程所面临的世界形势与变化结合起来，必须同我国社会主义建设的问题紧密结合起来。理论创新的途径在于研究，新时代的理论创新需要着力研究和解决以下几类问题：一是对于现实问题的总结，二是对于规律问题的揭示，三是对于前沿问题的把握。理论创新的突破口和生长点，往往就蕴含在问题之中，要积极回答时代之问、人民之问。正如习近平总书记在哲学社会科学工作座谈会上的讲话中所指明的那样："理论思维的起点决定着理论创新的结果。理论创新只能从问题开始。从某种意义上说，理论创新的过程就是发现问题、筛选问题、研究问题、解决问题的过程。"②

其次，要加强理论武装。习近平总书记指出："我们党之所以能够

---

① 《斯大林文集（1934—1952年）》，人民出版社1985年版，第215—216页。
② 中共中央文献研究室编《习近平关于社会主义文化建设论述摘编》，中央文献出版社2017年版，第87页。

不断历经艰难困苦创造新的辉煌，很重要的一条就是我们党始终重视思想建党、理论强党，坚持用科学理论武装广大党员、干部的头脑，使全党始终保持统一的思想、坚定的意志、强大的战斗力。"① 中国特色社会主义事业为理论武装提供了生动课堂。中国特色社会主义事业每推进一步，理论武装就跟进一步。从邓小平理论到"三个代表"重要思想和科学发展观，再到习近平新时代中国特色社会主义思想，无一不是理论武装的结果，也无一不是理论武装的内容。新时代新征程，中国特色社会主义面临新问题和新挑战，也到达了新水平和新高度。"实践没有止境，理论创新没有止境，理论武装也没有止境。加强理论武装，首要的是坚持不懈用习近平新时代中国特色社会主义思想武装全党、教育人民。"② 我们必须着眼于实践中的新问题和新发展，着眼于马克思主义理论的运用，着眼于对实际问题的理论思考，推动马克思主义基本原理同中国具体实际相结合、同中华优秀传统文化相结合，并深化对这一理论的学习、研究和宣传，"引导广大干部和人民正确认识社会主义发展规律，正确认识国家的命运和前途，澄清在社会主义问题上的错误观点和模糊认识，坚定建设有中国特色社会主义的信念"③。

最后，要加强理论灌输。在列宁那里，灌输绝不是无视教育对象的内在需要和实际情况的强制灌输、生硬灌输。对于生硬灌输，列宁是坚决持否定态度的。他曾经针对青年的理论教育问题谈到：不能"简单生硬地把政治灌输给尚未准备好"的他们。④ 列宁所提倡的灌输，恰恰是结合教育对象的现实利益和实际需要，引导他们掌握科学的世界观和方法论，掌握科学的社会主义，用以解答现实难题，帮助他们走出困境。在列宁语境中的灌输，基于马克思主义理论和教育对象的特点而提出，是远远高于方法层面的一种宣传教育原则，对于教育者有很高的要求。

---

① 《习近平谈治国理政》第二卷，外文出版社 2017 年版，第 67 页。
② 《党的十九大报告辅导读本》，人民出版社 2017 年版，第 40 页。
③ 《十五大报告辅导读本》，人民出版社 1997 年版，第 270 页。
④ 《列宁全集》第 35 卷，人民出版社 1985 年版，第 422 页。

他曾经指出，教育者应该"既以理论家的身分，又以宣传员的身分，既以鼓动员的身分，又以组织者的身分"① 深入到群众中去，结合历史与现实，把理论通俗化，"以高度的热情把由此获得的日益明确的意识"传布给教育对象。② 不可否认，灌输对于理论传授和意识传输具有显著效果，是实现"理论掌握群众"的根本原则和必要途径。理论掌握群众绝不是把马克思主义理论强加于人，进而去控制群众，因为没有任何一种力量，能够把某种思想通过强制性灌输，而使"处在健康清醒状态的每一个人接受"。而是通过有针对性和有目的性的号召和引导，在理论与实践的双向互动下，使这一科学的理论和思想在实践中彰显真理的魅力，发挥出它的价值，进而被广大的无产阶级群众所掌握，并不断发展这一理论，成为改造主观世界和客观世界的力量。正如恩格斯所强调的那样，他说："我们是不断发展论者，我们不打算把什么最终规律强加给人类。"③ 尽管马克思主义理论对于广大人民群众具有贴近性，但也不是天然地就能为人们所理解和掌握。这一理论本身的先进性，已然超越了人们现有的知识水平与眼前的生活范围，加之与之相对的资本主义思想的干扰与阻碍，都在一定程度上影响着教育对象对于这一先进理论的接受和认同。因而，要使人民群众掌握这一先进的理论和意识，没有别的更有效的办法，"这种意识只能从外面灌输进去"，"教育群众认清自己的真正的政治利益"，掌握先进理论，廓清思想迷雾，发展自我意识，促使其实现从"自发"到"自为"的转变。

（二）社会主义核心价值观的实践化发展

就社会主义核心价值观本身的属性和特点而言，它属于意识形态范畴，是抽象的。然而，社会主义核心价值观要发挥构建人的精神世界的作用，就需要为人们所感知和把握。因而，它又必须是具象化和贴近化

---

① 《列宁全集》第 6 卷，人民出版社 1986 年版，第 79 页。
② 《列宁选集》第 1 卷，人民出版社 1995 年版，第 314 页。
③ 《马克思恩格斯文集》第 4 卷，人民出版社 2009 年版，第 561 页。

的。习近平总书记在上海考察时指出，要注意把社会主义核心价值观日常化、具体化、形象化、生活化。这"四化"彼此之间相互补充，显隐结合，各有侧重，是培育践行社会主义核心价值观的具体要求，也可以作为社会主义核心价值观实践化发展的生动诠释。

日常化强调的是培育和践行社会主义核心价值观的持续性。其一，社会主义核心价值观要持续不断地渗透于人们的生产生活和学习工作之中，全方面地融入人们的生活世界和精神世界，对人们的日常实现多方位的全覆盖，不留"死角"与"空场"。其二，社会主义核心价值观要落到人们的平凡生活和细碎小事上，对人们产生潜移默化的影响，通过日积月累以达到润物细无声的效果。其三，要把培育践行社会主义核心价值观作为一项长期事业，绵绵用力、久久为功、常抓不懈，建立常态化与长效化机制，鼓励人们以小见大、循序渐进、持之以恒。社会主义核心价值观的日常化，可以从以下几个层面着力：在家庭层面，要从小抓起，重视习惯养成和性格培养，积极运用符号象征对孩子进行社会主义核心价值观教育，把相关知识和故事融入家庭活动和家庭环境之中，帮助孩子了解常识与规范，建立最基本的规则意识和是非观念。在学校层面，要将社会主义核心价值观融入教育教学全过程，以及日常管理和校园建设各环节，并通过主题班会、团日活动、文明创建等多元校园文化活动，以及参观调研、学习观摩、素质拓展、军事训练、志愿服务等多样社会实践活动，引导学生以主人翁的意识和责任弘扬并传播社会主义核心价值观。在社会层面，广泛开展主题活动，着力打造品牌项目，建立和完善长效机制，紧密结合人民群众的实际利益，高度重视载体和方法的运用与创新，把社会主义核心价值观融入人民群众的日常生活，落到人民群众日常生活的小事上，并鼓励人们着眼于细节去践行，使核心价值观的实践发展面向时代、贴近大众、观照生活、深入人心，使社会主义核心价值观真正地为人所需。

具体化强调的是培育和践行社会主义核心价值观的明确性。这就要求社会主义核心价值观要实现三个转换：一是远期目标向近期目标的转换；二是理论话语向生活话语的转换；三是抽象精神向真实情感体验的转换。具体化不仅仅是指社会主义核心价值观内容的具体化，还指其宣传教育对象的具体化。要把它所面对的对象真正作为活生生的人，当作具有主观能动性的主体来对待，并坚持层次性与适度性原则。所谓层次性原则，即要注意内容的层次性，以及所面向的对象的层次性。换句话说，在面对不同的对象时，并不是所有内容都适宜而有效，也并不是所有对象都按照统一的要求，采用同样的方法，要坚持具体问题具体分析。而对于那些信仰缺失的、信仰不坚定的、有非科学信仰的人，要进行分类教育。所谓适度性原则，即要把握分寸、循序渐进，注意社会主义核心价值观宣传教育的强度与效度，要坚持超越思维与底线思维相结合、显性教育与隐性教育相结合、理论灌输与情感激励相结合，要协调统筹，不能偏废一方。

　　形象化强调的是培育和践行社会主义核心价值观的艺术性。其一，要重视宣传优秀的人物模范。在我国传统文化中，就有丰富的宣传教育资源。如"孔子破满""程门立雪""悬梁刺股""凿壁借光""囊萤映雪""三顾茅庐""卧薪尝胆"等。在我国近现代历史中，也有众多国之功臣和英雄模范的动人故事和光辉事迹。在当代社会，仍然要发挥榜样力量，树立先进典型，发现时代楷模，尤其是那些就在人们身边的平民英雄和榜样模范，更具有说服力和号召力，可以使社会主义核心价值观更加形象、立体、真实、生动。其二，要重视塑造经典的文艺形象。比如，《白毛女》里的喜儿、《闪闪的红星》里的潘冬子、《小兵张嘎》里的张贵子、《平原游击队》里的李向阳、《永不消失的电波》里的李侠、《烈火中永生》里的江姐，等等。这些人物形象立体饱满，深入人心，在特定时期都起到了促进核心价值观具象化、大众化的效果。2021年12月14日，习近平总书记在中国文联十一大、中国作协十大开幕式上的讲话中指出："文学艺术以形象取胜，经典文艺形象会成为一个时代文艺的重要标识。一切有追求、有本领的文艺工作者要提高阅读生活的能力，不断发掘更多代表时代精神的新现象新人物，以源于生活又高于生活的艺术创造，以现实主义和浪漫主义相结合的美学风格，塑造更多吸引人、感染人、打动人的艺术形象，为时代留下令人难忘的艺术经典。"① 要重视通过文学、戏剧、电影、电视、音乐、舞蹈、美术、摄影等形式塑造经典形象，把握历史大势，反映民族巨变，揭示人间正道，弘扬主流价值。其三，要重视运用多样的文化象征。文化象征不仅具有直观性和标志性，还具有意义性和表征性。黑格尔指出："象征一般是直接呈现于感性观照的一种现成的外在事物，对这种外在事物并不直接就它本身来看，而是就它所暗示的一种较为广泛较普遍的意义来看。因此，我们在象征里应该分出两个因素，第一是意义，其次是这意义的表现。意义就是一种观念或对象，不管它的内容是什么，表现是一种感性存在或一种形象。"② 柯恩指出，象征可以是物体、行为、观念或语言形式③，文化象征多种多样。要善于发现并运用文化象征的力量和优势，借以展现社会主义核心价值观的底蕴和魅力。社会主义核心价值观的形象化，需要不断地吸收传统文化的精髓，不断汲取世界文明的精华，深入挖掘中国故事，积极宣传中国榜样，学习先进经验技术，运用民族符号和象征元素，创新核心价值观宣传教育的手段、方式、方法、载体和途径，使核心价值观的践行活动生动有趣而富有感染力。

生活化则强调社会主义核心价值观培育和践行的贴近性。随着社会主义核心价值观培育和践行活动的深入，其影响和辐射范围从高等教育向基础教育延伸，从意识形态领域向社会生产领域、家庭生活领域延伸，具体表现为内容的生活化、情境的生活化、方法的生活化，等等。社会主义核心价值观要融入生活，就必须融入生活环境。在物质环境方面，包括博物馆、展览馆、纪念馆、图书馆、科技馆、文化馆、美术馆、体育馆等建筑、景观、设施，甚至是生活文化产品、用品，都可以

① 习近平：《在中国文联十一大、中国作协十大开幕式上的讲话》，新华网12月14日。
② ［德］黑格尔：《美学》第二卷，朱光潜译，商务印书馆1979年版，第10页。
③ ［英］亚伯纳·柯恩：《权力结构与符号象征》，宋光宇译，台湾金枫出版社1987年版，"前言"第2页。

适当地融入"国家元素"，使国家形象变得可亲可近可感可知，使社会主义核心价值观通过隐性方式渗透于人们的生活。在精神环境方面，要强化媒体责任，聚焦核心价值，讲好中国故事，通过报纸、杂志、电台、电视、广播、影视、网络等大众传媒进行广泛宣传，使社会主义核心价值观的宣传教育更接地气，更有人气。同时，也要善于就地取材，发展街巷文化。要充分利用街头户外的生活空间与生活资源，注意发现和收集现实素材，积极打造实践平台。从"主题建设""美好行动""立体传播"入手，把社会主义核心价值观植入城市景观、融入百姓生活。利用广场、公园、天桥、围墙、座椅、灯箱、宣传廊等设施进行传播；投放宣传画、环保手提袋、折扇、雨伞等宣传品，使社会主义核心价值观"随处可见"；通过社区宣讲、戏曲传唱、文艺汇演、志愿服务、榜样评选等活动开展，使社会主义核心价值观真正地融入人民群众的生活实践，使百姓日学而不察、日用而不觉。

（三）社会主义核心价值观的制度化发展

制度化不仅是社会主义核心价值观自我发展的内在要求，也是其培育与践行的必要保障。从一定意义上而言，社会主义核心价值观制度化发展的过程，也就是社会主义核心价值观及其培育践行的规范化、常态化、稳定化、有序化的过程。这不仅意味着观念的制度化，即社会主义核心价值观不断实现系统化发展而上升为一种制度性的存在；还意味着制度的价值化，即各项制度的设计和安排无一不体现着社会主义核心价值观的精神和意蕴。只有从制度层面确认社会主义核心价值观的地位和作用，并发挥制度的导向、规范、激励作用，才能保证和强化人们对于社会主义核心价值观的深刻认同与自觉践行。

首先，要在制度顶层设计中体现社会主义核心价值观的要求。要坚持制度导向，以社会主义核心价值观指导制度的顶层设计。制度的顶层设计尤为重要和必要。它关系到制度安排是否合理，以及制度结构是否科学的问题，是保证制度功能有效发挥和各项制度之间良性运行的必要条件。社会主义核心价值观反映社会主义的性质和方向，体现中国特色社会主义的建设目标和本质要求，对制度顶层设计具有重要的指导作用。它是制度设计的基本价值遵循，能够有效地促进制度安排的合理性、整体性、科学性和系统性发展。社会主义核心价值观指明了我们要建设什么样的国家、什么样的社会，以及要培育什么样的公民。制度的建立是为实现这一目标而服务的，制度的顶层设计应该与此相一致。这就要求我们在进行顶层设计时，要考虑全局利益、整体利益和长远利益，要实现国家、社会与公民这三个层面的有机统一，而不能割裂这三者之间的关系，更不能偏废其中任意一方，要实现统筹发展和协调发展。社会主义核心价值观本身就具有整合各方利益、调动社会合力的功能。要善于利用社会主义核心价值观的这一特点，并把社会主义核心价值观所具有的这一功能和特点运用于制度的顶层设计之中，以此凸显制度的合理性与优越性，以及社会主义核心价值观的感召力和吸引力。在进行制度的顶层设计时，我们也要注意把社会主义核心价值观的理论形态、实践形态、目标形态转化为制度形态，对其内容与实质不断地进行提炼与整合，并上升到制度层面予以强化。同时，还要把社会主义核心价值观的要求体现于经济制度、政治制度、文化制度、生态制度等各个方面。尤其是在经济 政治、文化、生态、社会等领域的重大政策和制度，更应该立足当前 着眼长远，以社会主义核心价值观为导向，加强顶层设计，推进各个领域之间的相互补充与相互配合，促进各项制度之间的良性互动与协同发展。习近平总书记就强调要发挥政策导向作用，使方方面面政策都有利于社会主义核心价值观的培育。① 随着社会主义核心价值观的制度化形态日趋完善，各项制度不断地渗透着社会主义核心价值观的要求，人们在社会主义核心价值观的培育与践行过程中，能够感受到来自制度的威慑力与约束力；在制度的制定与执行过程中，能够获得来自核心价值观的浸染与熏陶。

---

① 《习近平谈治国理政》，外文出版社 2014 年版，第 165 页。

其次，要在各项规章制度中融入社会主义核心价值观的精神。要建立制度规范，以社会主义核心价值观的精神和要求去设计和安排各项规章制度。其一，社会主义核心价值观要体现在国家和社会的基本制度中，体现在国家大政方针的制定和实施中。社会主义核心价值观是社会主义先进文化的集中体现。它反映人民的根本利益、诉求和愿望，体现国家、社会的奋斗目标和前进方向。社会主义核心价值观的内容涵盖经济、政治、文化、生态与社会各个方面，与国家和社会的各项基本制度密切相关，与国家发展的大局大势紧密相连。无论是各项制度的制定与实施，还是制度政策的变革与发展，均能在其中获得参考与启示，均能在其中找到方向与导引。要在国家和社会的基本制度中融入社会主义核心价值观的精神，以体现中国特色社会主义制度的价值追求，体现旗帜、道路、理论、制度、精神的内在一体性。其二，社会主义核心价值观要体现在社会生产生活各方面的规章制度中，包括法律规定、政策条例、道德规范、乡规民约、行为守则等。无论是在制定和修订规章制度的过程中，还是在解释和执行章程条例的过程中，都要符合社会主义核心价值观的基本精神，自觉以社会主义核心价值观为引领。同时，也要注意把社会主义核心价值观全面转化为具体的规章制度，并以此实现规章制度的不断完善、创新与发展。这样，各项规章制度才不是冷冰冰的条文，才能蕴含价值诉求和人文关怀，因而更有感染力和执行力；社会主义核心价值观也不再是远离于人们生活的简单抽象，而是与人们息息相关、实实在在的一种存在，因而更具有说服力和约束力。其三，社会主义核心价值观还要体现在社会治理之中。社会主义核心价值观建设既是社会治理的有效途径，也是社会治理的重要内容。从社会治理的角度来说，社会主义核心价值观建设不容忽视；从社会主义核心价值观建设的角度来说，社会治理的环节不可或缺。在社会治理的过程中，政府所采取的各种举措，都应考虑到是否符合社会主义核心价值观的精神，是否符合培育和践行社会主义核心价值观的要求。要把制度建设和社会治理有机结合与统一起来，并配备一套行之有效的社会监督机制、利益表达机制、追责机制、反馈机制、奖惩激励机制等，在协调社会矛盾、解决社会问题中不断加强制度建设，以促进人们对于社会主义核心价值观的高度认同。

最后，要在建立健全奖惩制度中推进社会主义核心价值观的培育和践行。对于个人而言，美好的精神品质并不是与生俱来的，丰富充盈的精神世界并不是生而有之的，而是伴随着实践的展开而逐渐形成的，是伴随着对本能与欲望的克制和调整而逐渐确立的。要促使人们更好、更有效地约束自身的思想和行为，成长为社会主义核心价值观的坚定信仰者、积极传播者和模范践行者，光靠个人的自觉性是远远不够的，还需要建立相应的激励机制和惩罚机制，进行外部激励、强化和保障。对于社会而言，积极向上的社会氛围，以及祛恶扬善的风气，也不是从来就有的，而是需要社会成员的内在道德约束与外在力量强制的相互作用才能建立。要强化制度激励，以制度去构建并培育和践行社会主义核心价值观的内生动力机制，通过一系列制度、规则、机制的建立、健全和完善，实现对人们的方向引导、动机激发、行为规范、信念强化，持续调动人们对于培育和践行社会主义核心价值观的主动性、积极性和自觉性。要完善社会监督制度和奖惩制度，优化社会主义核心价值观培育和践行的环境，就要建立相关制度广开言路，加强监督与检查，尤其是注意发挥人民群众的监督作用，密切关注和随时跟进社会主义核心价值观的培育和践行情况，及时发现领导队伍、组织管理、宣传教育等方面所存在的问题，确保各个环节无缝对接，各项制度落实到位。也要不断完善奖惩制度，赏罚分明。一方面，要通过物质鼓励、精神嘉奖等多样的形式，对那些自觉践行社会主义核心价值观，并为社会主义核心价值观建设作出巨大贡献的个人/单位/社会群体予以恰当的表彰，积极发挥模范人物、先进典型的榜样示范作用；另一方面，要通过行政处分、法律惩处等形式，对那些与社会主义核心价值观要求相背离、破坏社会主义核心价值观建设的分子予以批评、警告、制止和处罚，对社会不良风气予以矫正、对不法行为予以打击。要从正反两方面去保护和巩固社会主义核心价值观建设的成果，强化社会主义核心价值观培育与践行的效果。

（四）社会主义核心价值观的目标化发展

首先，科学规划，制定远景目标。将马克思主义和共产主义远大理想、中国特色社会主义共同理想、中华民族伟大复兴中国梦、社会主义核心价值观充分转化并全面融入于国民经济和社会发展的长期规划和远景目标之中。在社会主义发展的新阶段，科学制定远期目标，明确人们的共同追求以及阶段性任务。从 1953 年我国开始制定第一个"五年计划"，而后"五年计划"改为"五年规划"，至今已经制定十四个"五年计划/规划"。这不仅是对我国经济社会发展的脉络描绘和规律探索，也是对我国社会主义建设历史经验的总结和未来图景的展望。其中所涉及的文化建设部分，就是社会主义核心价值观目标化发展的集中呈现，可以明确为社会主义核心价值观建设远景规定目标和方向。2021 年 3 月 11 日，十三届全国人大四次会议表决通过了关于国民经济和社会发展第十四个五年规划和 2035 年远景目标纲要的决议。3 月 12 日，新华社受权全文播发《中华人民共和国国民经济和社会发展第十四个五年规划和 2035 年远景目标纲要》，其中明确提出要实现如下目标：我国社会文明程度得到新提高，社会主义核心价值观深入人心，人民思想道德素质、科学文化素质和身心健康素质明显提高，公共文化服务体系和文化产业体系更加健全，人民精神文化生活日益丰富。[①] 并明确了"十四五"时期社会主义核心价值观建设的目标，包括坚持马克思主义在意识形态领域的指导地位，坚定文化自信，坚持以社会主义核心价值观引领文化建设，加强社会主义精神文明建设，围绕举旗帜、聚民心、育新人、兴文化、展形象的使命任务，促进满足人民文化需求和增强人民精神力量相

---

① 《中共中央关于制定国民经济和社会发展第十四个五年规划和二〇三五年远景目标的建议》，人民出版社 2020 年版，第 8 页。

统一，推进社会主义文化强国建设。提高社会文明程度，推动形成适应新时代要求的思想观念、精神面貌、文明风尚、行为规范。深入开展习近平新时代中国特色社会主义思想学习教育，推进马克思主义理论研究和建设工程。推动理想信念教育常态化制度化，推进公民道德建设，实施文明创建工程，拓展新时代文明实践中心建设。健全志愿服务体系，广泛开展志愿服务关爱行动。加强民风民俗、家教家风建设，以及网络文明建设。① 要切实加强科学规划能力，广泛听取民意并征询建议，为社会主义核心价值观建设的高质量发展描绘清晰的目标蓝图。

其次，建章立制，细化实施方案。再美好的远景，再科学的目标，也需要通过实践才能得以实现。社会主义核心价值观目标形态的发展，归根到底是服务于实践的。社会主义核心价值观绝不能停留于目标的层面，社会主义核心价值观的培育和践行，不是空洞的、抽象的，而是具体的、实践的。长期规划和远景目标只有以国家政策的制定、社会机制的建立、组织管理的完善、实施方案的制定为保障，才有现实性、可行性和操作性。社会主义核心价值观建设有多个环节，涉及的人员众多，牵涉的利益复杂，必须建立相应的组织机构，明确组织定位和具体分工，落实职责。必须建立健全责任制度和规章措施，用各项制度推动规范化管理，严格把关、审核和清查，确保管理者尽职尽责，并能够及时发现、纠正和处理问题。遵循程序，细化行动方案。在准备阶段、组织阶段、实施阶段、评估阶段，社会主义核心价值观建设都应有据可依，有明确具体的职责权限，以及完整细致的行动方案。这样的好处在于，一是可以全面地分析客观条件和实际情况，有目的、有针对性地开展活动，以保证社会主义核心价值观建设沿着正确的方向和既定的目标前进。二是可以使每项工作都有标准和流程，每个工作岗位都有相应的规范和要求，以确保有重点、有选择性地实施管理，发现薄弱环节和存在

---

① 《中共中央关于制定国民经济和社会发展第十四个五年规划和二〇三五年远景目标的建议》，人民出版社 2020 年版，第 25—27 页。

的问题，注意细节、查缺补漏，以保证社会主义核心价值观建设按照既定方向前进，实现高效发展。尤其是在评估阶段，需要量化指标、科学评价。这就要求评价者既要注重结果，又要重视过程，还要兼顾具体环节。有具体化的要求和标准作为参照，有助于各级人员明确各自职责，加强分工与协作，提高工作效率和水平。同时，也有助于管理者全面掌握和评判社会主义核心价值观建设的基本情况和总体效果，分析其成绩与不足，总结其经验与教训，找准问题与对策，对有问题的地方予以纠偏，对不完善的地方加以改进，以保证预期目标的最终达成。

最后，目标激励，建立长效机制。激发社会正能量，对先进的单位、组织和个人，要及时、恰当地予以承认、鼓励、表彰或奖赏。通过社会认定、政策倾斜以及相关奖项的设置，让社会主义核心价值观的高度认同者、自觉弘扬者、坚定信仰者、积极传播者、模范践行者，在生命安全、个人财产、生存资源、发展条件等多方面得到相关保障。同时，通过物质奖励、精神激励等形式，匡扶正义，激发社会向善向上的力量。此外，还要加大投入，打造精神成果交流和共享的平台，可以设立专项基金与特别资助，为优秀精神成果的创作和生产提供支持和帮助，并通过精神财富的不断积累，以及精神成果的广泛传播，不断丰富人们的精神生活，提升人们的精神品位，进而激励人们自觉继承、弘扬和践行社会主义核心价值观。同时，也要尽可能地消除社会负能量，净化社会精神环境，激浊扬清，加强社会监督，建立健全相应的惩罚机制，进而约束与规范人们的思想与行为。需要强调指出的是，要注意奖励机制与惩罚机制的相互配合与补充，健全奖惩机制，并通过树立正面典型与负面典型，从正反两个方面去强化社会主义核心价值观。

"理论—实践—制度—目标"的系统化建构路径，需要注意以下几点：

一是坚持理论教育与实践教育相结合。马克思主义经典作家多次论述过理论教育与实践教育的关系，强调理论灌输的同时也指出马克思主义教育不能只有理论灌输，还应该重视结合实践。恩格斯就曾明确指出："越少从外面把这种理论硬灌输给美国人，而越多由他们通过自己亲身的经验（在德国人的帮助下）去检验它，它就越会深入他们的心坎。"① 列宁也曾指出："一个马克思主义者如果以为，被整个现代社会置于愚昧无知和囿于偏见这种境地的亿万人民群众（特别是农民和手工业者）只有通过纯粹马克思主义的教育这条直路，才能摆脱愚昧状态，那就是最大的而且是最坏的错误。"② 理论教育与实践教育相结合是马克思主义宣传教育的重要原则，同时也是我国核心价值观得以传导的优良传统和宝贵经验。中国传统社会的核心价值观教化就高度重视文教与行教相结合。一方面，重视以四书五经等典籍为依据进行理论教育。教学内容主要有德行、言吾、政事、文学等。孔子以"兴于诗、立于礼、成于乐"来概括人的培养过程，以及道德教育的发展过程，并明确阐述了《诗》《礼》《乐》等为容对于个体修养与社会教化、个人发展与社会进步的重要作用。在他看来，《诗》中不仅包含丰富的文化知识，还蕴含深刻的道德智慧，读《诗》可以识物、明理、讽谏、言志，《诗》不仅可以激发意志情感，也可以以此体悟民俗风貌，还可以教育感化民众。《礼》则是关于相关历史文献、典章制度、仪式规范、行为技能的学习，本身就带有强烈的实践性和体验性。《礼》既能帮助人们认识道德的内涵和义理，也能规范和改变人的思想和行为。而《乐》既是乐理的学习，也是一种审美教育。《乐》可以陶冶情操、慰藉情感，也可以提升修养、移风易俗，是重要的教化手段。可见，理论教育在这里并不局限于课本和教材里的知识，其本身就有很强的实践性和生活性。另一方面，重视以行教来进行实践教育，认为道德教育不仅有书本知识的学习，还有实践活动的学习。孔子把立足于日常生活实践的"行"作为修身的德育课程之一，并把行教作为文教的基础。他指出："弟子入则孝，出则弟，谨而信，泛爱众而亲仁。行有余力，则以学文。"③ 学习并不是

---

① 《马克思恩格斯选集》第4卷，人民出版社2012年版，第588页。
② 《列宁全集》第43卷，人民出版社2017年版，第26页。
③ 《论语·学而》，陈晓芬、徐儒宗译注，中华书局2015年版，第9页。

单纯地为了掌握知识和理论，而是为了提升道德践行能力。理论学习要以德行践履为标准，并服务于道德修养。这启示我们，当代社会主义核心价值观的宣传教育，应坚持理论教育与实践教育相结合。既要重视理论灌输和学习，引领教育对象不断提高马克思主义理论水平和思想觉悟，坚持学而信、学而思、学而行，把学习成果转化为正确的世界观、人生观、价值观；也要重视实践教育，创建多元形式，加强道德践履，不断显现与强化社会主义核心价值观教育效果。实践教育不仅是获得道德知识的途径，也是检验理论的唯一标准。理论知识不能停留在书本上或是头脑中，而应该落实到行动上和生活里，真正做到知行合一、以知促行、以行求知，把理论知识转化为真信念、真能力、真本领、真作为。

二是坚持道德教化与法律惩戒相结合。儒家非常重视德治与刑治相结合，强调以德化人的同时坚持法刑惩戒，提倡"五教"与"五刑"不可偏废，认为教为先导、刑为后盾，主张通过软性感化与硬性惩罚而"软硬"兼施进行主流意识形态传导。孔子认为，如有"邪民"不"从化"，就需"待之以刑"，但也强调，刑法只是保障德治实施的手段，以德化之先于以刑法之，"道之以政，齐之以刑，民免而无耻。道之以德，齐之以礼，有耻且格"[①]。孟子认为："善政不如善教之得民也"[②]，"沛然德教溢乎四海"[③]，"国家闲暇，及是时明其政刑"。[④] 加强社会主义核心价值观建设，应充分挖掘我国传统文化资源，坚持道德教化与法律惩戒相结合。一方面，要加强身范感化、俗约规化和礼仪训化，发挥道德对人的教化作用。"其身正，不令而行；其身不正，虽令不从。"[⑤] 教育者的以身作则、身体力行，往往能够使核心价值观教育更有说服力，达到"桃李不言，下自成蹊"的效果。要加强教育者的言教身范，发挥好

① 《论语·为政》，陈晓芬、徐儒宗译注，中华书局 2015 年版，第 16 页。
② 《孟子·尽心》（上），方勇译注，中华书局 2018 年版，第 263 页。
③ 《孟子·离娄》（上），方勇译注，中华书局 2018 年版，第 133 页。
④ 《孟子·公孙丑》（上），方勇译注，中华书局 2018 年版，第 57 页。
⑤ 《论语·子路》，陈晓芬、徐儒宗译注，中华书局 2015 年版，第 153 页。

"上行下效"的示范引领作用，潜移默化地对教育对象的思想、道德、观念、行为进行引导与规约。要注重道德榜样的塑造、树立和宣传，在全社会范围内形成崇德向善、见贤思齐，向先进看齐、向模范学习的风气。改善风俗民俗、优化乡约民规、健全地方保障机制，重视"以礼正俗"、以礼正身，通过耳口相传、学习效仿、仪式礼仪强化社会主义核心价值观的内化与外化。另一方面，要加强社会主义法治思维，提升人们的法治素养，推进法治中国建设，发挥法律对人的约束功能。以道德划定"高线"，以法律警戒"底线"，既以情感人、以德服人，也以法为教、以吏为师，引领人们坚定理想信念，树立道德高线、纪律红线和道德底线，使社会主义核心价值观既有"软性"感召力，又有"硬性"约束力。

三是坚持信仰建构与制度建设相结合。要重视信仰的"软性"感化作用和法律制度的"刚性"约束作用，以理性信念筑牢思想防线，以法治力量树立正义的道德天平。一方面，要高度重视相关法律法规的指导性和规范性作用，依法进行社会主义核心价值观教育，做到有法可依、有法必依，并把法治教育融入社会主义核心价值观教育尤其是理想信念教育全过程。以法律为指导，既要彰显信仰建构的科学性和理性，杜绝教育过程中的盲目迷信、不合法、不合规的现象；也要促动社会主义核心价值观宣传教育的创新性，积极挖掘相关资源与素材，不断丰富内容和形式。此外，还要从理想信念构建的角度进行与深化法治教育，从政治和法律的高度，确认社会主义核心价值观及其宣传教育的合法性和权威性，使人们对我国各项制度和法规有全面而充分的了解。另一方面，要及时查缺补漏发现问题，总结经验教训，完善相关立法，做到执法必严、违法必究，对那些严重冲击人们理想信念的违法行为进行大力惩处，正风肃纪反腐，为信仰建构的纠偏纠错提供法律支持和制度保障，以法治建设推进信仰建构，让人们增强对马克思主义、共产主义的信仰，增强对中国特色社会主义的信念，增强对实现中华民族伟大复兴中国梦的信心。要引导人们不断弘扬社会主义法治精神，用守法执法的严肃性彰显社会主义核心价值观的权威性和公信力，以信仰的坚定性和执着性激励法治建设，注重把社会主义核心价值观相关要求上升为具体法律规定，充分发挥法律的规范、引导、保障、促进作用，形成有利于培育和践行社会主义核心价值观的良好法治环境。

二　"国家—社会—学校—家庭"的协同化建构路径

以社会主义核心价值观构建人的精神世界的过程，实质上也是国家主导价值观转化为个体价值观的过程，是社会主义核心价值观在人的精神世界落地生根的过程。依据社会主义核心价值观传导的基本线路，以及个体成长发展的主要阶段，社会、学校和家庭是社会主义核心价值观由国家传向个体的必经之地，也构成了个体生产、生活、学习、工作的主要场域。

要深深植根于中华优秀传统文化，观照人们现实利益的满足与调动，发现思想共鸣点和利益交汇点，汇集中国力量，凝聚中国精神，找准国家、社会、学校和家庭这四大阵地建设的突破口，科学定位，明确责任，聚焦重点，精准发力，打通"国家—个人"和"个人—国家"的由上至下、自下而上的双向互动之路，实现"国家—社会—学校—家庭"的协同化建构，营造全方位、立体化、渗透式的协同育人新环境。

（一）国家重在顶层设计与制度建构

首先，优化顶层设计，统揽全局，坚持问题导向，深化文化体制改革，加强社会主义核心价值观建设的系统性、协调性与前瞻性。值得一提的是，自党的十八大提出"社会主义核心价值观"重要概念以来，我们在加强顶层设计方面，作出了许多努力，也取得了显著成绩。出台实施《新时代公民道德建设实施纲要》《新时代爱国主义教育实施纲要》

《关于新时代加强和改进思想政治工作的意见》等，推动制定修订《国歌法》《国旗法》《国徽法》《英雄烈士保护法》，并通过《爱国主义教育法》等。"不谋万世者，不足谋一时；不谋全局者，不足谋一域。"必须保持全局意识、历史眼光和战略思维，贯彻新精神，立足新起点，明确新方位，树立新目标，提出新举措，继续优化顶层设计，在坚持协调推进"四个全面"战略布局和"五位一体"总体布局、增强"四个意识"和"四个自信"、做到"两个巩固"和"两个维护"的宏观视域下，深刻认识当代中国人的精神世界所面临的问题与挑战，坚决破除文化藩篱和体制机制弊端，针对当代人的精神世界的主要困境与核心问题，促进社会主义核心价值观引领人的精神生活、构建人的精神世界的合规律性与合目的性，实现政府职能转变，构建现代公共文化服务体系，完善政府文化治理体系，提升国家文化治理现代化水平，扎实推进社会主义文化强国建设。

优化顶层设计需要注意以下两点：一是需要从法律着手。法律法规是推广社会主流价值的重要保证，许多国家早就已经意识到了这一点。通过立法大力推行主流意识形态，是西方国家进行核心价值观建设的重要经验之一。比如，1787 年由美国制宪会议制定和通过的美国宪法，作为世界上最早的成文宪法，其在序言中就明确提出制宪目的在于谋求"正义""国内安宁""和平"等目标。这些价值目标指导和贯穿着宪法的全部内容，集中性表达和反映了资本主义核心价值观。再比如，法国1789 年颁布的《人权宣言》，明确宣告了人权、法治、自由、平等基本原则，这都是国家的核心价值观在法律层面的确认。除了立法确认，西方国家也都十分重视政策导向。比如英国 1988 年颁布的《教育改革法案》第一条就指出，培育学生精神、道德、文化、智力、身体发展是国立学校的基本义务。1990 年又发表了《公民教育》文件，明确规定进行"态度和价值观"培育是公民教育的重要目标。美国有多个州颁布法令举政府之力推行品格教育，以文件颁布、政策推行、经费支持等方式，大力实施核心价值观教育。虽然，社会主义核心价值观在性质上与西方资本主义核心价值观存在根本区别，但是许多西方国家在加强核心价值观宣传教育方面，有许多先进做法和有益思路是值得我们学习与借鉴的。这启示我们，要将社会主义核心价值观贯彻于决策全过程，贯彻到依法治国、依法执政、依法行政实践中，体现于法治建设各环节，落实到立法、执法、司法、普法和依法治理各个方面。应重视用法律权威捍卫社会主义核心价值观的合法性地位；重视将社会主义核心价值观相关要求上升为具体法律规定，充分发挥法律的规范、引导、保障、促进作用；重视通过法律及政策导向，全面推进社会主义核心价值观入脑入心、入法入规。二是需要以政党及政党活动为保障。要重视通过政党活动与政治参与，不断宣传和推行社会主义核心价值观，强化社会主义核心价值观的传播与认同。应将社会主义核心价值观的精神和要求贯穿于政党活动及其政治纲领建设发展全过程，这是社会主义核心价值观不断政治化的过程，而民众对于政治活动的关注与参与过程，就是对社会主义核心价值观的关注与建构过程。与此同时，还要重视通过对外交流合作与国际关系建构，不断进行文化与价值观输出，拓展社会主义核心价值观的辐射范围。

其次，加强制度建构，不断确认社会主义核心价值观的合法性和权威性，并巩固其意识形态的强势地位。我国传统社会就将核心价值观融入官吏制度、教育制度、礼乐制度、旌表制度等国家各项典章制度中，并辅之以一系列纲领与政令的指导与支持，大力推行和持续推进核心价值观的传导与教化。在官吏制度方面，将德、才、贤、能作为选拔官吏和提拔人才的重要标准。汉代察举制以"孝廉"与"贤良方正"作为重点考察科目，魏晋南北朝九品中正制以家世、道德、才能作为定品依据"择州郡之贤有识鉴者"，隋唐科举制以儒学经典作为重要考核内容。在教育制度方面，建立了以官学为核心的教育体系，以培养维护传统社会核心价值观的人才，进而巩固阶级统治，以儒家经典为主要教育内容，以四书五经为核心教材，从国家到地方施行和推广核心价值观教化活动。在礼乐制度方面，以周礼为例，主要有吉礼、凶礼、军礼、嘉礼、宾礼，其具体仪礼多达三千种，贯穿于人们成长发展全过程，渗透到人们社会生活各方面。在旌表制度方面，通过立牌坊、赐匾额、封官爵、建宗祠、置祀庙等方式，对忠义节孝者进行鼓励、褒奖、表彰和宣传，以达到示范和激励作用，进而促进核心价值观的传播和弘扬。这启示我们，必须将人们对于核心价值观的学习与理解、掌握与运用、认同与践行，作为个体评价和社会评价的重要依据和标准；必须将核心价值观对于人们精神生活的建构成效，直接与人才选拔、官员任免、教育评估等相挂钩。同时，完善礼法礼俗，将核心价值观的内容与要求融入各种典章制度和生活规范之中，使人们在对礼法的严格遵循与礼俗的反复践行中，自觉或不自觉地接受、认同并践行核心价值观。以高度体系化的制度建构和高度明晰化的制度导向巩固核心价值观的统领地位，稳固践行、传播、弘扬和维护主流意识形态的中坚力量，增强主流意识形态的合法性和权威性，扩大核心价值观的现实基础。

在制度建构的过程中，要注意对多种复杂关系的协调和整合，尤其要着力处理好软与硬、主与次、公与私之间的关系。具体而言，应该做到以下几点：

一是软硬兼施。社会主义核心价值观的构建既需要以刚性的物质力量为支持，又需要以柔性的精神力量为支撑。软硬兼施，要坚持推进经济的纵深发展，致力于人民物质生活水平的切实提高，让人民在吃得饱、穿得暖、住得舒适、行得安全的基础上，去畅谈理想、追求梦想、践行信仰，只有如此，社会主义核心价值观的构建才有现实依托，才行之有理；要坚持完善社会主义民主政治制度，发挥制度的规范和约束作用，健全法律体系，实现奖惩分明，只有如此，社会主义核心价值观才有可靠保障，才行之有据；要切实加强社会主义文化建设，彰显社会主义核心价值观的历史内涵及其优越性，激发人民的情感共鸣，唤醒人民的文化自信，只有如此，社会主义核心价值观的建构才行之有力；要引领多元的社会思潮，丰富人民精神文化生活，说人民之所说，想人民之所想，急人民之所急，增强社会主义核心价值观的感染力、说服力，只有如此，社会主义核心价值观的建构才行之有效。

二是分清主次。如何处理和应对社会主义核心价值观与多元社会思潮的关系，在社会主义核心价值观的构建中，是不可回避的问题。分清主次，即坚持马克思主义指导思想不动摇，坚持社会主义核心价值观的核心地位和主导作用不动摇。绝不能在多元社会思潮的挑战和冲击下，使社会主义核心价值观让位或退位。社会主义核心价值观的主导地位，关键在于被人民群众所普遍拥护和认同，在于对多元社会思潮的引领。人民共识不是通过强制达成的，而是通过感化实现的。价值引领不是通过打压促成的，而是由其本身的真理性、超越性、科学性决定的，而一旦这些特点得以彰显，那些向我国主流意识形态发起攻击的民主社会主义、新自由主义、历史虚无主义等思潮所制造的谎言便会不攻自破，人们由此而产生的内心深处的疑虑与困惑，以及精神世界的冲突与问题就会迎刃而解。

三是公私分明。对公私关系的理解和把握，一直是中西价值观差异性的主要体现，也是社会主义核心价值观的制度建构过程中亟须解决的难题。公私分明包括以下内涵：一是指公私要有明确的界限，不能公私不分。公私不分就难以立法，就会出现滥用职权、以权谋私、奖惩不公、徇私枉法，导致权力腐败，法治权威性丧失，政权的公正性消解，最终难以服众。二是公私要区分得当。公私区分不当，社会的公平与正义就难以体现，社会主义核心价值观的构建就会失去最为核心的意义和最为根本的基础。

（二）社会重在宣传与治理

首先，要在宣传上下真功见实效。党的十八大以来，在以习近平同志为核心的党中央坚强领导下，社会主义核心价值观宣传工作围绕举旗帜、聚民心、育新人、兴文化、展形象的使命任务，扎实推进，广泛展开，成效显著。2022 年 8 月，中央宣传部就新时代宣传文化工作举措与成效举行发布会，中央宣传部副部长孙业礼同志在答记者问的时候指出：全党全国人民信仰信念更加坚定，社会舆论总体氛围清朗清新、昂扬向上，文化事业和文化产业繁荣发展，宣传文化领域治理全面推进，是我国宣传思想文化战线取得的重要成绩。他还分别就上述四个方面的具体工作作出介绍，其中包括编辑出版重要理论著作及读本，推出重头文章，制作播出大型电视专题片，编写通俗理论读物，建好用好学习平台，加强全国重点马克思主义学院建设，建立习近平新时代中国特色社会主义思想专门研究机构，推出一大批有深度、有分量的研究成果，精心策划开展重大主题宣传活动，编制实施《文化强国建设规划纲要（2021—2035 年)》和"十三五""十四五"文化发展规划，实施重大项目工程，推出精品力作，推进"考古中国"重大项目，成立中国历史研究院，制定出台《中国共产党宣传工作条例》等党内法规，制定修订《公共文化服务保障法》《电影产业促进法》《著作权法》，精心组织"脚力、眼力、脑力、笔力"教育实践，广泛开展"深入生活、扎根群众"主题实践活动，创新实施文化名家暨"四个一批"人才等计划，等等。但在这一过程中，人们的精神生活需求是不断变化发展的，当代中国人的精神世界不断呈现新问题和新情况。做好新时代社会主义核心价值观宣传工作，必须坚持正本清源、守正创新，坚持以人民为中心，以问题为导向，在以下几个方面下真功。

一是要在内容凝练上下功夫。就目前而言，"三个倡导"是目前对于社会主义核心价值观最有力的概括。这一概括最大限度地综合了多方意见，凝聚了各界共识，相对简洁明了，便于宣传教育。但是随着理论的不断深入，以及具体实践的不断向前推进，人们对于社会主义核心价值观的认识与提炼必然会飞跃到另一个层次。因此，"三个倡导"这一表述，采取的是一种开放的未定论的方式。学界对于"三个倡导"这一概括是有争议的，有学者认为就社会主义核心价值观的本质特征以及宣传需要来看，这种表述显然还不够凝练。这种看法有合理性，也体现了宣传教育专业化发展的一个趋势。要使社会主义核心价值观宣传教育有针对性，确保获得人们的理解、接受和认同，对其内涵作出高度凝练、通俗易懂、简单易记的概括就势在必行。

二是要在创新方式方法上下功夫。随着现代传媒技术的日益发展，传统宣传方式的吸引力逐渐下降。尤其是随着网络、手机、微信等新媒体的发展，人们的信息接受面很广，自我意识不断增强，传统的宣传手段已经无法满足他们的需要，也难以充分调动他们的兴趣。要及时回应社会热点、难点问题，有针对性地解决实际问题，在宣传教育上必须创新方式方法。要积极借鉴和吸收世界先进文明成果，创新宣传教育理念，与世界和时代接轨，充分开发并合理利用传统资源与新兴载体，进一步提升宣传方法、艺术和策略，关注人们的实际困难和需要，运用生动活泼的方式、简单明白的话语，找到宣传教育与人们生产生活实际的契合点，创新方式方法。在宏观路径上，要加大基础设施建设的投入力度，更加重视主题公园、城市景观、博物馆、文化馆等设计与建设，以具体直观的形式将社会主义核心价值观融入人们的公共生活。也要利用现代传媒技术和新兴传播手段，利用网络、微博、微信、抖音、快手等平台，以人们喜闻乐见的方式将社会主义核心价值观融入日常生活。还要运用理论文章、通俗读物、文学作品、电视电影、新闻报道等，承载社会主义核心价值观的精神与要求，发挥文化育人的功能。在具体方法上，要善用情感疏导、心理咨询、志愿服务、实践教学、仪式教育等，在观照人们内在需要和社会现实问题的基础上，增强人们的体验感和获得感，进而强化社会主义核心价值观的宣传教育效果。

三是要在提升队伍素质上下功夫。一方面要加强和改善党的领导，为社会主义核心价值观宣传教育提供坚实的组织保证。建立健全人才选拔、任用、培养、考核、评价制度，创新实施人才计划，打造一支训练有素、政治过硬、本领高强、求实创新、能打胜仗的干部人才队伍，以切实履行职责，不断提高领导和管理的科学化水平。另一方面要培养和选拔专业人才，为社会主义核心价值观宣传教育提供坚实的队伍保证。队伍的专业化是社会主义核心价值观宣传教育专业化的集中表现。需进一步规范选聘、考核、评估、审查制度，加强专业培训和业内交流，促进队伍的专业化发展。随着社会主义核心价值观建设的不断深化，宣传教育主体会日趋多元化，除了政府和学校，还会有越来越多的社区、社会团体、企事业单位、个人加入进来，要发挥社会的整合动员作用，对社会主义核心价值观宣传教育主体予以必要的管理、监督、规范和引领。

其次，要在治理上再发力有作为。习近平总书记指出："比较有挑战的是两个方面的问题：一个是如何在对外开放的多样化社会里，坚持用一元化的指导思想统领意识形态，一个是如何消除负面文化或者说劣质文化的影响，有效抵御敌对势力和敌对分子的各种渗透、颠覆和破坏活动。这两个方面的问题，归结起来，就是守土有责。"[1] 要坚持党管宣传、党管意识形态，重建设的同时也要重治理。"要把践行社会主义核心价值观作为社会治理的重要内容，融入制度建设和治理工作中，形成科学有效的诉求表达机制、利益协调机制、矛盾调处机制、权益保障机制，最大限度增进社会和谐。创新社会治理，完善激励机制，褒奖善行义举，实现治理效能与道德提升相互促进，形成好人好报、恩将德报的正向效应。完善市民公约、村规民约、学生守则、行业规范，强化规章制度实施力度，在日常治理中鲜明彰显社会主流价值，使正确行为得到鼓励、错误行为受到谴责。"[2] 要善于用先进文化和社会主义核心价值观占领意识形态阵地、引领人们精神生活，让负面的东西和敌对势力无法乘虚而入，持续推进意识形态专项整治与清理工作，净化人们的精神世界，让错误的价值观与不良思潮无所遁形。

一是要在乡风民风治理上有所作为。"要大力弘扬时代新风，加强思想道德建设，深入实施公民道德建设工程，加强和改进思想政治工作，推进新时代文明实践中心建设，不断提升人民思想觉悟、道德水

---

① 习近平：《干在实处 走在前列——推进浙江新发展的思考与实践》，中共中央党校出版社 2006 年版，第 299—300 页。
② 《关于培育和践行社会主义核心价值观的意见》，人民出版社 2013 年版，第 10—11 页。

准、文明素养和全社会文明程度。要弘扬新风正气，推进移风易俗，培育文明乡风、良好家风、淳朴民风，焕发乡村文明新气象。"① 民风民俗和乡规民约是保证核心价值观渗透到人们社会生活的有效手段，是"化民成俗"的重要途径。汉董仲舒就曾提出："立太学以教于国，设庠序以化于邑，渐民以仁，摩民以谊，节民以礼，故其刑罚甚轻而禁不犯者，教化行而习俗美也。"② 民风民俗作为一种约定俗成的道德规范，是节庆仪式、风尚传统、风俗习惯的统一体，不仅规约着人们的言行举止和社会关系的构建，还维护着公共秩序和社会稳定，在核心价值观的传递与弘扬，以及集体道德的确立与传承方面具有独特优势。以我国传统节日为例，元宵节、上巳节、寒食节、清明节、端午节、中元节、中秋节、重阳节等都蕴含着"仁爱""孝悌""爱国""和谐"等核心价值理念。乡规民约是由乡村群众集体制订，进行自我约束和自我管理，并自愿履行的民间公约，主要是依靠乡里和家庭的合力施行，是核心价值观大众化的集中表达和有效途径。乡规民约在我国有悠久的历史，在核心价值观传导与教化过程中发挥了重要的作用。从西周的《周礼》到北宋的《吕氏乡约》，再到明代的《损益蓝田吕氏乡仪》《成化》《南赣乡约》《泰泉乡礼》《乡甲约》《乡约总叙》《乡约事宜》，这些乡约涉及生活、教育、婚姻、家庭、治安、社会等方方面面，以约定俗成、潜移默化的方式，促进核心价值观的内化与外化。要继承和挖掘中华优秀传统文化资源，按照乡风文明、治理有效的要求，对中华优秀传统文化进行创造性转化和创新性发展，破除民风陋习，建立系统完备的乡规民约，弘扬社会主义核心价值观，坚持正确导向，以社会舆论成风化人、敦风化俗，开展移风易俗和道德领域突出问题专项治理，对违反社会道德、背离公序良俗的言行和现象，及时进行批评、驳斥、规范，激浊扬清、弘扬正气，改善人们的精神风貌和精神气象，引领人们和睦乡里、尊老

---

① 《习近平谈治国理政》第三卷，外文出版社 2020 年版，第 313 页。
② 班固：《汉书·董仲舒传》，中华书局 2000 年版，第 1905 页。

爱幼、修身律己、守法明礼、讲诚守信、勤俭节约、奋发向上、崇德向善，在全社会范围内形成良好的乡风民风。

二是要在网络生态治理上有所作为。着力创新文化体制机制，努力构建大宣传工作格局，完善相关法律法规，强化监督管理，注重综合治理，紧紧围绕人们高度关注、反映强烈的突出问题，持续深入开展清理与整治行动。尤其要聚焦短视频、直播、自媒体、算法等问题突出的领域，打击与社会主义核心价值观相悖的现象，大力清理"色、丑、怪、假、俗、奢、赌"等违法违规内容，对相关责任人进行严格处置与处罚，重点治理网络平台的信息失序、行为失度、功能失范、价值失落等突出问题，推动整治工作的长效化与精准化。强化主体责任、细化制度规范、建立激励机制，引导鼓励优质内容产品的创作，以及正向信息的发布，优化网络生态；完善管理规则，强化信息标识，优化算法模型参数，切实维护网民的合法权益，以营造清朗清新、昂扬向上的社会舆论环境和氛围。中央网信办副主任、国家网信办副主任盛荣华表示要做好以下几点工作，并将其归纳为抓好"三个主体"——网站平台、信息内容生产者、MCN 机构，以及抓好"三个规范"——规范功能设置、规范技术应用、规范链条管理，并表示要坚持正确导向，把牢信息内容呈现关口，切实管好重点产品、重点环节，对问题突出、整改不力的，从严处置处罚，集中曝光警示，及时遏制各类问题乱象，以技术规范保障内容规范，深挖乱象根源，特别是要斩断利益链条，让网络空间正能量更加强劲，正能量更加充沛，主旋律更加高昂。

（三）学校重在教育与引领

首先，坚持育人和育才的统一，坚守学校主阵地。学校是进行主流意识形态教育和公民道德建设的重要阵地，必须把立德树人贯穿学校教育全过程。《新时代公民道德建设实施纲要》指出："要全面贯彻党的教育方针，坚持社会主义办学方向，坚持育人为本、德育为先，把思想品德作为学生核心素养、纳入学业质量标准，构建德智体美劳全面培养的教育体系。加强思想品德教育，遵循不同年龄阶段的道德认知规律，结合基础教育、职业教育、高等教育的不同特点，把社会主义核心价值观和道德规范有效传授给学生。"① 人才培养一定是育人和育才相统一的过程，育人是本，而育人的根本在于立德。十年树木、百年树人，铸魂立德非一夕之功，育人育才是具有艰巨性和持续性的一项伟业，关键是要解决教育对象的理想信念问题，根本还是解决好培养什么人、怎样培养人、为谁培养人的问题。习近平总书记强调，要"把立德树人的成效作为检验学校一切工作的根本标准"。学校肩负着立德树人的重要职责，必须全面贯彻党的教育方针，"坚持教育为人民服务、为中国共产党治国理政服务、为巩固和发展中国特色社会主义制度服务、为改革开放和社会主义现代化建设服务"②，加强思想引领，将社会主义核心价值观教育融入教育教学全过程，落实到管理服务各环节，并体现于教材教学、校风学风建设之中，切实推动社会主义核心价值观进教材、进课堂、进学生头脑。"学校要把德育放在更加重要的位置，努力做到每一堂课不仅传播知识、而且传授美德，让社会主义核心价值观的种子在学生们心中生根发芽。"③

其次，坚持知识课与信仰课的统一，推进思政课程改革。习近平总书记多次强调，思政课是落实立德树人根本任务的关键课程。④ 思政课是学校进行社会主义核心价值观教育的专业课程，也是对教育对象进行知识建构和价值建构的重要依托，其地位和作用不容忽视。思政课不仅传递知识，更传递价值，是知识课与信仰课的统一。办好思政课的意义重大，要增强思政课的针对性和实效性，就要按照信仰形成规律及知识传授规律，去创建课程、规范课程、开发课程、完善课程，加强课程体系化、系统化、特色化发展，寓价值观引导于知识传授之中，切实推进

---

① 《新时代公民道德建设实施纲要》，人民出版社 2019 年版，第 9—10 页。
② 习近平：《思政课是落实立德树人根本任务的关键课程》，人民出版社 2020 年版。
③ 《习近平重要讲话单行本（2020 年合订本）》，人民出版社 2021 年版，第 278 页。
④ 《习近平重要讲话单行本（2020 年合订本）》，人民出版社 2021 年版，第 276 页。

课程改革创新，充分发挥课程育人功能。

一是课程体系化发展。微观上，应建立"思想品德教育＋常识教育＋历史教育＋时事政策教育＋理论教育"的思政课程框架，按照知识性与价值性相结合的原则，对框架内各门课程进行整合与衔接。中观上，应打造"思政课＋通识课＋专业课"的协同模式，以思政课为"主打"、通识课为辅助、专业课为渗透，发挥思政课在学校整个课程体系中的政治引领和价值引领作用，重视政治素养、理论基础、职业能力的同步提升，坚持价值引领与知识传授、专业教学融会贯通，使各类课程"守好一段渠，种好责任田"，避免课程之间的断裂以及教学效果的抵消，助推各类课程与思政课程同向同行，实现由思政课程到课程思政的转变。宏观上，应探索"第一课堂＋第二课堂＋第三课堂"的共建形式，坚持理论与实践相结合、传统与现代相结合，坚持课堂教学、实践教学、网络教学多管齐下，实现课上与课下双互动、线上与线下齐发力，以破解工作不力、效果不佳、知行不一等难题，促进思政课的点对点、面对面、心贴心。

二是课程系统化发展。坚持阶段性原则，根据教育教学规律及教育对象身心特点，分阶段、有针对性地进行课程规划与建设，依次确定大中小学思政课程内容与工作重点，小学阶段重在情感启蒙、要讲常识，初中阶段重在道德体验、要讲规范，高中阶段重在品质养成、要讲践行，大学阶段重在素质提升、要讲担当，研究生阶段重在科学研究、要讲专业。坚持渐进性原则，基础教育需履行启蒙和规范职责，打牢思想基础。高中阶段是价值观形成的关键时期，需重视价值引导与品质塑造，提高政治素养。大学阶段是素质能力拓展时期，需夯实理论基础，筑牢理想信念。大中小学每一阶段都很重要，都不能有所懈怠，课程设置要实事求是、稳扎稳打、遵循规律、循序渐进、螺旋上升。在这一过程中，知识的传递呈现理论化、体系化、专业化的走向，价值的传递逐渐由表及里、由浅入深、由显性变为隐性。坚持持续性原则，在大中小学不同阶段，注意保持课程目标的一致性、课程内容的层次性、课程体系的逻辑性，尽可能避免目标断裂、内容重复、层次混乱等问题。于细小处抓落实、于细微处见功夫，切实推进各类课程之间的整体性、衔接性和协同性。

三是课程特色化发展。思政课程有其自身内在的品格与魅力，应该挖掘内涵、突出亮点，彰显其政治底色、育人本色、文化特色。具体来说，可按照不同阶段教育教学的要求与特点，加强自主创新，重点打造以下几类课程。其一是精品课程，根据社会主义核心价值观传递的要求与特点，充分考虑学生的学习兴趣和心理期待，结合教师的学习背景与研究专长，发挥团队作战力量，定期进行教学观摩，深入调查研究，对教学内容及设计精雕细琢、精益求精，或以思想性、理论性为王，或以贴近性、针对性见长，充分彰显知识的真理性与价值的凝聚力，全力打造优质课程、示范课程，真正完成由"水课"到"金课"的逆袭。其二是主题课程，可根据教学目标、工作重点、主要任务等确定主题，精选经典故事、先进事迹、文艺作品等作为活动材料，以相关会议精神为工作指引，精心打造主题课程并常态化，增强思政课的体验性和趣味性。其三是特色课程，凸显中国特色、地方特色、学校特色、专业特色甚至是主讲人特色，可开展"名校名师"计划，成立专门工作室，根据学生成长成才中的实际需要与困难，依托技术平台和现实条件，着力开发相关课程，如生命教育、性健康与性文化、心理健康与心理咨询、幸福课、校园生活导论、职业生涯规划、现代社交礼仪等，配合思政必修课程，着力解决学生所遇到的心理健康、人际交往、两性关系、求职压力等问题，彰显社会主义核心价值观对人的精神世界的渗透力和引领力。

最后，坚持经师与人师的统一，加强教师队伍建设。建立严格的准入、考核、评价机制，以及科学的培养、激励、保护机制。实施师德师风建设工程，健全教师任职资格准入制度，坚持师德为上，完善教师职业道德规范，将师德表现作为教师考核、聘任和评价的首要内容，形成师德师风建设长效机制。着重抓好学校党政干部和共青团干部，思想品德课、思想政治理论课和哲学社会科学课教师，辅导员和班主任队伍建设。引导广大教师自觉增强教书育人的荣誉感和责任感，学为人师、行为世范，做学生健康成长的指导者和引路人。① 一方面，要重视教师的培养和再教育。引导教师树立终身学习理念，加大教师队伍培训研修力度，创建共享式资源平台、开放式研修平台，加强交流与合作，定期开展理论学习、业务培训、技能训练、素质拓展等活动，重视考察调研与实践锻炼，并把研修培训时间纳入工作量考核中，不再另外占用教师时间。可开设心理咨询、法律援助、舆情引导等实习或兼职岗位，拓展教师专业技能，也可在大中小学之间进行短期交换、实践调研、技能竞赛等，提升教师综合素质。培养和造就一批信仰坚定、师德高尚、知识渊博、理论深厚、视野开阔、业务精湛，能满足教育教学需要、适应教育对象与现代社会发展变化的高素质专业队伍。另一方面，也要重视对教师的激励与保护。许多一线教师任务重、压力大，很多时候苦不堪言、有苦难言，不能只压担子不减负、只提要求不减压、只讲贡献不谈利益。要对其特殊地位给予确认，对其难处给予理解，维护教师切身利益。众所周知，课堂教学只不过是教师工作内容之一。除此之外，备课、作业批改与辅导、学生心理咨询与疏导等，都需要消耗大量的时间和精力。而这些工作往往是在下班后完成的。要给教师减负，明确职责，不要把超出其职责范围的事务压在教师头上，不要用填表、写报告、参会等强制性任务挤占教师个人生活空间，同时也要把自觉加班等纳入评价奖励体系，要针对教师的实际困难，建立保护机制，畅通申诉渠道。同时，设置专项课题资助，鼓励开展基础理论研究，尤其是教书育人规律、学生思想品德与理想信念形成发展规律，加强教学研究，紧紧抓住教育核心问题、重点问题、难点问题开展科研，提升教师知识储备和专业素质，加强科学研究对教育教学的支撑。当然，也要通过物质奖励和精神奖励，设置专门奖项，深化教学改革，加大资源供给，激励教师推动教材体系向教学体系、教学体系向信仰体系的转换。

---

① 《关于培育和践行社会主义核心价值观的意见》，人民出版社 2013 年版。

（四）家庭重在熏陶与养成

家庭是社会的基本细胞，是道德养成的起点。家庭不只是人们身体的住处，更是人们心灵的归宿。正所谓"积善之家，必有余庆；积不善之家，必有余殃"。家风是社会风气的重要组成部分，家风家教的好坏，不仅关乎家道兴衰，更关乎个体人生成败。家庭是人生的第一所学校，家长是孩子的第一任老师，要给孩子讲好"人生第一课"，要以良好的家教家风涵育道德品行，要以温馨和谐的家庭环境塑造健康人格。

首先，要重视家长的言传与身教。作为父母和家长，要以身作则、榜样示范，"应该把美好的道德观念从小就传递给孩子，引导他们有做人的气节和骨气，帮助他们形成美好心灵，促使他们健康成长，长大后成为对国家和人民有用的人。广大家庭都要重言传、重身教，教知识、育品德，身体力行、耳濡目染，帮助孩子扣好人生的第一粒扣子，迈好人生的第一个台阶。要在家庭中培育和践行社会主义核心价值观，引导家庭成员特别是下一代热爱党、热爱祖国、热爱人民、热爱中华民族。"① "要弘扬中华民族传统家庭美德，倡导现代家庭文明观念，推动形成爱国爱家、相亲相爱、向上向善、共建共享的社会主义家庭文明新风尚，让美德在家庭中生根、在亲情中升华。通过多种方式，引导广大家庭重言传、重身教，教知识、育品德，以身作则、耳濡目染，用正确道德观念塑造孩子美好心灵；自觉传承中华孝道，感念父母养育之恩、感念长辈关爱之情，养成孝敬父母、尊敬长辈的良好品质；倡导忠诚、责任、亲情、学习、公益的理念，让家庭成员相互影响、共同提高，在为家庭谋幸福、为他人送温暖、为社会作贡献过程中提高精神境界、培育文明风尚。"②

---

① 《习近平谈治国理政》第二卷，外文出版社 2017 年版，第 355 页。
② 《新时代公民道德建设实施纲要》，人民出版社 2019 年版，第 10—11 页。

其次，要重视家训家规的制定与遵守。家训家规是树立家教家风和传承优良传统的重要途径，也是保证核心价值观落实到人们家庭生活的重要方式。家规家训侧重于对家族成员思想与行为的提醒与劝诫，以简明扼要的语言、有针对性的内容、贴近生活的形式，反映核心价值观在家庭及个人层面上的要求。在中华优秀传统文化中，有许多为人所称道的明训。比如，《太傅仔钧公家训》倡导耕、读、俭、勤、让、忍，反对盗、奸、嫖、赌、暴、凶。《颜氏家训》从教子、兄弟、后娶、治家、风操、慕贤、勉学、文章、名实、涉务、省事、止足、诫兵、养心、归心、书证、音辞、杂艺、终制等20个方面劝勉族人修心修身修学。《曾国藩家训》提出并规定了修身十二款，分别是主敬、静坐、早起、读书、读史、谨言、养气、保身、日记、作诗文、作字、夜不出门。《朱子家训》倡导勤俭、整洁、质朴、得体、宽和、守分、安命。中国封建社会的家规家训主旨大体皆为推崇忠孝节义、教导礼义廉耻，内容涵盖励志勉学、修身律己、待人接物、为人处世、交友婚恋、治家为政等，不仅是教育子女的范本、修身齐家的典范，也是规范家风的典籍。要继承我国优良传统和优秀文化，按照创建现代家庭文明的要求，制定和建立家训家规，并将社会主义核心价值观，以教育、劝导、惩戒等方式，用口口相传、书面记载、行为示范、实践养成等形式，渗透到人们真实具体的生活中，落实到日常平凡细微的小事里。

最后，要重视家庭环境的熏陶与影响。在家庭层面，应创造良好、优质、健康、和谐的家庭环境，营造自由、平等、民主、开放的家庭氛围，倡导家长合理分工、合力抚养和教育子女，注重培养孩子的自主意识和独立能力，重视与孩子之间的沟通和情感连接，尊重孩子的意愿和权利，强调亲子陪伴，重视通过节日、纪念日、仪式、固定的家庭活动等，引导子女们坚持和弘扬核心价值观和家庭传统。美国前总统克林顿曾指出："家庭代表的价值观，家庭传授给自己孩子的经验教训，家庭为塑造自己的未来而担负的责任，以及家庭试图实现的梦想，在很大程度上决定着我们将是一个什么样的民族，以及我们能成为什么样的国家。"① 许多国家都强调家庭环境的重要作用，并为此作出了许多有益的探索。比如，为了实现家庭环境的优化，美国的一些州对家庭管理教育职能及监护人职责作出明确规定，并重视向社区寻求支持和帮助，"从社区寻求相互支持、共同抚育孩子成长、共同参与卓有成效的活动、加强自我保护力"。② 新加坡为了促进家庭教育的科学化发展，家庭教育民众委员会专门为家庭提供教育咨询与服务，并制订推行系列计划对家长进行培训，以提高家庭教育整体水平与能力。这些经验与做法值得我们效仿与学习。和谐健康的家庭环境、科学有效的家庭教育，对于正确三观的树立、健全人格的养成，具有极其重要的意义。而家庭环境的优化，不仅需要家庭成员的自觉建构，还需要国家的指导与规范、社会的支持与监督。广大家长要以更专业的态度，认识、对待和处理孩子性格养成、品格塑造、三观树立，以及精神世界变化发展过程中所遇到的问题与困难；广大家庭要以更优良的环境氛围，培育社会主义家庭文明新风尚。

需要指出的是，无论是品德塑造还是道德养成，抑或是三观培育，都需要持续性的引导和规范、帮助和观照。光靠家庭教育，抑或是光靠学校教育，都是不现实的。家庭教育对人的成长成才有基础作用，但也有其自身局限性；学校教育虽至关重要，然而在人的成长历程中通常也不过寥寥十数载，无法包打天下。社会、学校、家庭之于育人育才，其责任无法回避、不容忽视。习近平总书记指出，办好教育事业，家庭、学校、政府、社会都有责任。要坚持"三全育人"原则，建立完善思想政治领导体制和工作机制，明确家庭、学校、社会在立德树人中的职责，发挥企业、社区、家庭、社会群体的合力作用，构建"大思政"格局。要坚持党抓党管原则，加强和改善党的领导，落实各级党委和政府责任，发挥群团组织育人功能，教育、妇联等部门要统筹协调社会资源

---

① 王瑞苏：《比较思想政治教育学》，高等教育出版社 2004 年版，第 197 页。
② ［美］阿尔与迪帕·戈尔：《心心相印》，冯琦译，中国方正出版社 2004 年版，第 214 页。

支持服务家庭教育。全社会要担负起促进青少年成长成才的责任。各级党委和政府要为学校办学安全托底，解决学校后顾之忧，维护老师和学校应有的尊严，保护学生生命安全。[①] 要建立科学标准与追责制度，助推育人育才在各项工作中的常态化、规范化。要坚持双赢共建原则，加强家校合作、校企合作、校地合作，充分发挥学校在家庭与社会之间的桥梁作用，实现家庭、学校、社会之间的有效沟通与无缝对接，构建联动式育人模式，真正实现知识性与价值性、建设性与批判性、主导性与主体性的统一。总之，在立德树人、育人育才的过程中，政府、社会、学校和家庭缺一不可。如果把培养担当民族复兴大任的时代新人的重任，全都交付到家长与教师身上，或者只是诉诸家庭或学校，是万万不行的。

建构"国家—社会—学校—家庭"的协同化路径，需要注意以下几点：

一是坚持国家精神与个体发展相结合。要把培育和践行社会主义核心价值观融入个体成长发展全过程，发挥国家精神的涵育功能。坚持立德树人、以文化人，以社会主义核心价值观引领人们理想信念的构建，紧紧抓住世界观、人生观、价值观这个总开关，着力解决人们的思想困惑、精神迷茫和现实难题，构建人们的精神世界，指导人们的现实生活。要把培育和践行社会主义核心价值观纳入国民教育总体规划，发挥核心价值观的引领作用。坚持育人为本、德育为先，使国家精神和社会主义核心价值观的培育和践行贯穿于学前教育、基础教育、高等教育、职业技术教育、成人教育各领域，落实到个体成长发展的各个阶段，覆盖到幼儿、青少年、成年人、老人等各个年龄段，照顾到学生、农民、工人等各个群体。要在国家精神中反映个体的利益诉求和发展需要，引导人们将个体命运和国家前途密切联系起来，在实现个体价值的过程中

---

① 《习近平在全国教育大会上强调　坚持中国特色社会主义教育发展道路　培养德智体美劳全面发展的社会主义建设者和接班人》，《人民日报》2018年9月11日。

实现社会价值。要把国家精神融入教育教学全过程，加强对于社会主义核心价值观培育践行规律和个体成长成才规律的研究，推动社会主义核心价值观进教材、进课堂、进教育对象头脑。要建立培育和践行社会主义核心价值观的长效机制，把践行社会主义核心价值观融入制度建设和社会治理工作中，在协调利益、处理矛盾、保障权益等日常治理过程中，体现国家精神、彰显主流价值，真正实现国家精神与个体发展的同向同行、同频共振，激励全体人民为夺取中国特色社会主义新胜利而不懈奋斗。

二是坚持官方组织与民间力量相结合。各级党委和政府要不断完善领导体制，把以社会主义核心价值观建构人的精神世界的任务摆上重要位置，把握方向、制定政策、优化环境，切实履行好领导责任和组织任务。各级党委政府要针对现实工作，深入研究新情况新特点，及时解决工作中遇到的困难和问题，加强组织领导和工作指导，建立健全工作机制，落实责任、明确分工，开创党委统一领导、党政齐抓共管、宣传部门组织协调、有关部门分工负责、社会力量积极参与的局面。中央宣传部、中央文明办要担负起统筹协调责任，党政各部门，工会、共青团、妇联等人民团体加强协同配合，各地党委宣传部、文明办要结合实际制定具体措施，党的基层组织要发挥战斗堡垒作用，筑牢思想基础，推动各项任务落到实处，提高工作的针对性实效性。与此同时，也要重视发挥民主党派和工商联的重要作用，发挥中国文联、中国科协、全国侨联、中国作协、中国残联、中国记协、外交学会、中国红十字总会、中国职工思想政治工作研究会等社会团体的各自优势。还要充分调动企业、社区、机关、学校等基层单位的力量，充分发挥工人、农民、知识分子的主力军作用，发挥党员、干部的模范带头作用，发挥青少年的生力军作用，发挥社会公众人物的示范作用，发挥非公有制经济组织和新社会组织从业人员的积极作用，形成全国上下步调一致、万众一心的良好氛围，协同共建社会主义核心价值观。

三是坚持他人教育与自我教育相结合。一方面，要把社会主义核心价值观融入治国理政之中，在社会范围内广泛开展宣传教育活动。当政者要以身作则，发挥主导力量。"为政以德，譬如北辰居其所而众星共之。"① "政者，正也。子帅以正，孰敢不正？"② 当政者欲正人先正己，严于律己，以德感人、以德教人、以德正人、以德服人，只有这样，社会主义核心价值观才能更有说服力和感染力，社会主义核心价值观的传导与教化活动才更容易获得人们的接受、认同、支持和拥护。广大党员干部要率先垂范，发挥榜样力量。党员的带头示范，是宣传和传递社会主义核心价值观最有力的活教材。广大党员对社会主义核心价值观履行的程度和状况，是影响人们对于社会主义核心价值观认同的重要因素，直接关系到社会主义核心价值观宣传教育的实效性。尤其是领导干部，更要以身作则，不能给群众以错误的导向，要严于律己，敢于接受批评，起到带头作用，不仅要带头践行，还要带头学习。"特别是高级干部要带头学习，原原本本学习和研读马克思主义经典著作，学习毛泽东思想、邓小平理论、'三个代表'重要思想、科学发展观，学习党中央治国理政新理念新思想新战略，要深入学、持久学、刻苦学，带着问题学、联系实际学，把科学思想理论转化为认识世界、改造世界的强大物质力量，以更好坚持和发展中国特色社会主义。"③ 另一方面，更要调动广大人民群众的自觉性和主动性，促进他们积极参与、踊跃践行，实现自我教育，引导他们把个人价值与社会价值相统一，在实现个人价值的过程中实现社会价值，在自觉践行社会主义核心价值观的过程中不断铸就精神世界的新高度、提升精神生活的层次。中国古代先哲们早就提出为学由己、反身而诚、克己内省、反躬自省等道德要求和修养方法。人们要成长为自我教育和自觉践履的主体，就必须继承好、弘扬好中华民族优良道德传统，加强自我道德修养，主动学习、研究、思考，积极参与、发展与创新，唤醒主体意识，克服依赖心理，坚持自律、自省、自

---

① 《论语·为政》，陈晓芬、徐儒宗译注，中华书局2015年版，第15页。
② 《论语·颜渊》，陈晓芬、徐儒宗译注，中华书局2015年版，第145页。
③ 《习近平谈治国理政》第二卷，外文出版社2017年版，第68页。

强与自信，用切实有效的行动，完善自己，感染他人，以实现从听的阶段、看的阶段到说的阶段、想的阶段再到信的阶段、做的阶段的转变与飞跃。

三　"内容—载体—方式—环境"的 渗透化建构路径

社会主义核心价值观如何能够渗透到人们的生活世界之中，并起到引领精神和浸润灵魂的作用？在这一过程中，核心价值观的传播是必要条件，核心价值观的大众化是必然要求。如前所述，在核心价值观宣传教育的实施阶段所传播的信息，实际上是内容、载体、方式和环境几大因素共同作用并最终合成的统一体。也就是说，社会主义核心价值观需要借助于一定形式才能传递给人们，其宣传教育的最终效果不仅要受到人的制约，还直接受内容、载体、方式和环境的影响。在大众传播视域中，核心价值观的传导并不是直接"流"向一般受众的"物理过程"，而是经过一定环节并受到各种影响最后抵达受众的社会过程。美国学者埃弗雷特·罗杰斯（Everett M. Rogers）将大众传播过程区分为两个方面：作为信息传递过程的"信息流"（information flow），以及作为效果形成和发散过程的"影响流"（influence flow），指出大众传媒与意见领袖在信息传播中发挥着重要作用，并直接影响最终的传播效果。1962年，他在《创新的扩散》一书中，考察了创新扩散的进程及其影响因素，将创新事物在一个社会系统中扩散的基本过程归纳为知晓、劝服、决定、应用、确定五个阶段，并指出大众传播对提供新信息较为有力，而人际传播则对改变人的态度行为更有力，两者相结合是信息传播及说服大众的最有效途径。[①] 在社会主义核心价值观传播场域之中，人民群

---

① ［美］埃弗雷特·M. 罗杰斯：《创新的扩散》，辛欣译，中央编译出版社 2002 年版。

众不仅是主要的受众，更是社会主义核心价值观的传创者、继承者、践行者。社会主义核心价值观无法脱离人民群众而存在，其产生与发展依赖于全国各族人民的理解、认同、传播与践行。社会主义核心价值观要展现其生命力，必须实现大众化的发展，社会主义核心价值观要构筑起亿万中国人的精神家园，就必须贴近群众、契合现实，建构"内容—载体—方式—环境"的渗透化路径。

（一）多元内容表达

社会主义核心价值观的传播，需要面向人民，运用大众话语，呈现多元内容。朱德同志曾深刻指出，一个宣传家不必是一个艺术家，但一个马列主义的艺术家应当是一个好的宣传家。我们的艺术作品不是给少数人看的，我们必须认清对象。认清对象，便提出一个问题——艺术的民族形式和民间形式的问题，也就是大众化和通俗化的问题。① 一方面，要深刻认识国家制度及社会性质，以及意识形态形成发展规律，在此基础上对社会主义核心价值观的内容进行高度凝练和精准表述，以便于人们理解、把握和认同，在传播过程中达到易懂、易记和易操作的效果；另一方面，要深入研究马克思主义发展史，不断推进马克思主义中国化时代化大众化，将学术话语转换为生活话语，用通俗易懂的语言和生动有趣的形式，将科学理论和先进价值传递给人民群众。毛泽东早就指出，推进大众化就应当认真学习群众的语言，否则，"英雄无用武之地，就是说，你的一套大道理，群众不赏识。在群众面前把你的资格摆得越老，越像个'英雄'，越要出卖这一套，群众就越不买你的账。你要群众了解你，你要和群众打成一片，就得下决心，经过长期的甚至是痛苦的磨练。"② "洋八股必须废止，空洞抽象的调头必须少唱，教条主义必须休息，而代之以新鲜活泼的、为中国老百姓所喜闻乐见的中国作风和

---

① 《朱德军事文选》，解放军出版社 1997 年版，第 406 页。
② 《毛泽东选集》第三卷，人民出版社 1991 年版，第 851 页。

中国气派。"① 习近平总书记也曾针对价值观教育指出："这里面，会讲故事、讲好故事十分重要"②。马克思的女儿爱琳娜·马克思－艾威林，就曾评价她的父亲道："摩尔不光是一匹出色的马，他还有更大的本领。他是一位了不起的讲故事的能手。"③ 中国共产党中的许多领袖也都具有会讲故事、善讲故事这一过人本领，毛泽东同志和习近平同志更是讲故事的大家。要通过讲故事，将抽象的理论、深刻的道理，转化为鲜活生动的内容与形式，告别扁平枯燥乏味的宣传教育模式，让人们在听故事、讲故事、传故事的过程中，被新鲜、多元、有趣的内容所吸引，被其中蕴含的深邃思想、非凡见地和崇高精神所折服，潜移默化地接受故事所传递的价值；要通过讲故事，有针对性地回答和解决人们精神世界的深层疑问和困惑，引导人们纾解思想矛盾和精神冲突，深刻地体悟"中国共产党为什么能、马克思主义为什么行、中国特色社会主义为什么好"的道理，坚定理想信念。正如习近平总书记所强调的那样："话语的背后是思想、是'道'。不要为了讲故事而讲故事，要把'道'贯通于故事之中，通过引人入胜的方式启人入'道'，通过循循善诱的方式让人悟'道'。"④

首先，要在宣传阐释社会主义核心价值观的过程中，讲好中国自己的故事。一是讲好中国传统故事。中华优秀传统文化源远流长、博大精深，不仅蕴含着社会主义核心价值观的价值资源，也镌刻着中华民族的文化基因。中国文化的独特性，塑造了当代中国价值观的独特性，是中国故事走进人们内心深处的基础。中国文化有非常丰富的内涵，中国人有自己独特的价值体系。中华优秀传统文化讲仁爱、重民本、守诚信、崇正义、尚和合、求大同，中华民族崇礼尚仪、讲信修睦、抱诚守真、

---

① 《毛泽东选集》第三卷，人民出版社1991年版，第844页。

② 《习近平重要讲话单行本（2020年合订本）》，人民出版社2021年版，第292页。

③ 中共中央马克思恩格斯列宁斯大林著作编译局：《回忆马克思》，人民出版社2005年版，第208页。

④ 中共中央党史和文献研究院：《习近平关于总体国家安全观论述摘编》，中央文献出版社2018年版，第122页。

崇德向善、博施济众、笃行致远。要汲取传统文化资源，精选中国传统故事，传递中国核心价值。习近平总书记指出："宣传阐释中国特色，要讲清楚每个国家和民族的历史传统、文化积淀、基本国情不同，其发展道路必然有着自己的特色；讲清楚中华文化积淀着中华民族最深沉的精神追求，是中华民族生生不息、发展壮大的丰厚滋养；讲清楚中华优秀传统文化是中华民族的突出优势，是我们最深厚的文化软实力；讲清楚中国特色社会主义植根于中华文化沃土、反映中国人民意愿、适应中国和时代发展进步要求，有着深厚历史渊源和广泛现实基础。"① 二是讲好中国当代故事。要努力传播当代中国价值观念，"当代中国价值观念，就是中国特色社会主义价值观念，代表了中国先进文化的前进方向"②。要针对西方散布的"中国威胁论""中国扩张论""中国崩溃论""中国责任论"等一系列荒谬言论与无端指责，作出价值澄清，勇于亮剑、敢于发声，以各种精彩、精炼的故事为载体，把中国道路、中国理论、中国制度、中国精神、中国力量寓于其中，完成中国形象由"他塑"向"自塑"的转变。要讲好中华民族和平崛起与伟大复兴的故事，讲好中国坚持和发展社会主义的故事，讲好中国共产党建党百年与治国理政的故事，讲好全民族共同团结进步、并肩奋斗的故事，讲好中国共产党带领全国各族人民脱贫攻坚、谱写人类反贫困历史的故事，讲好中国抗疫故事，等等。要用鲜活的故事、生动的事例、真实的情感、朴素的道理，还原事实，展示全貌，讲清楚国际国内社会普遍关切的问题，着重阐释中国特色和中国价值，增进理解，打破偏见，凝聚共识，在宣传教育中重塑一个可爱、可亲、可信、可敬的中国。

其次，要在与资本主义核心价值观的比较中，讲好中国与西方的故事。国际舆论总体格局西强我弱，西方价值观在世界上长期占据主导地位并把持话语权，东方国家在国际传播中长期处于失语状态。失语就易

---

① 《习近平谈治国理政》第一卷，外文出版社 2018 年版，第 155—156 页。
② 《习近平谈治国理政》第一卷，外文出版社 2018 年版，第 161 页。

遭到误解，失语就要挨骂。在西方刻意污蔑、恶意歪曲与持续抹黑的攻势下，许多民众被错误报道所蒙蔽，被西方思潮所裹挟，对于中国特色社会主义的认识有误、评价不公。习近平在全国党校工作会议上的讲话中明确指出："如果我们用西方资本主义价值体系来剪裁我们的实践，用西方资本主义评价体系来衡量我国发展，符合西方标准就行，不符合西方标准就是落后的陈旧的，就要批判、攻击，那后果不堪设想！最后要么就是跟在人家后面亦步亦趋，要么就是只有挨骂的份。"① 我们要建立"中国特色"话语体系，认真审视中西差异，针对西方特点、善用比较形式，设议题、讲故事，既要讲中西联系，也要讲中西区别。要坚定价值自信，在重构与比较中讲关于西方的故事，撕下"西方中心主义"的伪善面具，用中国话语去拆穿"西式谎言"。要保持头脑清醒，精准识别西方宣传意图与惯用伎俩，对于"别人"讲的那些不实、失真的中国故事，进行事实还原。要创新话语表达方式，研究不同受众的习惯和特点，采用大众乐于接受的表述和方式，把"陈情"和"说理"结合起来，使中国故事广为流传、深入人心。

最后，要在与人类共同价值的互鉴中，讲好中国与世界的故事。一要讲清楚中华文明对世界文明发展的历史贡献，讲好中华文明与世界文明交流互鉴的故事。中华民族有 5000 多年的文明史，孕育了璀璨夺目的民族文化。传播社会主义核心价值观要充分发挥这一突出优势，结合新时代中国特色社会主义伟大实践，展现人类文明新形态。二要讲清楚中国对第三世界国家的人道主义援助，讲好中国坚持和平发展合作共赢的故事。"穷则独善其身，达则兼济天下"是我们自古以来就秉持的道义观。中华人民共和国成立之初就致力于团结亚非拉第三世界人民，帮助他们改变贫穷落后的局面、摆脱西方殖民主义的毒害。一些西方媒体却颠倒黑白，肆意散布"中国新殖民主义"的谬论。"我们国家发展成就那么大、发展势头那么好，我们国家在世界上做了那么多好事，这是

① 《习近平谈治国理政》第二卷，外文出版社 2017 年版，第 327 页。

做好国际舆论引导工作的最大本钱"①，也是做好国内宣传教育的重要底气。三要讲清楚中国特色社会主义与世界社会主义的密切联系，讲好中国特色社会主义的过去、现在与未来的故事。按照社会主义发展史的线索与脉络，深刻阐释和全面展现马克思主义为什么"行"、中国特色社会主义为什么"好"、中国共产党为什么"能"。四是要讲清楚中国道路、中国成就、中国经验，讲好中国共产党带领人们追梦筑梦圆梦的故事。要多层次、全方位、立体式讲好中国故事、中国共产党故事、中国人民故事，让人们深谙中国成功之道的同时，葆有世界眼光和人类情怀，积极为推动世界发展、解决人类问题贡献中国智慧和中国方案。五要讲清楚中国在全球治理中的制度优势与历史贡献，讲好中国共产党为人类进步事业不懈奋斗的故事。传递中国价值、汇集中国力量，吸引全国各族人民同心共筑中国梦，携手共建人类更加美好光明的未来。

（二）多样载体传播

习近平总书记指出："一种价值观要真正发挥作用，必须融入社会生活，让人们在实践中感知它、领悟它。要注意把我们所提倡的与人们日常生活紧密联系起来，在落细、落小、落实上下功夫。"② "要注意把社会主义核心价值观日常化、具体化、形象化、生活化，使每个人都能感知它、领悟它，内化为精神追求，外化为实际行动，做到明大德、守公德、严私德。"③ 社会主义核心价值观的大众化，不仅需要进行多元内容转化，还需要多样载体进行传播。要善用制度载体、活动载体、文化载体和传媒载体，推进社会主义核心价值观在人们的现实世界里、日常生活中落细、落小和落实。

首先，要善用制度载体。一是通过规章制度和纪律守则"落细"。

---

① 中共中央文献研究室编《习近平关于社会主义文化建设论述摘编》，中央文献出版社2017年版，第208页。

② 《习近平谈治国理政》，外文出版社2014年版，第165页。

③ 中共中央文献研究室编《习近平关于社会主义文化建设论述摘编》，中央文献出版社2017年版，第118页。

要使社会主义核心价值观落细，就要重视细节，防微杜渐，把远大目标转换分解为一个又一个的具体目标，通过规章条文、纪律规范、守则纲要等细化要求，建立细致、可操作的行动方案，为践行社会主义核心价值观提供详细参考。深入各个行业、各个单位，针对不同地域、不同层次、不同年龄的人群，制定科学的、具体的规范与要求，使社会主义核心价值观渗透于人们生产生活的方方面面。二是通过乡规民约和家规家训"落小"。要使社会主义核心价值观落小，就要从小抓起，从小事做起，把宏大的理想转化为一个又一个连续的小目标，把抽象的社会主义核心价值观落到生产生活的一件又一件小事上去。既要促使社会主义核心价值观像空气一样无处不在，无处不有，融入人们生活世界和日常实际之中，便于人们去感悟、接受、认同；又要提醒人们勿以善小而不为、勿以恶小而为之，鼓励人们从小事着眼、从小事做起，积极践行社会主义核心价值观。要使社会主义核心价值观落小，还要从小抓起，尤其要发挥社会规范、乡规民约、家风家训、美德典范的作用，重视基础教育和家庭教育，以及大、中、小学之间的衔接，做好社会主义核心价值观的启蒙教育和终身教育，使社会主义核心价值观伴随、指引、激励个体的成长与成才。三是通过国家政策和法律法规"落实"。要使社会主义核心价值观落实，就要解决实际问题，让人们看到"好处"，因此要充分利用人们能够感知到的现实载体，把社会主义核心价值观通过具体而直接的方式呈现出来，使人们能够看得见、摸得着，加强社会主义核心价值观的亲和力和贴近性。同时，还要把社会主义核心价值观的要求转化为具体实际的工作，并通过制度规范、法律惩戒、权利保护等，全方位地关注人们的生活世界，并能够充分发挥社会主义核心价值观的功能与价值，澄清人们的思想困惑，丰富人们的精神生活，及时而有效地解决人们所面临的实际困难和问题，让人们受到实实在在的保障，看到实实在在的好处，获得实实在在的利益，进而增强社会主义核心价值观的感染力和吸引力。

其次，要善用活动载体。活动载体对于价值观的渗透，尤其是在改造思想、增强体魄、磨炼意志、塑造精神和品格等方面具有显著效果。比如生产劳动，就是改造人们的主观世界和精神面貌的有效途径。马克思指出："生产劳动同智育和体育相结合，它不仅是提高社会生产的一种方法，而且是造就全面发展的人的唯一方法。"① 列宁也指出："无论是脱离生产劳动的教学和教育，或是没有同时进行教学和教育的生产劳动，都不能达到现代技术水平和科学知识现状所要求的高度。"② 习近平总书记在全国劳动模范和先进工作者表彰大会上发表的重要讲话中指出："要开展以劳动创造幸福为主题的宣传教育，把劳动教育纳入人才培养全过程，贯通大中小学各学段和家庭、学校、社会各方面"③，引导人们树立以辛勤劳动为荣、以好逸恶劳为耻的劳动观，发扬艰苦奋斗优良传统和作风，弘扬崇尚劳动、热爱劳动、辛勤劳动、诚实劳动的精神。又比如志愿服务和公益活动，就是弘扬社会主义核心价值观进行道德践履的重要契机。可以围绕学习雷锋、扶贫济困、应急救援、环境保护等议题，聚焦空巢老人、留守妇女儿童、农民工、残疾人等群体，组织开展各类形式的志愿服务和公益活动。再比如仪式礼仪活动，不仅可以承载民族情感和集体记忆，还可以弘扬传统文化和中国精神，帮助人们建立真实的情感体验，坚定文化自信，是培育社会主流价值的重要方式。仪式礼仪有很强的规范性和庄严感，通常情况下都须遵守一定的流程、惯例、规矩，对于人们的言行和举止甚至是仪容仪表及仪态，都有严格要求及注意事项。核心价值观的权威性与仪式的严肃性相契合，在特定的场合和情境中，有利于约束人们的行为，强化集体纪律和个人礼仪。活动载体多种多样，要区分不同群体的特点，根据现实情况与条件，精心选择、设计和创办内容鲜活、形式新颖的道德实践活动，使人们在自觉参与活动的过程中感情得到熏陶，精神生活得到充实，道德境

---

① 《马克思恩格斯选集》第 2 卷，人民出版社 2012 年版，第 230 页。
② 《列宁全集》第 2 卷，人民出版社 1984 年版，第 461 页。
③ 习近平：《在全国劳动模范和先进工作者表彰大会上的讲话》，人民出版社 2020 年版，第 5—6 页。

界得到提升。

再次，要善用文化载体。英国文化学家泰勒指出，文化是"包括全部的知识、信仰、艺术、道德、法律、风俗以及作为社会成员的人所掌握和接受的任何其他的才能和习惯的复合体"①。地上的遗产、古籍里的文字、博物馆的展品、传说中的英雄，都是核心价值观的载体，也都是中国精神的象征。要重视以文化人，以文服人，充分发挥文化的精神涵育功能。宗教、艺术、文学、哲学、历史，人文景观、重大工程、教育基地，影视作品、文艺创作、文化产品，文献文物、风俗民俗、红色旅游，都可以成为做好核心价值观宣传教育的素材、资源和媒介。习近平总书记强调："要充分利用我国改革发展的伟大成就、重大历史事件纪念活动、爱国主义教育基地、中华民族传统节庆、国家公祭仪式等来增强人民的爱国主义情怀和意识，运用艺术形式和新媒体，以理服人、以文化人、以情感人，生动传播爱国主义精神，唱响爱国主义主旋律，让爱国主义成为每一个中国人的坚定信念和精神依靠。"②"传播好中国声音，阐释好中国特色。对中国人民和中华民族的优秀文化和光荣历史，要加大正面宣传力度，通过学校教育、理论研究、历史研究、影视作品、文学作品等多种方式，加强爱国主义、集体主义、社会主义教育，引导我国人民树立和坚持正确的历史观、民族观、国家观、文化观，增强做中国人的骨气和底气。"③要实施文艺作品质量提升工程，多出弘扬主旋律、传递核心价值观、贴近人民群众的文艺精品；加强文化设施和文化项目建设，广建公共图书馆、共享文化资源室、农家书屋、电视电影进万家等文化惠民工程；推动文化和旅游融合发展，兴修文化公园、旅游景区、度假区；保护民俗文化，建设文明乡村，发展街巷文化，等等。一方面，要加强以社会主义核心价值观为引领，使一切文化产品、

---

① ［英］爱德华·泰勒：《原始文化》，连树生译，广西师范大学出版社 2005 年版，第1 页。

② 中共中央文献研究室编：《习近平关于社会主义文化建设论述摘编》，中央文献出版社 2017 年版，第 128 页。

③ 《习近平谈治国理政》第一卷，外文出版社 2018 年版，第 162 页。

文化服务和文化活动，都传递积极的人生追求、高尚的思想境界和健康的生活情趣，不断提升文化的品位和品格；另一方面，也要注意将社会主义核心价值观融入丰富多彩的文化载体之中，挖掘其中所蕴藏的丰富教育资源。

最后，要善用传媒载体。传媒载体具有信息量大、传播范围广、受众人数多等特点，其传播速度和广度是其他载体所无法比拟的。大众传媒是主导价值观传播的主要途径，也是意识形态竞争的重要平台，更是思想交锋和舆论战争的集中场域。近些年，西方境外势力利用大众传媒进行意识形态渗透，一些媒体和平台充斥和负载的消费主义、历史虚无主义、"普世价值"等思潮，冲击着人们的理想信念，引发了思想混乱、价值错位、精神迷茫等一系列问题。要高度重视对大众传媒与现代技术的引导与运用，以报纸、书刊、广播、电影、电视、网络等打造多载体、广辐射的传播模式，结合融媒体发展要求，运用现代技术手段，通过多样载体实现分众化、差异化、立体化传播，使社会主义核心价值观的宣传联通网上网下、打通国内国外。主流媒体应坚持正确导向，站稳人民立场，强化正面引领效能，发挥好传播社会主流价值的主渠道作用。强化党报党刊、通讯社、电台电视台、出版社、都市类和行业类媒体，以及互联网各大平台等传播媒介的管理与规范，增强其社会责任，不为错误观点提供传播渠道。此外，也要"建设社会主义核心价值观的网上传播阵地。适应互联网快速发展形势，善于运用网络传播规律，把社会主义核心价值观体现到网络宣传、网络文化、网络服务中，用正面声音和先进文化占领网络阵地。做大做强重点新闻网站，发挥主要商业网站建设性作用，形成良好的网上舆论环境，集聚网上舆论引导合力。做好重大信息网上发布，回应网民关切，主动有效进行网上引导"①。坚持正确舆论导向，坚持正面宣传为主，传递正能量、弘扬主旋律，突出思想引领，因势而谋、应势而动、顺势而为，加快推动媒体融合发展，

---

① 《关于培育和践行社会主义核心价值观的意见》，人民出版社 2013 年版，第 13 页。

优化网络环境和网络生态，形成网上网下同心圆，广泛凝聚共识、凝聚民心，汇聚起实现民族复兴的磅礴力量。

（三）内隐方式渗透

我国的核心价值观宣传教育，有很长一段时间，把目光过度投放在显性层面。无论是目标的设置、内容的呈现、方法的运用，还是场景的设置、氛围的营造，意识形态性的特征与色彩都分外鲜明。有些人甚至将核心价值观教育的意识形态属性过分放大或者绝对化，夸大这一活动的工具性价值，而无视它的其他属性和功能，弱化其中所蕴含的人性需要，把其简单地等同于某种政治性的手段和宣教，最终脱离了群众，甚至造成了教育对象的逆反和排斥，造成了核心价值观的"失语"与"失效"。对于共产主义教育，列宁早就指出，要重视用隐性的方式进行渗透，"渗透到群众的意识中去，渗透到他们的习惯中去，渗透到他们的生活常规中去"。① 毛泽东也曾提到，对于特定人群进行意识形态教育，"不能用粗暴的方法，不能下大雨，要像下小雨一样才能渗透进去。要按照他们的具体情况和能够接受的程度进行思想政治教育，不能强迫灌注"。② 显性方式固然有其自身的优点，但进行核心价值观宣传教育要讲求策略、讲究技巧，也要结合实际情况与教育对象需要，重视内隐方式渗透。习近平总书记就多次强调这一点，他在不同场合反复提到要把社会主义核心价值观的基本内容和要求，渗透到学校教育教学之中，渗透到社会生活各方面。

许多西方国家都非常重视以内隐方式的渗透而实现核心价值观的推广与传播。在学校教育中，核心价值观的传导更加隐蔽。尤其是在第二次世界大战以后，许多国家的学校教育的意识形态性更加明确，但其方式却趋向"中立化"，更加"隐性"。如英国的"公民教育"、法国的

---

① 《列宁全集》第 39 卷，人民出版社 2017 年版，第 100 页。
② 《毛泽东文集》第六卷，人民出版社 1999 年版，第 11 页。

"公民道德教育"、德国的"民主主义"教育，等等。虽然，不同的国家名称不同，在教育的具体内容和形式上也有所差别，但究其实质，都是一种以思想品德为关注点、以培养"合格"社会成员为目标的活动，都难以抹杀其意识形态性。在美国，"公民教育"一直伴随着公民意识的演进，并在短暂的历史发展中，建立了一整套教育体系，在"政治社会化"概念提出以后，美国更加重视"隐蔽课程"，把政治、道德等内容融入其他课程和活动中，使公民教育的"渗透性"更强。同时这些国家的核心价值观教育还有较强的实践性和体验性，学校会通过丰富的课余文化生活、社团活动、志愿服务等鼓励学生践行核心价值观。在对外宣传中，极为重视核心价值观的渗透式传播。以漫威漫画公司（Marvel Comics）为例，旗下所推出和制作的超级英雄系列，无论是蜘蛛侠、金刚狼、钢铁侠、美国队长、雷神、绿巨人、黑豹、死侍、黑寡妇、蚁人、奇异博士、超胆侠等超级英雄，还是复仇者联盟、神奇四侠、银河护卫队、捍卫者联盟等超级英雄团队，其故事内核都是宣传英雄史观，其主题也始终如一，那就是暗藏其中的个人英雄主义。尤其值得注意的是，一些资本主义国家在对外传播中，还非常重视利用国际话语权，运用网络载体，进行舆论造势，以多样的社会思潮进行意识形态渗透和核心价值观传播。

近十年，我国在社会主义核心价值观的隐性渗透方面作了许多努力，也取得了显著成绩。包括评选和表彰"时代楷模""最美奋斗者""最美人物""中国好人"，组织"永远跟党走""强国复兴有我"等群众性主题宣传教育活动，举办"核心价值观百场讲坛"，播出系列主题公益广告、微电影、微视频；评选表彰全国文明城市、文明村镇、文明单位、文明家庭、文明校园，开展扶贫帮困、慈善捐助、支教助学等公益活动，举办了庆祝中国共产党成立100周年大型情景史诗《伟大征程》、纪念抗战胜利70周年文艺晚会《胜利与和平》、庆祝改革开放40周年文艺晚会《我们的四十年》，以及庆祝新中国成立70周年大型音乐舞蹈史诗《奋斗吧中华儿女》等重大文艺演出活动，播出《外交风云》

《觉醒年代》《功勋》《平凡的世界》《父母爱情》《山海情》等电视作品，制作《中国诗词大会》《记住乡愁》《国家宝藏》《典籍里的中国》等节目，以各种形式弘扬核心价值观、唱响时代主旋律，表达当代人的精神世界和文化自信，突出运用典型引领、实践养成、文化浸染、环境熏陶等，实现了社会主义核心价值观的渗透。这标志着我们在核心价值观宣传教育上的重大突破，也奠定了新时代核心价值观建设的新基础。只有在新的起点上奋发图强，勇于创新，不断推进社会主义核心价值观向人们生活世界和心灵世界的渗透，才能最终达到构筑理想信念、构建精神世界的目标。

（四）优良环境感召

首先，把社会主义核心价值观融入经济建设、政治建设、文化建设、社会建设、生态文明建设之中，优化核心价值观宣传教育的宏观环境。习近平总书记在全国政协新年茶话会上强调："着力保持平稳健康的经济环境、风清气正的政治环境、国泰民安的社会环境。"① 其次，把社会主义核心价值观融入社风、民风、家风、校风的建设之中，优化核心价值观宣传教育的中观环境。核心价值观是抽象的，本是人们看不见摸不到的，要积极运用符号象征和多种载体将其具体化，并将其融入人们日常生活、学习、工作的环境之中，通过感染与熏陶，强化人们对于核心价值观的接受与认同。习近平总书记在中共中央政治局第十三次集体学习时强调："要利用各种时机和场合，形成有利于培育和弘扬社会主义核心价值观的生活情景和社会氛围，使核心价值观的影响像空气一样无所不在、无时不有。"② 最后，把社会主义核心价值观融入教育教学情境的创设之中，优化核心价值观宣传教育的微观环境。重视运用情景模拟和情感体验法，在教育教学中善用文学、音乐、舞蹈、绘画、戏

---

① 国家发展改革委政策研究室：《保持平稳健康的经济环境》，《人民日报》2022 年 1 月 7 日。

② 《习近平谈治国理政》，外文出版社 2014 年版，第 165 页。

剧、电影、电视等文艺作品与艺术形式，承载和传播核心价值观，并通过创设情境、规定场景、营造氛围，调动受众情绪，唤起情感共鸣和价值共振。或以直观形象的文字与画面，或以跌宕起伏的故事情节与片段，或以优美动听的曲调与旋律，或以震撼人心的场面与情景，让受众沉浸其中，在真实的情感体验中，被其中蕴含的思想、精神、历史、传统、价值观所触动和影响。

针对当代中国人的精神生活所面对的挑战，以及精神世界构建的基本要求，应该从以下几个方面着力：第一，大力整顿经济秩序，对于市场经济中的负面因素和消极影响要加强治理，弘扬诚信、创新、敬业精神，以及讲社会责任、社会效益，讲守法经营、公平竞争的价值取向，使社会主义核心价值观融入生产、分配、流通、消费各环节，要继续按照稳定大局、统筹协调、分类施策、精准拆弹的方针，抓好风险处置工作，营造公平公正、健康有序的市场环境和制度环境。第二，深化党风党建工作，各级党组织和广大党员干部特别是领导干部要率先垂范，大力弘扬新风正气，自觉抵制歪风邪气，增强党的战斗力、凝聚力、领导力，巩固党的执政根基。毛泽东曾指出："只要我们党的作风完全正派了，全国人民就会跟我们学。党外有这种不良风气的人，只要他们是善良的，就会跟我们学，改正他们的错误，这样就会影响全民族。"[1] 要重视以优良党风促政风带民风，努力营造风清气正的良好社会氛围和环境。第三，加强对文艺领域各类乱象和突出问题的整治，以及对文娱领域的综合治理。尤其是要针对畸形审美、流量至上、"饭圈"乱象、艺人违法失德等问题，要多措并举、综合施策，要"整"更要"治"，进一步廓清风气，提升文艺品质，使文艺环境更加天朗气清，文艺生态更加正气充盈。第四，加强对网络环境的建设与优化。全面清理不良和有害信息，严格惩治网络欺凌、网络暴力、网络谣言和网络诈骗等违法违规行为，进一步扩大净网行动的视野和射程，彻底消除那些贩卖低俗色

---

① 《毛泽东选集》第三卷，人民出版社1991年版，第812页。

情、血腥暴力、炫富拜金的"隐秘角落"。

恩格斯说："一切社会变迁和政治变革的终极原因，不应当到人们的头脑中，到人们对永恒的真理和正义的日益增进的认识中去寻找，而应当到生产方式和交换方式的变更中去寻找；不应当到有关时代的哲学中去寻找，而应当到有关时代的经济中去寻找。"① 当代中国人的精神世界的问题，有其产生的现实根源和社会原因。要以社会主义核心价值观为引领，改善和优化人们的生存环境、生活环境和发展环境，为人们思想减负、精神减压，从现实中寻找突破口去破解人们精神生活中的难题。一是坚持以民为本。尊重人民的主体地位，了解人民的现实问题和迫切需求，想人民之所想、急人民之所急，不断满足人们的精神需求与现实利益。二是坚持教育为先。尤其要重视马克思主义理论教育、中国精神教育、理想信念教育、党史教育，帮助人们建立牢固的思想基础、形成优良的精神品格、树立崇高的理想信念，为人们的健康成长与全面发展指引方向、保驾护航。三是坚持政策导向。努力为人们提供技能训练、职业培训、就业指导、心理咨询等各种服务，围绕物质文化生活、教育医疗、就业创业、家庭婚恋、社会保障等多个方面，不断制定完善相关法律和政策体系。人们的成长成才展才需要政策支持，人们的权益保护和利益实现需要制度保障。必须积极回应人们的利益诉求，认真研究人们精神世界中的冲突与问题，并及时制定和完善政策措施，为人们提供良好的生存环境。四是坚持协同施策。以社会主义核心价值观构建人的精神世界是一项长期系统工程，也是党的一项极为重要的工作，必须坚持全局视野、协同施策，明确各级部门工作任务、职责和要求。党委领导，政府、群团组织、社会等多方面，必须统一思想、步调一致，形成协同施策的工作合力；必须各司其职、各尽其责，建立协同推进的工作格局。只有这样，才能够共同营造有利于人们健康发展、奋发向上的良好环境。

---

① 《马克思恩格斯文集》第 3 卷，人民出版社 2009 年版，第 547 页。

建构"内容—载体—方式—环境"的渗透化路径，需要注意以下几点：

一是坚持言教与身教相结合。人们把这一原则性要求通常理解为言行一致、知行合一。实际上，言教与身教相结合，不仅蕴含二者统一的结果，更涵盖二者统一的过程。言教与身教如何结合才能达到二者最终统一的结果？言教应该怎么教？身教应该怎么教？这其中所蕴含的其实不仅是知与行的统一，同时也是话语、内容、方法、艺术、策略、情境的统一。以孔子为例，孔子作为儒家学派的创始人，就非常重视言传身教。首先是言教，《论语》就用简洁凝练的语言，较多地记载了孔子与其弟子之间的对话。这些对话集中地反映了孔子及儒家学派的政治主张与伦理思想，也体现了孔子进行价值观教育的方法与艺术。孔子非常重视通过言教向学生讲解道德知识，助其领会道德精神，解答道德困惑，指导道德修养。在《论语》中经常能看到学生向孔子请教道德问题。对于孔子的言教，子贡形容道："夫子之文章，可得而闻也。夫子之言性与天道，不可得而闻也。"① 足见孔子的言教有独特的方式和魅力。孔子常从日常生活入手，以学生们非常熟悉的事物作比喻，以具体直观的现象来说明深刻的道理、阐发深邃的思想。比如用流水不舍昼夜说明道德修养贵在坚持，用帽子质料之变揭示礼的权变，等等。其次是身教。孔子主张身行示范、上行下效，强调言行合一，言必信、行必果，用一生去坚守原则，践行理想，"行不言之教"。由此足以见得言教与行教相结合的高标准和严要求。言教与身教相结合，不仅是我国传统社会进行道德教化的基本原则，也是当代中国社会主义核心价值观宣传教育的基本要求。言教要指向现实问题，贴近学生的生活经验，针对性强，说服力才高。身教要榜样示范，以身作则，以自身的德行和人格去影响和感染教育对象。在此基础上，还要深耕教育内容，创新方式方法，运用艺术策略，设置特定情境，才能真正达到言教与身教的高度统一，取得最佳

---

① 《论语·公冶长》，陈晓芬、徐儒宗译注，中华书局2015年版，第54页。

的教育效果。

二是坚持主流媒体与大众传播相结合。重视发挥《人民日报》、新华社、中央电视台、《求是》和《光明日报》等主流媒体的导向作用，以及各级党报党刊、通讯社、电台电视台等的阵地作用，牢牢把握正确舆论导向，积极回应社会热点与民众关切，弘扬主旋律。各级主要新闻媒体、都市类和行业类媒体，要坚持正确方向，增强社会责任意识，弘扬向善风气，密切联系群众，弘扬主旋律、传递正能量，不断巩固壮大积极健康向上的主流思想舆论。要重视整合传统媒体和新兴媒体资源，积极运用微博、网站、微信、抖音、快手和手机客户端等形式，适应新时代传播特点，适应分众化传播特点，拓展社会主义核心价值观传播平台，强化传播媒介管理与规范，保证社会主义核心价值观宣传的正确方向。要重视大众传播，重视创新载体、搭建平台，积极树立先进典型和传播优秀文艺作品，利用天桥、围墙、座椅、宣传廊等设施，通过电子显示屏、公交地铁站灯箱、户外广告牌等进行社会主义核心价值观传播，使宣传教育贴近大众、浸润人心。同时广泛开展群众性精神文明创建活动、志愿服务活动和仪式礼仪教育活动，调动全民参与热情，不断提高社会主义核心价值观大众传播的亲和力、感染力和渗透力。

三是坚持显性教育与隐性教育相结合。习近平总书记曾针对新时代思政课改革创新的问题指出，主流价值观传导要"坚持显性教育和隐性教育相统一。思政课要做思想政治教育的显性课程。有人提出把思政课变成隐性课程，完全融入其他人文素质课程中，这是不对的。我们办中国特色社会主义教育，就是要理直气壮开好思政课。同时，要挖掘其他课程和教学方式中蕴含的思想政治教育资源，实现全员全程全方位育人。既要有惊涛拍岸的声势，也要有润物无声的效果，这是教育之道①。这段论述，实际上蕴含着核心价值观教育"显性"与"隐性"相结合的思想。中国传统社会就非常重视这一点。中国传统社会核心价

---

① 《习近平重要讲话单行本（2020年合订本）》，人民出版社2021年版，第292页。

值观的培育与践行在显性层面注重"教"，并建立了覆盖各个阶段、各个层面的核心价值观教育体系。秦汉时期，教育机构就已经相当健全与完备，不仅有相关职能机构，还配有专业人员。官学与私学相互补充，形成了从中央到地方的教育体系。隋唐时期，为了考核评价理论学习效果，还专门制定了严格的考试制度。宋元时期，积极保护、提倡和鼓励书院发展。据不完全统计，元代就建立了太极书院、谏议书院、毛公书院、东坡书院等400余所书院。清朝时期，通过官方教化的组织形式和非官方组织形式展开教化，下设社学、书院、保甲，通过宗教、乡约、私塾、义学，进行具体的教化活动，从而把核心价值观的教化渗透到社会各个阶层。中国传统社会核心价值观的培育与践行在隐性层面重视"化"，通过乡规民约、风俗习惯、家规家训、礼仪规范、榜样示范等进行道德伦理、价值观念的引导与潜移默化。例如，两汉时期就非常重视塑造典型进行榜样激励，《后汉书》中就记载了烈女、孝子等多则榜样故事，以达到宣传推行核心价值观的效果；北宋时期高度重视以乡规乡仪对地方基层社会进行意识形态教化，还制定了我国历史上第一部成文的乡约民规——《吕氏乡约》；宋明时期弘扬主流意识形态的小说、戏曲、说唱等民间艺术发展空前。重视通过隐性教育化民成俗，是我国传统社会核心价值观培育和践行的一大特点。这启示我们，当代社会主义核心价值观的培育与践行，应坚持显性教育与隐性教育相结合。在确立显性教育主导地位的同时，应充分发挥隐性教育的功能与优势，借助于环境熏陶、氛围创设、榜样示范、文艺作品、传统节日、仪式礼仪等形式和载体，行"不言之教"。一方面，目标明确、旗帜鲜明、理直气壮地展开核心价值观宣传教育，坚持不懈用先进思想和理论武装人们头脑；另一方面，悄无声息、循序渐进、潜移默化地将核心价值观融入人们的现实生活，以先进价值及价值观引领人们的精神世界，显隐结合、有机统一，促使社会主义核心价值观充分发挥铸魂育人、立德树人的重要功能。

引导人们在学思践悟中开启
精神世界的自觉建构之路

核心价值观要想在人们的精神世界落地生根，就要紧紧抓住与人们精神世界之间共通的东西——文化与利益。因为在文化与利益上所具有的一致性，社会主义核心价值观作用于人的精神世界有着天然的优势。要注意发挥这一优势，植根于中华优秀传统文化，在世界文明与现代文明中凸显生命力，观照利益与利益关系，在化解现实矛盾与冲突中体现说服力。正如马克思所指出的那样，"理论只要彻底，就能说服人［ad-hominem］。所谓彻底，就是抓住事物的根本。而人的根本就是人本身"①。要坚持理论联系实际、密切联系群众、解决思想问题与解决现实问题相结合、以理服人与以情感人相结合、人文关怀与心理疏导相结合、理论教育与实践教育相结合，深入研究人们精神世界发展变化规律及信仰建构规律，全面了解人们所思所想，准确把握核心价值观构建人的精神世界工作的所需所困，以人为中心，坚持价值引领，充分发挥国家、社会和个人的合力。国家层面体现人民至上，坚持价值引导与自主建构，重视人信仰维度的构建；社会层面体现以人为本，坚持价值追寻与价值创造，促进人自身价值的实现；公民层面体现与人为善，坚持超越思维与底线思维，加强人内在道德的规范，全方位、立体化地帮助人

---

① 《马克思恩格斯文集》第 1 卷，人民出版社 2009 年版，第 11 页。

们实现知、情、意、信、行的全面提升与高度统一，引导人们走上"学—思—践—悟"的自觉化建构之路。也只有如此，社会主义核心价值观才能真正融入人们的精神与灵魂，最终转化成人们的坚定信仰和自觉践行，完成由价值引领与传递—价值说服和认同—价值信仰与践行的构建过程。

开启"学—思—践—悟"的自觉化建构之路，重点在于增强文化自信。第一，中华优秀传统文化是文化自信的根基。中华文明源远流长，中华文化博大精深。在交相辉映的早期文明中，只有中华文明一直延续至今未曾中断。无论是商周时代的青铜文化、春秋战国时的诸子百家，还是闪耀青史的汉代雄风、四方朝贡的盛唐气象，都深深地镌刻于民族记忆之中，交织成中华文明的璀璨星河，并成为世界文化史上的辉煌篇章，这是人类文明的奇迹，也是我们自信的底气。第二，马克思主义是文化自信的灵魂。马克思主义是我们立党立国、兴党强国的根本指导思想，它创造性地揭示了人类社会发展规律。马克思主义，为我们提供了科学的世界观和方法论，用以解决中国实际问题，更是反对文化虚无主义、全盘西化主义和保守主义的有力思想武器。若没有马克思主义，中华文化就不可能有今天的面貌和高度，中国人的文化自信就难以重建；若没有马克思主义，也不可能有中国特色社会主义别开生面的理论与实践。第三，中国共产党的领导是文化自信的保障。文化自信是一个时代性的命题。我们是从什么时候开始不自信呢？其实是在近代中国饱受欺凌、民族饱受屈辱之下，才引发了深刻的文化危机。正是中国共产党领导的革命胜利、带领人民团结奋斗和中国的崛起，才祛除了人们内心的文化自卑和殖民地心态，打破了长期处于主导地位的"西方中心论"，使得中华民族转被动为主动，并重新焕发了勃勃生机和文化自信，使得人们终于可以正视西方、"平视"世界。文化自信来自我们的文化主体性，而这一主体性正是中国共产党带领中国人民在中国大地上建立起来的。第四，中国特色社会主义的成就是文化自信的底气。中华民族实现了从站起来、富起来到强起来的历史性飞跃，尤其是中国特色社会主义进入新时代，中华民族已实现第一个百年奋斗目标，开启了实现第二个百年奋斗目标新征程，当代中国进入由大向强发展的历史阶段。我们打赢了人类历史上规模最大的脱贫攻坚战，历史性地解决了绝对贫困问题，为全球减贫事业作出了重大贡献。我国经济总量稳居世界第二位，制造业规模、外汇储备稳居世界第一，建成世界最大的高速铁路网、高速公路网，货物贸易总额居世界第一，建成世界上规模最大的教育体系、社会保障体系、医疗卫生体系。习近平总书记说："当今世界，要说哪个政党、哪个国家、哪个民族能够自信的话，那中国共产党、中华人民共和国、中华民族是最有理由自信的。"的确，中国道路、中国理论、中国制度的伟大成就，极大增强了中国人文化自信的底气。

开启"学—思—践—悟"的自觉化建构之路，关键在于利益调动。"……人们为之奋斗的一切，都同他们的利益有关。"[①] 社会主义核心价值观要落地生根，就一定要以人们的利益为落脚点。马克思曾经指出，"'思想'一旦离开'利益'，就一定会使自己出丑"[②]。这告诉我们，社会主义核心价值观作为一种思想观念并不是某种空洞的抽象物，也不能脱离人的利益而孤立地存在。它要融入人们的生活世界，发挥出正面的、积极的作用，使人们主动、自觉地内化于心，外化于行，就必须从人的现实利益出发，为维护人民的切身利益服务。社会主义核心价值观可以直接影响人的精神生活，提升人的精神需求，满足人的精神利益，但并不直接产生物质成果或满足人们的物质利益。因为，核心价值观对于物质世界的改造，以及对于人们物质利益的满足，实际上是通过作用于人的精神世界而间接实现的。因此，社会主义核心价值观首先要与人的精神需要相结合，切实满足人的精神利益，获得"通行证"，顺利地进入并融入人的精神世界中去，进而发挥动员、激励、规范、导向的作用，为人们的生产生活提供精神保证与精神动力，促进社会实践并

---

① 《马克思恩格斯全集》第 1 卷，人民出版社 1995 年版，第 187 页。
② 《马克思恩格斯文集》第 1 卷，人民出版社 2009 年版，第 286 页。

转化为现实力量，以间接地实现人们的物质利益。精神利益源于人的精神需要，它包括对人格的尊重、身份的认同、归属感的获得、自我价值的实现等内容。精神利益同物质利益密不可分，是人的高层次需求的满足。从一定角度来看，人们对于社会主义核心价值观的自觉建构，恰恰是源于人们对于精神利益的追求。要满足人的精神利益，就要正视并重视人的精神层面的诉求，而不能只是一味地关注人的物质需要；要注意满足人们正当合理的精神利益，并引领人们发展健康的精神生活；要重视保护人的尊严和权利，为其自身价值的展现创造机会和平台；要促进精神成果的转化与精神产品的发展，增强核心价值观对精神世界的影响力与渗透力；等等。只有这样，社会主义核心价值观才能真正打动人、说服人，才能调动人们的主动性和积极性，使其成为自觉践行社会主义核心价值观的主体。

引导人们在学思践悟中开启精神世界的自我建构之路，要注意以下几点：首先，要引导人们坚持理论武装，不断提高马克思主义思想觉悟和理论水平。人们要加强理论自觉，努力学习和了解马克思主义理论知识。习近平总书记指出："坚定的理想信念，必须建立在对马克思主义的深刻理解之上，建立在对历史规律的深刻把握之上。"① 只有理论上清醒，政治上才能坚定。其次，要引导人们坚持学思并进，正确应对西方社会思潮的冲击和挑战。人们应坚持学而信、学而思、学而行。学思并进，不仅是对理论的学习与思考，更是对自身的反躬自省。在我国传统文化中，君子除了要自我修养，还要重视用"戒、畏、思"几项标准严格要求自己。尤其是新时代面对复杂的国际国内环境，以及西方思潮的冲击与挑战，如果学艺不精，就容易被迷惑，如果不思进取，就只能坐以待毙。要坚持学思并进，举一反三，加强辨别能力，坚守核心价值观，坚定理想信念。再次，要引导人们坚持知行合一，勇于担当新时代所赋予的使命与责任。"人才有高下，知物由学。"梦想从学习开始，事

---

① 《习近平谈治国理政》第二卷，外文出版社 2017 年版，第 35 页。

业靠本领成就。新时代不能死读书、读死书，既多读有字之书，也多读无字之书。人们要自觉加强学习，不断增强本领，躬身实践、知行合一，注重在实践中学真知、悟真谛。"纸上得来终觉浅，绝知此事要躬行。"学到的东西，不能停留在书本上，不能只装在脑袋里，而应该落实到行动上，做到知行合一、以知促行、以行求知，坚持勤学以增智，修德以立身，明辨以正心，笃实以为功，成长为社会主义核心价值观的信仰者、传播者和践行者。最后，要坚持用心体悟，实现精神境界的提升。学、思、践、悟是人们在树立核心价值观、坚定理想信念的过程中，不可或缺的四个环节。"'悟'是最后一个环节，是最高的阶段，而如果没有前面的'学'、'思'、'践'，就不能达到'悟'的高度。'悟'是中华文化中很重要的一个概念，它超出'思考'、'记忆'、'理解'等范畴，而具有更高的意义。它是一种当下的感悟、亲身的体悟，也是一种整体性的领悟，以及一种升华性的觉悟。"① 只有到达了这一阶段，核心价值观教育作用于人的精神层面的效果才能够得以全面显现，人们才算是真正意义上开启了精神世界的自我建构之路。

---

① 刘建军：《论思想政治理论课教育教学的本质特征与基本要求——习近平考察中国人民大学相关重要论述的理论阐释》，《思想政治课研究》2022 年第 3 期。

参考文献

（一）重要文献

《马克思恩格斯文集》第一——十卷，人民出版社 2009 年版。

《马克思恩格斯选集》第一——四卷，人民出版社 2012 年版。

《马克思恩格斯全集》第三卷，人民出版社 2002 年版。

《马克思恩格斯全集》第十一卷，人民出版社 1995 年版。

《马克思恩格斯全集》第四十卷，人民出版社 1982 年版。

《马克思恩格斯全集》第四十二卷，人民出版社 1979 年版。

《马克思恩格斯全集》第四十四卷，人民出版社 2001 年版。

《列宁选集》第一卷，人民出版社 2012 年版。

《列宁全集》第二十三卷，人民出版社 2017 年版。

《列宁全集》第三十五卷，人民出版社 2017 年版。

《列宁全集》第五十五卷，人民出版社 1990 年版。

《斯大林文集（1934—1952 年）》，人民出版社 1985 年版。

《毛泽东选集》第一——三卷，人民出版社 1991 年版。

《毛泽东文集》第一——二卷，人民出版社 1993 年版。

《毛泽东文集》第三——五卷，人民出版社 1996 年版。

《毛泽东文集》第六——八卷，人民出版社 1999 年版。

《毛泽东外交文选》，中央文献出版社、世界知识出版社 1994 年版。

《邓小平文选》第一——二卷，人民出版社 1994 年版。

《邓小平文选》第三卷，人民出版社 1993 年版。

《习近平谈治国理政》第一卷，外文出版社 2018 年版。

《习近平谈治国理政》第二卷，外文出版社 2017 年版。

《习近平谈治国理政》第三卷，外文出版社 2020 年版。

习近平：《青年要自觉践行社会主义核心价值观——在北京大学师生座谈会上的讲话》，人民出版社 2014 年版。

习近平：《在庆祝中国共产党成立 95 周年大会上的讲话》，人民出版社 2016 年版。

习近平：《在纪念红军长征胜利 80 周年大会上的讲话》，人民出版社 2016 年版。

习近平：《在纪念孙中山先生诞辰 150 周年大会上的讲话》，人民出版社 2016 年版。

习近平：《决胜全面建成小康社会　夺取新时代中国特色社会主义伟大胜利——在中国共产党第十九次全国代表大会上的报告》，人民出版社 2017 年版。

习近平：《在纪念马克思诞辰 200 周年大会上的讲话》，人民出版社 2018 年版。

习近平：《在全国劳动模范和先进工作者表彰大会上的讲话》，人民出版社 2020 年版。

习近平：《思政课是落实立德树人根本任务的关键课程》，人民出版社 2020 年版。

习近平：《习近平重要讲话单行本（2020 年合订本）》，人民出版社 2021 年版。

习近平：《在庆祝中国共产党成立 100 周年大会上的讲话》，人民出版社 2021 年版。

习近平：《高举中国特色社会主义伟大旗帜　为全面建设社会主义现代化国家而团结奋斗——在中国共产党第二十次全国代表大会上的报

告》，人民出版社 2022 年版。

《社会主义精神文明建设文献选编》，中央文献出版社 1996 年版。

《十八大以来重要文献选编》（上），中央文献出版社 2014 年版。

《十七大以来重要文献选编》（上），中央文献出版社 2009 年版。

《十七大以来重要文献选编》（中），中央文献出版社 2011 年版。

《十六大以来重要文献选编》（上），中央文献出版社 2005 年版。

《十六大以来重要文献选编》（中），中央文献出版社 2006 年版。

《十六大以来重要文献选编》（下），中央文献出版社 2008 年版。

《十五大以来重要文献选编》（上），人民出版社 2000 年版。

《十五大以来重要文献选编》（中），人民出版社 2001 年版。

《十五大以来重要文献选编》（下），人民出版社 2003 年版。

《十四大以来重要文献选编》（下），人民出版社 1999 年版。

（二）学术著作

车文博主编：《心理咨询大百科全书》，浙江科学技术出版社 2001 年版。

戴木才主撰：《兴国之魂：积极培育和践行社会主义核心价值观十讲》，
湖南教育出版社 2013 年版。

冯契：《哲学大辞典》，上海辞书出版社 1992 年版。

冯友兰：《新原人》，生活·读书·新知三联书店 2007 年版。

高清海主编：《马克思主义哲学基础》下册，人民出版社 1987 年版。

郭建宁主编：《社会主义核心价值观基本内容释义》，人民出版社 2014
年版。

黄枬森主编：《马克思主义哲学体系的当代构建》上、下册，人民出版
社 2011 年版。

李德顺：《价值论——一种主体性的研究》，中国人民大学出版社 2013
年版。

廉思等：《中国青年发展报告 NO.4——悬停城乡间的蜂鸟》，社会科学
文献出版社 2019 年版。

刘建军：《守望信仰》，人民出版社 2013 年版。

刘建军、王斯敏：《社会主义核心价值观七日谈》，河北人民出版社 2015
　年版。

罗国杰：《马克思主义价值观研究》，人民出版社 2013 年版。

裴德海：《从一般价值到核心价值：社会主义核心价值观培育与践行的
　双重逻辑》，安徽教育出版社 2013 年版。

孙正聿：《人的精神家园》，江苏人民出版社 2014 年版。

童世骏：《当代中国人精神生活研究》，经济科学出版社 2009 年版。

王凤鸣、袁刚：《京津冀政府协同治理机制创新研究》，人民出版社 2018
　年版。

王海滨：《人的精神结构及其现代批判：当代中国人的精神世界重构之
　思》，新华出版社 2015 年版。

王树荫、王炎：《新中国思想政治教育史纲：1949—2009》，人民出版社
　2010 年版。

王学俭主编《十八大以来党的治国理政思想研究》，人民出版社 2017
　年版。

杨耕、吴向东主编：《社会主义核心价值观：理论与方法（上）》，四川
　人民出版社 2017 年版。

杨国荣：《成己与成物：意义世界的生成》，北京大学出版社 2020 年版。

俞国良：《社会转型：社会心理学的立场》，中国社会科学出版社 2016
　年版。

张学森：《核心价值观的历史演进与当代构建》，人民出版社 2014 年版。

张耀灿主编：《中国共产党思想政治教育史论》，高等教育出版社 2006
　年版。

郑永廷、罗姗：《中国精神生活发展与规律研究》，中山大学出版社 2012
　年版。

［德］恩斯特·卡西尔：《国家的神话》，范进等译，华夏出版社 1999
　年版。

［德］黑格尔：《法哲学原理》，范扬、张企泰译，商务印书馆 2017 年版。

［德］康德：《判断力批判（上）》，宗白华译，商务印书馆 2009 年版。

［德］康德：《实践理性批判》，韩水法译，商务印书馆 1999 年版。

［德］马克斯·韦伯：《社会学的基本概念》，胡景北译，上海人民出版社 2000 年版。

［德］卡尔·雅斯贝斯：《时代的精神状况》，王德峰译，上海译文出版社 2008 年版。

［德］尤尔根·哈贝马斯：《交往行为理论（第一卷）》，曹卫东译，上海人民出版社 2018 年版。

［俄］巴甫洛夫：《条件反射：动物高级神经活动》，周先庚等译，北京大学出版社 2010 年版。

［俄］陀思妥耶夫斯基：《死屋手记》，耿济之译，生活·读书·新知三联书店 2020 年版。

［法］让·鲍德里亚：《消费社会》，刘成富、全志钢译，南京大学出版社 2014 年版。

［古希腊］亚里士多德：《尼各马可伦理学》，廖申白译注，商务印书馆 2003 年版。

［美］尼古拉·尼葛洛庞帝：《数字化生存》，胡泳、范海燕译，海南出版社 1997 年版。

［美］艾里希·弗洛姆：《占有还是存在》，程雪芳译，上海译文出版社 2021 年版。

［美］本尼迪克特·安德森：《想象的共同体：民族主义的起源与散布》，吴叡人译，上海人民出版社 2016 年版。

［美］赫伯特·马尔库塞：《爱欲与文明》，黄勇、薛民译，上海译文出版社 2012 年版。

［美］库尔特·考夫卡：《格式塔心理学原理》，李维译，北京大学出版社 2010 年版。

［美］罗伯特·索尔所、［美］奥托·麦克林、［美］金伯利·麦克林：《认知心理学》（第 8 版），邵志芳等译，上海人民出版社 2019 年版。

［美］塞缪尔·亨廷顿：《文明的冲突》，周琪等译，新华出版社 2017 年版。

［美］亚伯拉罕·马斯洛：《动机与人格（第三版）》，许金声等译，中国人民大学出版社 2007 年版。

［西班牙］乌纳穆诺：《生命的悲剧意识》，北方文艺出版社 1987 年版。

［匈］卢卡奇：《历史与阶级意识：关于马克思主义辩证法的研究》，杜章智等译，商务印书馆 2017 年版。

［英］安东尼·吉登斯、［英］菲利普·萨顿：《社会学（第七版）》，赵旭东等译，北京大学出版社 2009 年版。

［英］达尔文：《人类的由来及性选择》，叶笃庄、杨习之译，北京大学出版社 2009 年版。

［英］卡尔·波普尔：《客观知识：一个进化论的研究》，舒炜光等译，上海译文出版社 2015 年版。

（三）学术文章

柏路：《精神生活共同富裕的时代意涵与价值遵循》，《马克思主义研究》2022 年第 2 期。

陈少明：《"精神世界"的逻辑》，《哲学动态》2020 年第 12 期。

陈先达：《寻求科学与价值之间的和谐——关于人文科学性质与创新问题》，《中国社会科学》2003 年第 6 期。

傅才武、高为：《精神生活共同富裕的基本内涵与指标体系》，《山东大学学报》（哲学社会科学版）2022 年第 3 期。

韩庆祥、王海滨：《当代中国发展的现实逻辑与人的精神世界重建》，《求索》2019 年第 1 期。

韩庆祥：《核心价值观与中国人精神世界重建》，《光明日报》2015 年 2 月 5 日第 11 版。

何海兵、沈志莉：《核心价值观视域下人的精神生活建设》，《中国特色社会主义研究》2016 年第 3 期。

李德顺：《关于价值与核心价值》，《学术研究》2007 年第 12 期。

李志强：《用中华优秀传统文化推动社会主义核心价值观宣传教育》，《社会主义核心价值观研究》2016 年第 2 期。

廉思：《时间的暴政——移动互联时代青年劳动审视》，《中国青年研究》2021 年第 7 期。

廖小琴：《精神生活共同富裕的逻辑维度》，《马克思主义理论教学与研究》2022 年第 2 期。

廖小琴：《论人的精神生活发展的道路和一般规律》，《求实》2010 年第 1 期。

刘建军：《论马克思主义的基本特征》，《高校马克思主义理论研究》2015 年第 1 期。

刘建军：《论思想政治理论课教育教学的本质特征与基本要求——习近平考察中国人民大学相关重要论述的理论阐释》，《思想政治课研究》2022 年第 3 期。

刘书林：《培育社会主义核心价值观的基本原则》，《思想理论教育》2013 年第 3 期。

孙其昂、侯勇：《论社会主义核心价值观建设的现代性境遇与超越》，《中国特色社会主义研究》2011 年第 2 期。

项久雨、马亚军：《人民精神生活共同富裕的时代内涵、层次结构与实现进路》，《思想理论教育》2022 年第 6 期。

辛向阳：《培育和践行社会主义核心价值观的基本问题和主要路径》，《学习论坛》2014 年第 12 期。

晏辉：《现代性场域下生存焦虑的生成逻辑》，《探索与争鸣》2020 年第 3 期。

杨振闻：《社会主义核心价值观与当代中国人精神世界重建》，《中国浦东干部学院学报》2015 年第 3 期。

叶方兴：《精神世界的政治呈现——思想政治教育的精神本性初论》，

《思想理论教育》2018 年第 10 期。

俞国良：《当前公众心理健康状况与社会焦虑的纾解》，《人民论坛》
    2021 年第 25 期。

袁祖社、刘华清：《新时代美好精神生活的三维价值追求》，《山东社会
    科学》2019 年第 8 期。

周东华：《治理视阈下社会主义核心价值观的生成逻辑》，《国家行政学
    院学报》2014 年第 3 期。

后　记

　　本书系 2016 年国家社科基金青年项目"以核心价值观构建当代中国人的精神世界研究"（16CKS041）最终成果。自 2016 年喜获立项到 2024 年著作出版，历经了 8 个年头。

　　2015 年，我在中国人民大学收获了法学博士学位，博士毕业论文题为"思想政治教育本质研究"，并提出了独创性观点——思想政治教育的本质在于核心价值观的传递与教化。"核心价值观"自然就进入了我的研究视野。于是，当毕业后进入中国人民大学哲学博士后流动站进行科研工作时，在博士后合作导师郝立新教授的指导与帮助下，开始研究和探索"社会主义核心价值观"的相关问题。

　　我是从什么时候开始关注"人的精神世界"这一问题呢？

　　2016 年为了申报国家社科基金，我围绕着"核心价值观"设想了三个研究选题，去寻求刘建军教授的指点。时隔多年，当时具体拟定的题目已经记不清了，只记得笔记本上密密麻麻写满了我的研究设想及思路。当我将自己的思考陈述完毕后，刘建军教授给了我一个"命题作文"——"以核心价值观构建当代中国人的精神世界研究"。那一刻，豁然开朗。我带着这个选题欣喜地展开了研究，并且幸运地获得了国家社科基金青年项目的支持。

　　2019 年，疫情爆发，我的外公和父亲因病离世。2020 年至 2021 年，我怀孕生子，经历了严重的产后抑郁。无疑，这使我的调查研究变得艰难。但另一方面，也促使我更加深入地思考人的精神世界及其相关问题。

项目能够顺利结项，要感谢我的恩师罗洪铁教授、刘建军教授和郝立新教授。他们不仅给我学术上的指导，也给予我生活上的关心和精神上的支持。在我人生的艰难时刻，当我陷入自我怀疑、沉湎于伤痛之中时，是我最敬爱的老师们，给予了我一如既往的信任和爱护。这犹如一道暗夜中的光，引领我拨开迷雾，坚定信念，勇往直前，最终走出荆棘。

要感谢我的家人。尤其是张天一和高简一，他们用孩子的天真善良、简单真实，以及对我无条件的爱与陪伴，让我获得了前所未有的勇气与力量。

著作能够顺利出版，要特别感谢中国社会科学出版社杨晓芳编辑。若不是她的鼓励与帮助，若不是她的专业与负责，这本书的出版还不知要延至何时。

当然，还要感谢我的学生。我在任教的数年里，或是在课间、课后，或是通过手机短信、微信、邮件，曾收到过许许多多来自于学生的困惑与提问。其中"佛系""躺平""摆烂""内卷""焦虑""抑郁"等问题，不仅令我感到关切与担忧，更让我清晰地体会到一种"使命感"与"无力感"。

无论是作为一名思想政治教育的研究者、工作者，还是作为一名思政课教师，都应当也必须关注"人的精神世界"。一方面，澄清思想困惑、引领社会思潮、构建精神世界，是我们的职责所在；而另一方面，人的精神世界中现存问题的解决，又无法完全诉诸于思想政治教育或思政课。正如以核心价值观构建当代中国人的精神世界一样。社会主义核心价值观的作用当然是巨大且深远的，但在一定程度上来说，仍然是有限度的。

如今想来，这种感觉，我早在 2015 年初登讲台的那个夏天就体会过。因为正是从那时开始，陆续有学生向我诉苦或是求助，对我袒露心扉诉说其精神世界的困顿与挣扎。我总是在想，我究竟还能为他（她）

们做些什么呢？我能做的一定不止于此。这是我能够想到的，最早迫使我想深入研究心理卫生和精神世界的线索。可能也就是在那个时候，在我心里，为之后的研究与写作，埋下了一颗种子。

这就是本书的来历。

张苗苗

于中国人民大学人文楼

2024 年 7 月 4 日